A OPINI[ÃO DOS]
LEITORES SOBRE O LIVRO
VISÕES DE GLÓRIA

"Se você estiver buscando por mais luz e conhecimento, se quiser ter mais esperança no futuro do mundo então leia este livro. Não posso recomendá-lo o suficiente para todos os que querem aproximar-se de Jesus Cristo."

"Este livro abriu os meus olhos. . . . Pude ter uma visão melhor de mim mesmo e do meu lugar neste mundo. . . . Que livro maravilhoso. . . . Adorei!"

"Não conseguia parar de ler, e quando eu terminei de ler, eu não conseguia parar de pensar sobre ele."

"Este livro influenciou profundamente a minha vida. Ele deu-me um maior entendimento de que preciso confiar em Deus completamente e oferecer o meu coração a ele. . . . Sou muito grato por ter encontrado este livro. Adquiri várias cópias dele para dar de presente aos meus amigos. Eles, da mesma forma, também têm sido grandemente influenciados por sua mensagem."

"Não podia parar de lê-lo. Este é um dos livros mais interessantes que eu já li. John Pontius abriu minha mente para o que é possível."

"Sempre que eu emprestava meu livro para alguém, ela queria ficar com ele; então, tive que ter cópias extras a fim de dá-los como presente. . . . Este é um livro que requer várias leituras para ser realmente assimilado."

"Este livro é uma importante contribuição para a literatura sobre experiências de "quase morte". . . . O cenário visionário em que se desenrola é instrutivo e envolvente . . . Este livro irá motivá-lo a cultivar seus dons espirituais."

"Ele mudou completamente a minha perspectiva sobre o que é importante na vida e onde as minhas prioridades precisam estar! Eu adorei!"

"Este é um livro que todos devem ler. . . . Mudou minha vida positivamente para sempre, e eu nunca serei o mesmo."

"Caro leitor, se você realmente deseja ter uma visão maior do propósito desta vida e de como cada decisão tomada tem um grande efeito na eternidade, então, este livro é para você. Se você já se perguntou . . . sobre como serão os eventos acerca dos últimos dias antes da segunda vinda de Jesus Cristo, este será um livro fascinante para ajudá-lo a refletir. Como resultado, desenvolvi uma sensibilidade mais afinada no que diz respeito à esperança e assuntos espirituais. Tenho uma esperança bem maior!"

"Simplesmente incrível. . . . Depois de ler suas experiências me tornei um homem melhor e mais fiel."

"Este livro mudou a minha vida para sempre. . . . Adorei esse livro."

"Eu já tinha lido este livro na versão eletrônica. . . . Achei necessário ter também uma cópia impressa para poder reler, sublinhar e marcá-lo . . . Este é um livro que você vai usar por um longo, longo tempo mesmo depois de lê-lo."

"Eu, depois que comecei, literalmente não podia parar de lê-lo! . . . Este é um livro IMPORTANTE."

"Eu já li este livro duas vezes e já dei mais de 20 cópias dele até agora. É o livro mais emocionante que já li . . . Ele é cheio de detalhes, amor e esperança! . . . Não existem palavras suficientes para recomendá-lo! Em muitos aspectos, parece que foi escrito para mim. Ele me deu um dinamismo maior e renovou minha paixão pelos acontecimentos que estão por vir."

"Gostaria que todos os meus filhos lessem este livro. . . . Ele realmente abriu meus olhos. Vou lê-lo muitas vezes."

"Este livro me deu esperança e o desejo de fazer o melhor possível, de ser melhor e amar mais."

"As experiências contidas neste livro são incríveis. . . . Homens e mulheres de todas as crenças religiosas poderão aprender muito e receber muita informação dos eventos notáveis deste livro."

"Eu li (. . .) tudo o que foi escrito sobre as experiências de "quase morte". Para mim, Visões de Glória é um encerramento glorioso. . . . Minha mente ainda está girando e minha alma ainda está vibrando com essa experiência."

UM RELATO INCRÍVEL DE UM
HOMEM SOBRE OS ÚLTIMOS DIAS

VISÕES de GLÓRIA

CONFORME RELATADO A JOHN PONTIUS

CFI

IMPRESSO POR CEDAR FORT, INC.

SPRINGVILLE, UTAH

ISBN 13: 978-1-4621-1439-9

Publicado por CFI, nas impressoras de Cedar Fort, Inc., 2373 W. 700 S., Springville, UT 84663
Distribuído por Cedar Fort, Inc., www.cedarfort.com

The Library of Congress has cataloged the English edition as follows:

Pontius, John M., author.
  Visions of glory : one man's astonishing account of the last days / John M. Pontius.
     pages cm
  Summary: An account of a man named Spencer's out-of-body experiences and visions of the last days.
  ISBN 978-1-4621-1118-3 (alk. paper)
  1. Astral projection--Case studies. 2. Visions--Case studies. 3. Eschatology. 4. Church of Jesus Christ of Latter-day Saints--Doctrines. 5. Mormon Church--Doctrines. I. Title.

  BX8643.E83P66 2012
  236'.2--dc23

2012033241

Tradução para o Português por Fábio T. Sagebin

Revisão de Texto por Tek Services, LLC

Design da capa por Rebecca J. Greenwood y Shawnda T. Craig
Design da capa © 2014 Lyle Mortimer
Diagramados por Jessica B. Ellingson
10 9 8 7 6 5 4 3 2 1

Ao Senhor Jesus Cristo, por tudo que há de bom.

A Terri, minha melhor amiga e companheira de peregrinação, aquela que me ensinou a coisa mais importante que eu conheço.

A Spencer, por ter segurado na "barra de ferro" a vida inteira.

Também por John M. Pontius

Seguindo a Luz de Cristo a Sua Presença

Série sobre em busca do Milênio:
Espírito de Fogo (Anteriormente *Anjos em* Macacão)
Anjos Entre Nós
Anjos Forjados no Fogo
Anjos e a Espada Flamejante, Parte 1
Anjos e a Espada Flamejante, Parte 2
Nós os Três Reis
O Triunfo de Sião

Livros adicionais, ensaios e áudio de serões, estão disponíveis em:
http://UnBlogmysoul.wordpress.com

Conteúdo

PREFÁCIO

V*isões de Glória: Um Incrível Relato de um Homem Sobre os Últimos Dias* é uma descrição de três experiências de quase morte de Spencer e de anos de visões subsequentes de sua jornada ao futuro até os últimos dias. Todas elas estão relacionadas aqui conforme relatadas por Spencer em mais de 50 horas de entrevistas. Cada visão e experiência gravada neste documento pertencem a Spencer, mas a maioria da linguagem é resultado do meu esforço de colocar em palavras o que Spencer estava descrevendo para mim. Tentei, em todo o documento, preservar sua escolha de palavras e sua maneira de falar.

Spencer nunca compartilhou a maioria dessas visões e guardava-as para si mesmo em seu coração, o que significava que ele tinha que pensar profundamente a fim de encontrar as palavras corretas para descrever coisas para as quais, nesta vida mortal, não existe comparativo.

Nunca conheci ninguém como Spencer. Ele é amoroso e gentil e ao descrever suas experiências; seu rosto literalmente brilha com o Espírito. Seus olhos se enchem de lágrimas quando ele usa o nome do Salvador, e ele está profundamente interessado em tudo aquilo que é de natureza espiritual. Sua conduta é a de um verdadeiro santo, um cuja vida é totalmente dedicada a Cristo. Não encontrei qualquer vaidade ou arrogância nele — pelo contrário: ele parecia não se dar conta do quão importante ele é, da profundidade de suas experiências e da extensão do que ele observou - o que vai além dos limites da capacidade humana.

Spencer tem sido um membro de A Igreja de Jesus Cristo dos Santos dos Últimos Dias por toda a sua vida. Atualmente, ele serve como um oficiante de ordenanças do templo. Ele também serviu em bispados, sumo-conselhos, posições nas estacas e muitos outros chamados. Atualmente ele serve como consultor para uma Junta Geral da Igreja e possui três títulos de pós-graduação.

Spencer morreu quatro vezes, inclusive tendo sido natimorto. Spencer certa vez me disse: "não sei por que o Senhor tem me abençoado com essas visões; é como se os anjos que me trouxeram de volta à vida deixaram a porta do céu entreaberta e, desde então, eles continuaram a passar por ela e a adentrar em minha vida."

Três das visões de Spencer foram clássicas experiências de "quase morte". A primeira levou-o de volta ao seu passado pré-mortal. A seguinte para o presente e para um futuro próximo. A terceira mostrou-lhe o que aconteceria no Milênio e no futuro. Muitas outras visões ocorreram enquanto estava acordado, tarde da noite e enquanto dormia. Não há nenhum padrão real de cronometragem de suas experiências, mas há um padrão rico em conteúdo. Cada visão que se sucedia era baseada sobre a anterior, continuando o desenrolar da história da sua vida, bem como fornecendo o necessário conhecimento e educação para prepará-lo a enfrentar os desafios que ele encontraria, muito tempo antes de vivê-los.

Até recentemente, tinha sido difícil para ele interpretar muitas das informações ocorridas em suas visões. Essa foi outra razão por não ter mencionado muito a respeito de suas experiências ao longo dos anos.

Devido à natureza pessoal de cada uma dessas visões e do fato de que elas lidavam com sua própria jornada, isso limitou sua percepção das coisas que estão por vir apenas aos locais e eventos nos quais ele iria participar. Ele não viu o que irá acontecer na Europa, América do Sul ou Ásia. Ele não conhece o resultado guerras ou de eventos mundiais. Ele não viu todas as grandes calamidades profetizadas pelo livro de Apocalipse, que ocorrerão na terra e no mar, porque tais eventos aparentemente não terão impacto no futuro de Spencer.

Mas ele teve grandes visões sobre o futuro da América do Norte, dos eventos esmagadores e das devastações que purificariam e remodelariam este país (os Estados Unidos) e partes do Canadá. Esses incluem a invasão estrangeira, uma praga devastadora, inundações, terremotos, uma fratura geográfica continental, a divisão da América do Norte por um novo cânion, o preenchimento do Golfo do México por uma nova massa de terra, mudanças climáticas e das constelações, o retorno das dez tribos, o milagroso retorno dos Santos para construir a Nova Jerusalém e o templo, o encontro dos eleitos, os milagres do milênio, a missão e os grandiosos poderes dos 144.000 e a celestialização final da terra no fim do milênio. Ele viu essas coisas, bem como muitos outros eventos surpreendentes há muito profetizado nas Escrituras, mas nunca descritos em tantos detalhes como esses.

Spencer começou a ter visões na segunda década de sua vida e, consistentemente, tem sido admoestado pelo Espírito Santo a manter a maior parte destas experiências sagradas e, até mesmo, em segredo. As poucas vezes que ele tentou relatar suas visões, ele perdeu amigos e trouxe sobre si mesmo, em alguns casos, a zombaria e a rejeição.

Spencer pediu-me para eu não usar o seu nome verdadeiro por várias razões. Primeiro, ele apoia o profeta vivo e seu chamado proeminentes de revelar a palavra de Deus para a Igreja. Essas visões foram dadas a Spencer para prepará-lo pessoalmente para o que está por vir.

Ele nunca considerou que essas visões do futuro fossem para a Igreja dos Santos dos Últimos Dias ou a respeito dela. Ele, portanto, está relutante compartilhá-las ao ponto em que elas possam parecer ser uma tentativa de influenciar a Igreja de qualquer forma. Isso simplesmente não é o caso. Reter a sua identidade é uma maneira eficaz de manter tais questões em sua apropriada ordem.

A segunda razão pela qual Spencer pediu que eu não usasse o seu nome, é que ele não quer se tornar o foco de perguntas de pessoas que tenham a esperança de receberem respostas sobre o futuro. Ele não quer se tornar um "guru" de ninguém. Ele não quer dar serões ou palestras em público sobre suas experiências. De fato, ele obedientemente as manteve para si mesmo por mais de quarenta anos – em parte para evitar o possível resultado de ter essas visões publicadas.

Ele tentou descrever neste livro tudo o que o Espírito Santo lhe permitisse falar. Visões e acontecimentos de natureza pessoal ou demasiadamente sagrados para serem compartilhados, foram retidos.

Fiz milhares de perguntas buscando por detalhes sobre os eventos que ele compartilhou. Quando que este livro for impresso, Spencer terá esvaziado a caixa do tesouro de suas experiências visionárias que ele pode compartilhar neste momento, e ele não deseja ser convidado para dar informações que ele não tem ou que não possa compartilhar.

Outra razão para não ser identificado é que Spencer é um psicólogo de crianças. Ele possui toda a formação necessária para trabalhar nesse campo. Ele considera seu trabalho com crianças problemáticas o seu chamado mais importante, e ele não quer que qualquer forma de reconhecimento ou de curiosidade interrompa esse trabalho.

Eu conheci Spencer através de uma série de circunstâncias improváveis — tanto que a possibilidade de tudo ser uma coincidência é inconcebível.

Um querido amigo de Spencer, que conhecia pequenos trechos de suas experiências, mudou-se para a ala onde ele e a minha doce filha, que é muito espiritual, também frequentava e, ao longo do tempo, eles se tornaram amigos íntimos. Ao relatarem as influências espirituais em suas vidas minha filha fez menção de mim e esse amigo de Spencer falou sobre ele. Eles decidiram, "Devemos apresentar John a Spencer!"

Após um período de tempo, minha filha me enviou um texto com o nome de Spencer sugerindo que entrasse em contato com ele. Ela acreditava que iríamos nos dar muito bem. Não costumo aceitar sugestões desse tipo porque elas nos colocam em situações delicadas onde temos que encontrar algo em comum.

O amigo de Spencer fez o mesmo, mas ele estava relutante em me chamar pelas mesmas razões. Certa tarde, eu estava andando pela casa, e o espírito sussurrou: "Ligue para o Spencer — agora!" Eu sabia que era o Espírito Santo, então eu fui para minha área de estudo e peguei o meu telefone sem saber o que esperar, mas sabia que precisava chamá-lo imediatamente.

Spencer respondeu e então eu me apresentei. Spencer respondeu em um tom mais alegre, "Sim, estou muito ansioso para encontrá-lo. Quando seria 'o mais breve possível'" Suas palavras me pareceram intrigantes porque eu não soube, até depois, que ele também tinha minhas informações de contato. Como uma nota adicional de interesse, durante os muitos meses de entrevistas e escrevendo esse livro, eu tentei ligar para ele dezenas de vezes e nunca consegui falar com ele na primeira vez. A única vez que ele atendeu pessoalmente o telefone foi nessa primeira chamada. Em todos os outros casos, eu deixava uma mensagem, e ele retornava minha ligação.

Encontramo-nos na semana seguinte e, sem exagerar, foram as duas horas mais espirituais de minha vida. Ele começou a me contar algumas das suas experiências, e eu estava maravilhado. O motivo era simplesmente este: tenho estudado, procurado, orado e obtido vislumbres da minha própria jornada nesses últimos dias, mas eu nunca tinha ouvido outra pessoa ainda viva falar dessas mesmas coisas. Naqueles primeiros minutos ele falou delas como se fossem fatos verídicos. Eu mal podia conter minha curiosidade e minha ansiedade por ouvir mais — o que eu tinha "aprendido", ele tinha "visto" . . . e fiquei intrigado para ouvir tudo o que ele tinha visto porque ele parecia descrever as partes da minha jornada que eu nunca havia contado a ninguém exceto minha esposa.

Entendi quase tudo que ele estava falando. Depois de um tempo, senti o espírito fortemente dizer que ele estava descrevendo as coisas que ele tinha visto, mas que não totalmente compreedia. Perguntei finalmente, "você conhece o significado dessas coisas?"

Ele inocentemente respondeu: "não, realmente não . . . Não tudo."

Expliquei-lhe o pouco que entendia a respeito daquela visão e ele derramou lágrimas de alegria confessando, sem qualquer orgulho evidente ou vaidade, que ele havia buscado durante a maior parte de sua vida o significado da visão em questão. Nós conversamos pelo restante daquelas duas horas sobre essas coisas. O meu entendimento juntamente com as suas visões se encaixavam como mão e luva dando-nos uma compreensão muito mais ampla do assunto. Ficamos imensamente cheios de admiração e surpresa através do Espírito Santo. Como eu disse anteriormente, foram as duas horas mais espirituais e reveladoras da minha vida.

Quando nosso encontro estava chegando ao fim, ele simplesmente declarou: "Eu ainda não sei como chegar, do presente momento, de acordo com o entendimento que agora tenho de seu significado, até o futuro na minha visão."

O Espírito Santo havia me inspirado, quando eu saí de minha casa, para pegar uma cópia de um dos meus livros, "O Triunfo de Sião". Eu tirei-o da minha pasta e entreguei a ele, dizendo: "Eu me senti inspirado a trazer esse livro para você. Pode ser que encontre algumas respostas aqui."

Para Spencer, esse encontro inicial teve um efeito dominó. A medida que o Espírito Santo rapidamente preenchia as lacunas que suas visões não tinham conseguido revelar completamente, à época de sua juventude, meu papel de proporcionar esclarecimento diminuiu com o tempo e as visões tornaram-se mais claras para ele.

Depois de um abraço fizemos planos para nos encontrar novamente na próxima semana.

Em um dado momento, durante nossa segunda reunião, tive um forte impulso de tomar notas, mas ele disse várias vezes que ele estava me dizendo coisas que nunca havia contado a ninguém. Eu estava ouvindo coisas tão grandes e importantes que não ousava esquecer-me de nada. Todas as suas descrições eram detalhadas. Quando ele "viu" as visões, ele não estava olhando para elas como se fossem parte de um filme; Ele estava dentro delas — fazendo parte delas com todos os seus sentidos. Ele tocou e sentiu o cheiro de coisas, sentiu o triunfo e tragédia daqueles ao seu redor e experimentou o perigo e o medo, exatamente como se ele estivesse lá. Ele lembrou-se de tudo com profundo detalhe porque ele experimentou a tudo como se estivesse em seu próprio corpo.

Finalmente, fiquei extremamente preocupado com a possível tragédia de ter todo este conhecimento na mente de uma única pessoa e, com o tempo, ele ser perdido. Era como se eu estivesse ouvindo a João, o Bem

Amado, ou a Moisés descrever os eventos que o mundo tem estudado por todos esses anos, e ali estava eu: ouvindo, maravilhado, aos detalhes de datas e épocas, os lugares e até os nomes das cidades e ruas aonde essas coisas aconteceriam. Suas palavras me transportaram para lugares que eu podia ver na minha mente tal como ele descreveu. Doía-me a alma saber, no meu íntimo que tragicamente essas coisas nunca seriam escritas para abençoar a outros da mesma forma como estavam abençoando a mim.

Enquanto estávamos prontos para nos despedir pela segunda vez, eu disse, "Spencer, não pode ser uma coincidência que nos encontramos. A sequência de eventos que nos colocou juntos incluíam minha mudança do Alasca, seu amigo e a minha filha – ambos frequentando a mesma capela -, e mil e outros eventos que se alinharam." "Eu sei que não foi uma coincidência", disse ele calmamente. "Foi um milagre."

"Devo mencionar o fato de que eu sou um autor SUD (Santos dos Últimos Dias - Mórmons) o que também não pode ser coincidência. Proponho que você pergunte ao Pai se eu poderia gravar as visões que você está me contando. Pelo menos deveriam ser escritas para não serem perdidos para sempre, mesmo se você as mantiver somente para a sua família. Mas espero que o Pai Celestial eventualmente deixe-nos publicá-las para o benefício de todo o mundo. Essas coisas são demasiadamente preciosas para serem escondidas nas memórias de uma pessoa. Eu acho que todo o mundo cristão se alegraria em saber dessas coisas."

Spencer considerou essa proposta com uma expressão de questionamento. Ele me disse que tinha sido dito repetidas vezes para não revelar a ninguém essas coisas sagradas, até que o Senhor permitisse. Finalmente, ele sorriu e disse, "Vou perguntar ao Pai mais seriamente, e estarei muito interessado em Sua resposta".

Saí de lá sem saber o que pensar me perguntando se eu tinha ultrapassado algum limite sagrado, mas ainda acreditando que o que eu tinha dito era verdadeiro, que nada disso deveria ser perdido. Eu também fui tocado por sua resposta cheia de fé.

Meu Amigo Apóstolo

Eu me reuni no escritório de Spencer, uma semana depois, e ele me contou esta história: "todos esses anos senti-me dolorosamente sozinho por conta de não ser capaz de falar das coisas que tenho observado nas visões. Elas se tornaram uma grande parte de mim, de quem eu sou, e do que estou fazendo na minha vida profissional e eu não posso falar delas.

"Até você falar eu não tinha percebido como essas experiências poderiam se realizar plenamente na minha vida — especialmente conhecendo minha situação pessoal, problemas de saúde e fraquezas. Sempre acreditei que fossem verdadeiras, mas somente recentemente suspeitei como elas poderiam se cumprir. Fui perseguido e rejeitado mesmo nas poucas vezes em que me abri um pouco. Tenho andado sozinho nesse caminho há muito tempo. Foi uma das partes mais difíceis de minha jornada.

"Por muitos anos, uma das minhas designações na igreja levou-me, uma vez por mês, até o Edifício dos Escritórios da Igreja em Salt Lake City. Tenho me reunido com várias Autoridades Gerais da Igreja e aprendido a conhecê-los e amá-los pessoalmente. Ao longo dos anos desenvolvi uma boa amizade com um dos membros do Quórum dos Doze Apóstolos. Nos tornamos amigos pessoais e juntos passamos momentos maravilhosos durante as numerosas ocasiões em que nos reunimos.

"Uma noite, enquanto estava sozinho com ele, senti que deveria compartilhar uma das minhas visões. Ele ouviu com grande interesse e, em seguida, concluiu dizendo-me que era de Deus e que deveria guardá-la em meu coração, registrá-la e não falar sobre esse assunto até que o Senhor o permitisse. Ele também me aconselhou a não tentar interpretar o seu significado. Ele disse, 'quando o Senhor quiser que você entenda, Ele mandará alguém ou revelará o seu significado; mas até lá, é da vontade de Deus que você guarde essas coisas para si e não tente interpretá-las sem revelações adicionais.'

"Meu amigo Apóstolo tornou-se uma fortaleza e um manancial de grande conforto para mim. Ele se tornou uma fonte de segurança e de paz nesta jornada de lágrimas, sabendo que o que eu estava vendo era de Deus e não algo que eu deveria ter medo ou vergonha.

Spencer olhou para baixo por alguns momentos antes de continuar. Quando ele levantou a cabeça, ele estava quase às lágrimas. "Quando meu querido amigo morreu, chorei profundamente sua perda como se ele fosse meu pai ou meu filho. Fiquei nesse estado por um longo período de tempo. Eu senti que não só tinha perdido um querido amigo, um apóstolo de Deus, mas também a única pessoa no mundo a quem me tinha sido dada permissão pelo Senhor de compartilhar as minhas experiências."

"Chorei por sua morte por vários meses. Às vezes eu não tinha nenhum desejo de me alimentar ou dormir. Foi muito difícil me adaptar àquela situação e estava entrando em depressão. Então certa noite fui despertado por alguém. Era aproximadamente duas da manhã e apesar da hora, eu estava completamente desperto. Sentei e percebi que o mensageiro celestial estava de pé ao lado da minha cama. Este mesmo mensageiro havia me conduzido através de muitas experiências visionárias, porém, eu ainda não sabia o nome dele, nem me havia sido permitido perguntá-lo. Movimentei-me como se fosse para sair da cama, e ao invés de afastar-se da cama para dar espaço, ele simplesmente sorriu para mim.

"Ele não movimentou os lábios, mas comunicou-se de tal maneira, durante a visão, que fiquei familiarizado com sua forma de falar. A informação fluía na minha mente e coração na voz do meu visitante. Eu era capaz de responder da mesma forma, mas às vezes eu me esquecia e fazia as minhas perguntas em voz alta.

"Ele disse, 'Spencer', e eu sabia a razão de sua visita: o meu querido amigo, o Apóstolo, tinha pedido para que ele viesse me consolar. Enquanto falava, ele irradiava amor e preocupação para comigo: 'você não deve lamentar tão profundamente a perda de seu amigo. Ele está preocupado com o seu sofrimento por ele, e ele sabe que você tem o conhecimento de que ele está muito feliz, finalmente em paz e livre das dores que tinha, e que ele está indo adiante com a obra. Ele tem um grande amor por você e pede que não sofra mais por essa razão.'

"Senti-me disposto a fazer qualquer coisa que o anjo me pedisse, e tive a sensação como se toda a dor tivesse desaparecido. Uma doce paz substituiu aquela perda em meu coração. Mas eu tinha mais uma pergunta para ele. Eu disse, ' Eu não tenho mais ninguém a quem o Senhor me tenha dado permissão para falar sobre minhas experiências. Acho que sofria com a falta disso também.'

"O anjo sorriu e respondeu: ' Eu entendo, mas só por um pouco mais. O Senhor enviará John em sua vida. Ele vai entender você e suas visões. Diga tudo o que você experimentou. Ele irá ajudá-lo a compreendê-las também. Tenha paciência. '"

Spencer disse-me que a luz em volta do anjo concentrou-se em torno de si e ele desapareceu. Spencer voltou a deitar-se e, após um longo tempo, retornou a dormir.

Spencer olhou-me de uma forma penetrante e acrescentou: "quando você me ligou e pediu-me que nos encontrássemos, foi então, naquele momento, que eu percebi que seu nome era John. Comecei a partir daquele dia a perguntar ao Pai, mais intensamente, se você era o John a quem se referia o anjo."

Eu respondi, "certamente ele estava falando de alguém mais importante do que eu mesmo — como João o Amado, ou João Batista, ou talvez alguém da cidade de Enoque!"

Spencer sorriu e disse: "não, ele estava falando de você. Você é o João, do qual o anjo prometeu que viria. Eu esperei oito anos para que essa promessa fosse cumprida. Eu perguntei ao Senhor e Ele deu-me permissão para relatar-lhe todas as minhas experiências a fim de que você possa escrever certas partes delas e publicá-las".

Spencer disse que acreditava que essa era uma das razões de nos termos conhecido. "Espero que alguma coisa que escreveremos neste livro possa abençoar alguma alma e dar mais esperança e clareza na preparação do que está por vir."

O Espírito queimou como se fosse um fogo dentro de minha alma, testemunhando naquele dia, e ainda hoje, de que é verdade. Marcamos outro encontro, e desde aquele dia nos encontramos pelo menos uma vez por semana por mais de seis meses. Juntos, nós produzimos um volume inteiro somente de anotações e mais de 50 horas de entrevistas gravadas.

O que você está prestes a ler é, a meu ver, a informação mais poderosa e abrangente dada a uma pessoa comum sobre os últimos dias.

Ela não é escritura e não deve ser considerada como tal. Não é profecia para ninguém, a não ser para o próprio Spencer. É simplesmente um relato de como o Senhor tem preparado um humilde homem, meu amigo Spencer, para a sua missão nos últimos dias. Você e eu somos abençoados por sermos meros observadores.

Conforme mencionei anteriormente, nada disso é ficção; tudo está conforme o que foi narrado a mim por Spencer, que assume a total responsabilidade pelo seu conteúdo.

É algo que você jamais esquecerá.

NOTA DO AUTOR

A história de Spencer chegou aos meus ouvidos como uma narrativa, e depois de muita oração pude condensá-la em um relato das viagens de Spencer além do véu. Desde os primeiros dias de entrevistas e perguntas, Spencer tem lido e relido o que escrevi, e ele declarou que este livro é um relato verdadeiro e exato de suas experiências visionárias.

Eu escolhi escrever como se fosse Spencer porque todas estas experiências vieram dele. Em nenhum momento eu inventei as pessoas ou os eventos para embelezar seu relato — apesar de ter interpretado muito a sua narrativa para torná-la mais compreensível, clara e sequencial. Eu também tentei preservar sua distinta maneira de expressão e personalidade.

Spencer e eu mudamos todos os nomes para proteger a identidade e excluímos a localização exata de alguns eventos. Em alguns casos, suavizamos os acontecimentos terríveis para que este livro possa ser lido pelo público em geral. Nós removemos qualquer coisa que poderia incitar o medo ou pânico caso fosse lido por alguém que não tem a capacidade de compreender pelo Espírito Santo a real mensagem de esperança e libertação.

O apêndice no final deste livro contém notáveis experiências visionárias semelhantes à de Spencer. Elas foram reproduzidas aqui sem modificações e seu conteúdo pode ser extremamente gráfico e inapropriado para os leitores mais jovens.

As Escrituras nos dizem que os tempos de tribulação estão por vir e que aqueles que estão trilhando o caminho da retidão — que têm o Espírito Santo como seu guia, que têm alinhado seus corações e desejos com a vontade de Cristo — alegrar-se-ão com as mudanças futuras. Aqueles que justamente tomarão parte nos acontecimentos dos últimos dias crescerão em poder, até que não tenham mais medo, andando com grande poder e recebendo as revelações necessárias para realizar sua obra.

As escrituras SUD (Santos dos Últimos Dias – Mórmons) também nos ensinam que, ao nos aproximarmos do tempo da segunda vinda de

Cristo, aqueles que estiverem vivos serão preparados para a glória de Sião. A transladação será comum entre nós, e vamos aprender a viver sem a doença ou a morte. Aprenderemos a usar a plenitude do sacerdócio, e nós coligaremos aos eleitos do mundo em Sião.

Lá iremos ensinar e administrar as ordenanças de salvação e proteger aos eleitos a medida que eles completam a sua própria jornada à Sião de Cristo nos últimos dias. Haverá anjos entre nós, mensageiros celestiais e milagres ainda maiores do que aqueles presenciados entre os filhos de Israel no Egito. E, no devido tempo, teremos o próprio Senhor entre nós. A Igreja erguer-se-á à glória plena de seu divino propósito e será a voz profética de orientação a qual todos seguiremos à medida que concluímos esta grande dispensação da plenitude dos tempos.

Estes dias serão gloriosos — para jamais serem esquecidos — histórias que serão canonizadas nas escrituras e canções que serão entoadas para todos os descendentes de Adão que existirem na longa eternidade que nos espera.

—John M. Pontius

Capítulo Um

DESPERTADO PELA MORTE

Minha Primeira Experiência Com a Morte

E u nasci morto. Quando eu entrei neste mundo, minha pele tinha um tom preto-azulado escuro. O médico olhou para mim e entregou-me para uma das quatro enfermeiras na sala de cirurgia. Eu era bem pequeno e prematuro, e a enfermeira não podia encontrar em mim nenhum sinal de pulso ou respiração. Ela envolveu meu corpo sem vida em um jornal e deitou-me em uma pia de aço inoxidável.

Minha mãe estava sangrando muito, e a enfermeira correu para ajudar o médico. Disseram a ela que eu estava morto e eles continuaram a cirurgia para salvar sua vida. Ela nunca me disse isso, mas fiquei sabendo mais tarde que estava aliviada pelo fato de eu não ter sobrevivido por que na realidade ela não queria aquela gravidez.

De acordo com minha mãe, quando a enfermeira voltou para terminar de preparar meu pequeno corpo sem vida, já embrulhado em um jornal, ela notou que eu estava tentando respirar. Imediatamente levaram-me até o Hospital Infantil para ver se eu finalmente poderia sobreviver.

Mais tarde, depois que minha mãe tinha se recuperado um pouco da cirurgia e havia uma pequena esperança de que eu pudesse sobreviver, informaram-lhe que seu filho natimorto estava "com um pouquinho de cor."

Quando meu pai tinha dezoito anos, ele e alguns amigos tinham saído para dar uma volta de carro. Eles estavam bebendo enquanto dirigiam e atropelaram um senhor idoso que estava à beira da estrada, causando-lhe a morte.

Meu pai foi julgado e considerado culpado de homicídio doloso. A segunda guerra mundial tinha recém começado, então o juiz "sentenciou" o meu pai a alistar-se na Marinha. Ele permaneceu na Marinha até o fim da guerra. A culpa, a vergonha e o remorso devido à morte trágica daquele senhor atormentaram-no durante o resto de sua vida e contribuíram para o seu desinteresse em religião, mesmo que seus pais continuassem em constante contato, orando e se preocupando com ele.

Para o desapontamento de seus pais, ele e mamãe se casaram e tiveram um relacionamento abusivo e cheio de problemas. Após o seu divórcio, e pelo resto de sua vida, minha mãe recusou-se a conversar com qualquer pessoa a respeito de meu pai. Eu nunca o conheci pessoalmente e as informações a seu respeito eram referências e comentários depreciativos vindos de outros membros da família.

Na época do meu nascimento, meus pais tinham recentemente se separado, mas ainda não estavam divorciados. Mamãe ficou grávida pouco antes da separação em uma derradeira tentativa de salvar seu casamento. O divórcio tornou-se um evento horrível e verbalmente abusivo. Meu pai saiu de casa e recusou-se a sustentá-la bem como aos meus irmãos mais velhos. Ao perceber que estava grávida, ela ficou a principio com raiva, depois furiosa e por fim deprimida e ressentida pelas circunstâncias e pelo pouco de vida que restava dentro dela. Minha mãe voltou a trabalhar como enfermeira.

Meu avô materno era um ministro Metodista. Quando mamãe casou-se com meu pai, que era "Mórmon", seu pai não a aceitou mais como filha e disse que já não era mais cristã e que ela e seus filhos iriam todos para o inferno. Ao perceber que não poderia mais sustentar a família, mamãe contatou novamente os pais para pedir ajuda. Ele reafirmou sua posição de que ela não era bem-vinda em sua casa. Ela nunca sentiu-se tão rejeitada, sozinha e abandonada. Aquela foi mais uma rejeição e abandono em uma série de rejeições que tinha experimentado desde a sua juventude até aquele momento.

A mãe de meu pai, minha avó, facilmente convenceu meu avô de que eles precisavam trazer minha mãe para viver com eles e sustentá-la até que ela conseguisse manter-se por si própria. Então, quando este momento de grande necessidade chegou, minha mãe e nós crianças fomos carinhosamente recebidos em sua casa. Meu avô era um bispo na época, e minha avó era uma oficiante no templo local. Eles eram membros devotados da igreja e amavam as pessoas. Enquanto eu crescia, minha avó se tornaria a pessoa mais querida em minha vida.

Meus avós exerceram uma influência tão amorosa e cheia de fé em minha mãe que ela filiou-se a Igreja cinco anos após o meu nascimento. Eles eram uma fortaleza na vida dela e na minha também - eles nunca nos abandonaram. Tivemos uma vida abençoada e por causa da influência constante e sincera, do carinho e generosidade dos meus avós, minha mãe foi capaz de cuidar de nossas necessidades financeiras. Eu nem sempre tive as coisas que queria como criança, mas nunca senti que éramos pobres. Eu me sentia seguro e amado.

No decorrer da minha profissão como psicólogo familiar e infantil, tenho visto muitas outras crianças cujas vidas e almas foram estraçalhadas por mães que, devido a sua raiva e ressentimento por causa das circunstâncias da concepção, não sabiam que estavam prejudicando seu bebê ainda por nascer.

Tenho lutado dentro de mim por toda a minha vida, ... e provavelmente escolhi a profissão em que estou agora para tentar me curar dessas feridas causadas antes do meu nascimento. Essa cura não ocorreu até 1983, quase trinta e três anos mais tarde, quando finalmente entendi o que realmente aconteceu e fui capaz de perdoar minha mãe e meu pai. Esse entendimento veio mais dolorosa e, inesperadamente na segunda vez que eu morri.

Minha Primeira Experiência Pós-Morte

Em setembro de 1983, eu estava tendo problemas de saúde com infecções crônicas internas, especialmente em meus rins, com várias crises de pedras nos rins. Devido a esses problemas, os médicos queriam saber se eles haviam sido danificados. Meu médico recomendou um Raios-X com contraste de iodo para destacar quaisquer danos que pudessem ter ocorrido. Era para ser um procedimento de rotina.

Eu tinha trinta e três na época e havia concluído um duplo-mestrado e estava continuando meus estudos para completar um programa de doutorado. Cada vez que tive esse problema nos rins, tive que ficar em casa, perder tempo no trabalho e ficar para trás nos meus estudos. Finalmente, o médico mencionou que deveria parar de beber refrigerante, dizendo que se não fosse por eles, ele estaria sem emprego. Fiquei impressionado com a simplicidade da solução e espantado por ele não ter mencionado isso anos antes.

Parei de beber refrigerante e nunca tive problemas renais desde então.

Nessa época eu estava casado com Lyn (este não é seu nome verdadeiro) e éramos muito felizes. Tivemos cinco filhos e achamos que não teríamos mais. Nós ainda estávamos na escola e tentando sobreviver, mesmo trabalhando tempo integral em um hospital. Estávamos ansiosos para concluir o meu programa de doutorado e assim poder ser um professor universitário e ter meu próprio consultório. Eu fazia parte do corpo docente de várias faculdades como professor e instrutor associado.

Chegamos à clínica mais cedo para preencher os formulários necessários. Pediram-me que viesse em jejum. Nós nos sentamos na sala de espera

3

aguardando meu nome ser chamado. Antes do início do procedimento, eu coloquei a roupa fornecida pelo hospital. Fui então levado até uma mesa de metal e fui instruído que deveria deitar-me de barriga para cima. Nessa sala havia tubos e frascos com líquidos pendurado acima de minha cabeça. A cor da sala era verde claro. Uma máquina de Raio-X grande estava no fundo, perto da parede. O chão era de concreto pintado também de verde com rodapé preto. Era uma típica sala de hospital dos anos 70.

Eu estava um pouco temeroso para realizar aquele procedimento, embora soubesse ser necessário, então continuei. A enfermeira começou com soro na minha veia. Ela era loira, jovem e muito bonita. Imaginei que tivesse uns trinta e poucos anos. Ela era simpática, alegre e inspirava confiança. Falamos sobre o procedimento e possíveis complicações. Ela explicou alguns sintomas de reação alérgica ao iodo que poderiam acontecer a medida que cuidadosamente injetava o corante no meu braço.

Ela disse, "se você sentir um calorão ..." e em seguida comecei a sentir um calorão no meu corpo.

Ela continuou, "se você sentir sua pele coçar ..." e comecei a ter uma severa coceira por todo o corpo.

Ela disse, "se você sentir uma pressão no peito ou sentir como que se você não conseguisse respirar ..." e imediatamente senti um peso esmagador horrível no meu peito como se um elefante tivesse sentado em cima de mim. Eu tentei dizer, "Não consigo respirar!", mas as palavras não saíram. Levantei meu braço e coloquei minha mão no meu pescoço e garganta, tentando chamar atenção da enfermeira para que percebesse que eu estava em apuros. Eu segurei minha garganta pois sabia que este era o sinal universal de asfixia. Foi naquele momento que ela compreendeu o que eu estava tentando dizer e que algo estava muito errado.

Ela correu até a parede e apertou um botão grande, vermelho. Uma campainha tocou bem alto, e uma voz no auto falante começou a repetir "código azul, quarto vinte e quatro! Código azul, quarto 24"! Tendo trabalhado em hospitais por muitos anos, eu havia respondido a tal chamada muitas vezes, mas nunca antecipei que um dia eu seria a razão daquela emergência.

A próxima coisa de que me dei por conta era que meu espírito estava afundando por através da mesa aonde estava deitado. Meus os olhos estavam bem abertos, pois não queria perder qualquer parte daquela experiência. Meu espírito afundou de tal maneira que eu podia ver a parte inferior da mesa. Eu não queria permanecer lá em baixo e em um instante, encontrei-me em pé ao lado da mesa olhando meu corpo deitado diante de mim.

O relógio à direita da parede, grande, branco e preto, marcava 09h20min da manhã.

A enfermeira tentou encontrar pulsação, mas não conseguiu. Ela falou um palavrão e gritou em direção à sala de controle, "Ele está morrendo! Ele está morrendo!" Um dos técnicos de raio-x correu para o quarto.

Imediatamente muitas pessoas estavam a minha volta tentando me salvar. Um médico que não tinha visto antes correu para a sala, e por algum motivo, eu soube imediatamente que ele estava tendo um caso com a enfermeira que começou a dar-me o soro. Aquela informação foi uma completa surpresa para mim. Minha mente estava repleta de novas informações que vinham mais do meu coração do que de meus sentidos normais. Eu também sabia que esta enfermeira era recém-divorciada. Eu sabia o quanto ela valorizava e o quanto ela temia aquele relacionamento com o médico que estava tentando salvar minha vida. Eu sabia o quanto ela se esforçava para ser uma boa profissional e ainda ser uma boa mãe para os dois filhos que tinha. Eu sabia que ela tinha grandes problemas financeiros em sua vida. Eu sabia tudo sobre ela, na verdade, cada detalhe de sua vida, cada decisão, temor, esperança e ação. Eu podia ouvir a mente dela gritando de medo. Ela estava orando por ajuda, tentando controlar seu medo e lembrar-se do que tinha aprendido na escola de enfermagem. Ela desesperadamente não queria que eu morresse.

Olhei para as outras pessoas na sala e fiquei surpreso de que podia ouvir seus pensamentos e saber os detalhes de suas vidas tão vividamente como a da enfermeira.

Quando estamos mortos, descobri que há uma maior sensibilidade espiritual que nunca tinha antecipado ou ouvido falar antes. Eu sabia o que todos pensavam. Na verdade, foi mais do que apenas saber o que estavam pensando. Eu também sabia cada detalhe de suas vidas. Sabia se eram pessoas boas ou más, se eram honestos ou corruptos e eu tinha conhecimento de todas as ações que os havia trazido a seu presente estado. Não era algo que eu podia sentir ou ver, mas algo que estava dentro em mim.

O mais interessante para mim era que eu não tinha nenhum sentimento de julgamento contra eles. Eu simplesmente sabia os fatos. Era como saber que uma rosa é vermelha; sem nenhuma razão para julgá-la pelo fato de ser vermelha, pois essa é a sua natureza.

Aquele sentimento era totalmente novo, eu tinha uma profunda compaixão por eles e suas circunstâncias. Devido ao fato de saber tanto sobre eles, eu podia entender suas dores e motivação em relação a tudo o que tinham realizado até aquele momento. Também senti a preocupação que tinham por mim.

A maneira como agiam era muito bem calculada, forçando-os a manter a calma. Só o médico que estava trabalhando em mim parecia não estar preocupado e senti uma espécie de desprendimento nele que fazia com que agisse com menos emoção. Ao sentir a preocupação e os fatos em suas vidas, pude experimentar suas dores quase tão profundamente como eles sentiram e tive uma total compaixão por eles. Até aquele momento não tinha temor algum pelo que pudesse acontecer comigo. Eu estava muito ocupado tentando entender todas aquelas novas sensações.

Encontrei-me em pé um pouco mais longe. Acho que tinha me afastado um pouco para dar mais espaço para que trabalhassem no meu corpo, pois estavam caminhando ou correndo no mesmo espaço onde eu estava observando.

 Lembrei-me pensar "Devo ter morrido". Tive de pensar várias vezes sobre isso até aceitar esse fato. Estava morto! Ao ver o meu corpo na mesa, finalmente percebi que estava numa nova forma acima do meu corpo físico, totalmente confortável e sem dor. Apenas alguns momentos atrás, eu sentira a maior dor de minha vida, e agora estava completamente livre dela e de todos os cuidados requeridos do nosso tabernáculo mortal. Eles todos haviam desaparecido. Foi um alívio tão grande, que o fato de saber que tinha morrido não me causou nenhuma aflição. Eu só aceitei que estava morto porque eu podia ver meu corpo lá na mesa. Eu estava ali vendo todas essas pessoas tentando reanimar-me. Eles sabiam exatamente o que fazer, dando ordens e comandos enquanto injetavam-me com muitas substâncias.

O próximo fato de que tive consciência foi o de que eu era capaz de compreender muitas coisas ao mesmo tempo. Não precisava concentrar-me em qualquer um deles especificamente, porque tudo estava claro na minha mente.

Senti-me como se conseguisse entender quantidades ilimitadas de conhecimento e concentrar-me em um número infinito de assuntos e ao mesmo tempo dando a cada um deles minha atenção absoluta. Isso foi incrível para mim e bem diferente da minha experiência como estudante universitário onde lutava tentando memorizar volumes de informações.

A Revisão de Minha Vida

Nesse momento, comecei a ver toda a minha vida. Devido a esta nova habilidade de compreender tantas coisas ao mesmo tempo, o que estava experimentando era importante e curioso para mim, mas eu ainda tinha uma compreensão completa a respeito de cada médico e enfermeiro em torno de mim e sobre o que estava acontecendo com meu corpo.

A primeira coisa que vi foi minha mãe carregando-me em seu ventre. Não só apenas podia vê-la, como também completamente compreendê-la, toda a sua vida, suas dores e tristezas, cada pensamento que teve cada decisão feita e todas as emoções que ela sentia. Percebi que durante toda minha vida, eu realmente não conhecera minha mãe. Sempre olhei para ela com os olhos de uma criança, e nunca tinha sido capaz de perdoá-la completamente por não me querer. Ela contou-me de como o meu pai biológico a tinha abandonada grávida, sem dinheiro e sem casa. Ela nunca se referiu de maneira indelicada sobre o fato de eu ter nascido. No entanto, ela tinha deixado bem claro, durante toda minha vida, que seus filhos eram um grande fardo para ela e que ela teve que fazer tudo sozinha, sem ajuda alguma.

Agora, eu podia vê-la de uma forma completamente diferente. Eu vi minha própria concepção e todas as emoções daquele momento. Da mesma forma, não havia nenhum julgamento negativo de mim ou de Deus. Não tive nenhum sentimento, exceto o de uma maior compaixão por ela.

Vi que tinha dois filhos, sendo eu o terceiro. Vi cada momento, cada decisão, cada temor e lágrima por ela derramada. Eu vi muitas pessoas, principalmente seus amigos de trabalho, tentando convencê-la a me abortar . . . ou a entregar-me para adoção. Disseram-lhe que eu seria uma lembrança constante do meu pai incompetente e do que ele tinha feito para ela. Também vi outros amigos e líderes de igreja, até meus avós, tentando convencê-la a continuar com a gravidez e a criar-me.

Eu vi e senti o processo de tomada de decisão da minha mãe sobre me ter. Era como se ela tivesse pensado nisso tantas vezes que podia ver os resultados daquela escolha e como isso causaria um impacto no resto de nossas vidas.

Ela sentiu-se muito sozinha e abandonada. Sentiu-se fracassada e sentiu que simplesmente não era capaz de ter mais um filho. Mesmo assim, como enfermeira que era ela tinha contato com mulheres em situações semelhantes e sentiu que não poderia sujeitar o próprio filho ao processo de adoção. Ela decidiu que dar seu bebê para viver com outra família não seria bom nem para ela nem para a criança. Ela passou por experiências extremamente difíceis envolvendo "amor", "confiança" e "relacionamentos". Estava passando por depressão e sentimentos de perda, de forma que "amor" não foi um fator considerado na sua decisão. Seu raciocínio era o de "duas decisões erradas não vão se transformar numa certa" e "eu preciso concertar meus próprios erros." A decisão não foi baseada em amor, foi baseada no que fazia sentido. Ela ficou comigo pelo senso de dever e de responsabilidade.

Ela não foi criada por pais carinhosos. Seu pai era severo e fisicamente abusivo. Sua mãe era inválida e passava a maior parte do dia acamada. Conforme mencionei, ela não era mais aceita por seus pais como filha e sabia o quão terrível isso era para uma criança. Então, ela decidiu fazer o que era certo, não o que era conveniente. Os sentimentos de depressão e perda tiraram dela qualquer vestígio de amor maternal.

Percebi também que eu estava na vida Enfermeiras Angelicais da minha mãe mesmo antes de nascer. Eu tinha de certa forma, sido como que um anjo da guarda para ela, observando e protegendo-a durante os momentos difíceis que antecederam meu nascimento. Esse conhecimento trouxe grande conforto para mim. Eu queria que ela fosse minha mãe mesmo em circunstâncias tão difíceis, e ela tinha tomado uma decisão difícil a fim de me te. Eu pude sentir o amor que tinha por ela antes de nascer e que permaneceu comigo desde então. Essa informação trouxe grande conforto à minha alma e me permitiu não apenas perdoá-la, mas totalmente compreendê-la como uma pessoa completamente diferente, uma pessoa que realmente me amou, muito tempo antes dela ou eu termos nascido.

Vi todos os eventos de sua vida que antecederam a sua ida ao hospital para dar a luz. Senti seu temor e ressentimento a cada passo do caminho. Sua saúde, tanto física como emocional, não era boa. As duras emoções daqueles dias sugaram a vida dela e tiraram do meu corpo, ainda por nascer, a vitalidade necessária para minha sobrevivência.

Pude vê-la durante o trabalho de parto e fiquei surpreso ao ver muitos anjos ajudando no meu nascimento. Duas das enfermeiras na sala de parto não eram mortais, mas eram anjos. Elas eram pessoas transladadas ou ressuscitadas, porque elas tinham corpos físicos.

Elas agiam como as outras enfermeiras, mostrando emoções e obedecendo as ordens recebidas. Elas estavam ali apenas para ajudar, durante o parto, àquela mulher e ao seu filho que estava prestes a nascer.

Minha mãe sentia-se muito só. Suas emoções mais profundas eram de abandono e tristeza. Ela não sabia nada sobre aqueles anjos que estavam lá ajudando, o que parece acontecer na maioria dos casos durante intervenções angelicais. Sabemos muito pouco sobre a missão dos anjos. Durante suas dores de parto, naquela triste circunstância, ela não tinha ideia de que todos esses seres espirituais estavam lá, intervindo, protegendo e dando-lhe vida. Mesmo em seu desespero, seres divinamente enviados estava lá a dar-lhe forças e amorosamente a ajudando a fim de que ela e eu pudéssemos ter uma vida juntos.

Enfermeiras Angelicais

Ao assistir ao meu próprio nascimento, vi que meu corpinho nati-morto tinha uma cor preta- azulada. Vi a enfermeira verificar o batimento cardíaco com um estetoscópio. Quando não havia nenhum sinal, ela me embrulhou num papel de jornal porque eu estava coberto de sangue e de outros fluidos. Eu cheirava mal, e ela não queria sujar as toalhas do hospital. Ela, tristemente, colocou-me na pia e voltou para a operação.

As duas enfermeiras designadas para cuidar de meu corpo recém-nascido afastaram-se de minha mãe e começaram a trabalhar em mim, apesar do fato de estar morto. Percebi que elas eram anjos, e estavam sendo auxiliadas por outros anjos invisíveis que desciam através de portais celestiais. Eu aproximei-me delas. Elas moveram o jornal e viram meu rostinho cansado. Meu corpo tinha uma tonalidade escura, coberto de sangue e se eu estivesse no meu corpo mortal, vê-lo certamente teria me deixado nauseado. Mas como estava na forma de espírito, achei isso curioso e triste e ainda mais interessante o fato de que essas duas enfermeiras estavam movendo suas mãos por dentro e fora do meu corpo. Era quase como se elas estivessem me aplicando os primeiros socorros, as suas mãos estavam na verdade passando por dentro de meu pequeno corpo. Cada vez que elas mexiam no meu corpo, ele ficava mais rosado, como deveria de ser.

Pude ouvi-las falar espiritualmente, coordenando e concentrando seus esforços de resgate. Grande parte do que diziam eram expressões de louvor, orando para que Deus abençoasse os seus esforços, sempre reconhecendo que a poderosa vontade Dele fosse feita. Elas agiam rapidamente, porém, sem temor ou desencorajamento.

Acredito que elas não me viam, ou pelo menos não se importavam com minha presença enquanto eu ansiosamente observava o que faziam.

Eu vi que o pequeno corpo na pia, meu próprio corpo, tentava desesperadamente respirar. A enfermeira abriu o jornal um pouco mais e virou-se para o médico. Sua expressão era serena mas com uma voz de surpresa fingida, ela exclamou, "Doutor! Acho que esse bebê ainda está vivo! Ele está mais rosado!"

Nessa altura o médico já tinha parado o sangramento interno, salvando minha mãe. Ele virou-se, com suas mãos cheias de sangue, erguidas diante de si, e mal podia acreditar; no entanto, foi até a pia. Ele olhou para o relógio na parede, preparando para declarar a hora da morte do infante. Quando olhou e viu o estava acontecendo, mandou que as enfermeiras, as mesmas que tinham me revivido, me removessem daquela pia e começassem a esquentar meu corpo. Elas retornaram e me levaram para o berçário, mal equipado e com poucos recursos. Imediatamente fui transferido para o Hospital Infantil onde lutei por semanas para sobreviver. Fui colocado numa máquina de pulmão artificial bem antiga até que eu pudesse respirar por mim mesmo.

Quando as pessoas veem a sua vida passando diante de si, os acontecimentos de sua vida são observados sob a perspectiva do grande do amor de Deus. Ao ver meu nascimento e minha vida mais tarde, pude experimentá-los através de muitos olhos — os de minha mãe, os meus, os de meus irmãos, meus avós e amigos — e até mesmo os das pessoas com quem eu tinha apenas acidentalmente interagido. O surpreendente para mim foi que essa experiência foi como estar presente no meu próprio funeral, vendo as pessoas que me conheceram — na verdade, todo mundo falando sobre minha vida. Cada pessoa que me conheceu, o fez de forma única e diferente. Nem todos os comentários foram bondosos ou precisos, mas, oh, que tesouro de informações foi-me passado a partir daquele ponto de vista exclusivo!

Eu vi não apenas todo o bem que fiz, todo o amor que dei, o serviço e bondade prestados — também vi toda a tristeza e dor por mim causados. Vi todos os meus erros e como eles haviam afetado a outros. Vi que alguns deles afetaram não só uma pessoa, mas também seus filhos e aos filhos deles, e assim por diante. Vi que cada ato se propaga através do tempo até que sua energia seja dissipada. Felizmente, eu era novo e tinha tentado viver uma boa vida mesmo em minha juventude, por esta razão, o que foi passado na revisão de minha vida não foi desagradável de assistir. Algumas das coisas que eu vi me fizeram sentir feliz comigo mesmo. Senti-me como se eu fosse o juiz de minha própria pessoa.

Compreendi tudo perfeitamente. Nesse grandioso estado revelatório, pude ver-me exatamente como cada pessoa me via. Todo julgamento a mim feito foi correto e justo. O bem e o mal eram filtrados pela luz de Cristo, e Seu julgamento era preciso, justo e bondoso. Não havia nada para argumentar, porque minha vida havia sido gravada com perfeito detalhe. Eu sabia que tudo era verdadeiro e justo.

Ainda estou espantado no quão objetiva a revisão da minha vida foi. Não houve qualquer julgamento ou reação, de mim mesmo ou de Deus, sobre minhas ações. Eu vi e entendi como minha vida havia influenciado aos meus colegas de escola, a minha mãe e aos meus irmãos, de tal maneira que mudou minha perspectiva a respeito de quase todas as pessoas que conheci. Nessa experiência, vivi minha vida através dos olhos dos outros. Compreendi com clareza perfeita como as minhas decisões os havia afetado, que emoções eles experimentaram por minha causa e o impacto que minhas palavras e ações tinham causado neles durante todo o restante de suas vidas. Eu vi o que suas vidas eram antes, durante e depois que eu fiz parte delas. Também vi o verdadeiro resultado de seus atos sobre mim, os quais muitas vezes eram bem diferentes de como eu os havia compreendido no momento.

Quando eu vi esses eventos sob a perspectiva de meu pai biológico, de ele haver nos abandonando e de ter se divorciado de minha mãe, descobri que não foram por motivos egoísticos ou narcisísticos como eu havia imaginado toda a minha vida. Quando ele percebeu que minha mãe estava grávida, ele sabia, ou achava que sabia, que eu estaria melhor sem ele. Essa era sua percepção, embora não fosse verdade. Ele sabia que as escolhas que havia feito na vida só iriam prejudicar-me. Meu pai não me deixou apenas por causa do egoísmo, ou do alcoolismo, como me haviam ensinado. Ele realmente pensou que minha vida seria melhor sem ele.

Compreendi sua dor, sua infância, seus conflitos com os pais e o relacionamento com seu pai. Entendi tudo perfeitamente, de maneira que nenhuma pessoa poderia ter entendido durante a mortalidade; nem mesmo meu pai, enquanto vivo, entendeu dessa forma. Entendi pela primeira vez que ele realmente amava muito minha mãe. Suas fraquezas e história enfraqueceram sua habilidade de deixar o amor triunfar em suas decisões. Eu também vi o amor de Cristo e o amor do Pai Celestial por ele, não importando os erros que havia cometido.

Isto serviu para mudar completamente a minha opinião a respeito de meu pai e mãe e minhas suposições do por que de eles terem feito o que fizeram.

Essa nova perspectiva criou em mim um grande conflito, porque mudou quase todos os julgamentos e conclusões criados durante a minha vida. Aqueles sentimentos foram varridos numa fração de segundos enquanto eu me encontrava naquele estado não mortal. Tinha visto coisas que agora me forçaram a abandonar quaisquer sentimentos de raiva e ressentimento. Levou-me, literalmente, décadas, desde então, para conciliar as coisas que tinha visto com o que me havia sido ensinado durante minha infância. Às vezes, as minhas emoções e a antiga forma de pensar criaram um amargo conflito dentro de minha mente e alma. Devido ao fato de agora saber a verdade, esse conflito tem levado tempo para ser resolvido e o homem natural dentro de mim tem lutado contra essas percepções espirituais adquiridas através dessa experiência não-terrena.

Não sei, é claro, se esses conflitos teriam continuado caso eu tivesse morrido de verdade. Talvez tudo estivesse resolvido por conta do grande amor de Deus, pois tudo o que me foi dado veio sem julgamento ou oposição.

Ao invés de morrer, retornei para o meu corpo e continuei minha vida, no entanto, foi difícil conciliar minhas antigas crenças com tudo o que eu tinha visto na visão. Eu tinha o hábito de pensar e acreditar de certa maneira, embora espiritualmente conhecesse uma verdade maior –que emocionalmente eu tinha dificuldade para aceitar; era como um floco de neve que permanece em uma folha durante todo o verão, recusando-se a ceder ao calor do sol. Ainda hoje posso dizer que essa tarefa não está terminada.

Um dos obstáculos para a reconciliação dessas emoções conflitantes foi o fato de que meu pai já havia falecido, e que eu não mais podia resolver aqueles assuntos pendentes com ele. Minha mãe não permitiu que eu me encontrasse com meu pai enquanto ele ainda estava vivo. Sua forte posição, conclusões e raiva não permitiram que eu descobrisse mais sobre ele durante as conversas que tivemos. Ela recusou-se a mudar sua posição de justificado ressentimento que havia criado para si mesma, o qual impedia que sua dor fosse novamente exposta. Nunca consegui falar na presença dela as gentis palavras que eu tinha guardado em minha mente sobre ele.

Finalmente cheguei à conclusão de que deveria deixar esses sentimentos e pensamentos nas mãos amorosas de nosso Salvador, até quando ela finalmente estivesse pronta para recebê-los, de acordo com Seu tempo perfeito e através da graça de Sua bondade. Não foi até após sua morte que fui capaz de começar a conciliar-me com minha mãe durante várias experiências espirituais que tive com ela no outro lado do véu.

Tenho tido experiências espirituais desde aquele tempo; não sonhos ou visões, mas visitações tanto de meu pai como de minha mãe, que ajudaram a trazer paz à minha alma e, creio, às deles também.

Em certa ocasião, eu ouvi a porta da sala de espera do meu escritório abrir e fechar. Alguém havia entrado. Eu estava no meu escritório fazendo anotações sobre meus pacientes que havia atendido anteriormente. Eu disse sem levantar a cabeça, "por favor, sente. Estarei com você num minuto." Pude ouvir a pessoa sentar-se. Quando terminei de escrever e abri a porta, não encontrei ninguém. Tive a forte impressão de que meu pai estava no meu escritório. Através daquela mesma voz interior que eu tinha tido durante a minha experiência de quase morte, ele me transmitiu uma data específica, que era o aniversário de sua morte. Entendi que ele estava me pedindo para ir ao templo naquela data. Com alegria eu fui – e o fiz pensando que iria vê-lo. Passei pela sessão no templo sem vê-lo ou até mesmo sentir sua presença.

A medida que trocava de roupa no templo, novamente senti sua presença, e a mensagem, dada da mesma forma poderosa, foi que agora era digno de estar lá e de que desejava que estivesse com ele. Foi muito especial. Aquele sentimento confirmou em mim de que ele tinha se preparado, arrependido e agora era digno de estar naquele local sagrado. Como resultado, eu sabia que ele tinha aceito e havia se beneficiado do que havia sido feito no templo em seu nome.

Aquele sentimento foi e tem sido um conforto para mim.

Uma das impressões maravilhosas adquiridas com essa primeira experiência de quase-morte foi sobre a minha irmã mais velha, que ficou grávida na idade de dezesseis anos. Eu nunca tinha entendido o efeito poderoso que isso teve sobre ela ou o resto da minha família. Naquela época, eu me preocupava somente comigo. Eu era o terceiro e na nossa família era conhecido como "o pacificador". Tentei manter a harmonia na casa me metendo em tudo — inclusive aonde não devia. Percebi que meu julgamento da circunstância em que ela se encontrava não era correto, mesmo que estivesse tentando manter a paz.

Vi o impacto que a gravidez dela teve sobre o meu irmão mais velho. Pude observar sua longa caminhada por três ou quatro horas. Experimentei o que ele estava pensando e que sentia como se tivesse fracassado, de alguma forma, com respeito a minha irmã e ao resto de nós. Entendi, pela primeira vez, que ele tinha decidido fazer mudanças em sua própria vida para que nunca nos decepcionasse novamente. Fiquei surpreso ao ver sua preocupação para com seus irmãos e irmãs e de como tomou sobre si a responsabilidade por nós.

Eu não tinha ideia da intensidade dos seus sentimentos até a experiência de ter minha vida se passando diante de mim.

Senti grande empatia e respeito por ele. Também senti a dor de minha irmã e entendi todos os motivos por detrás daquela dor. Eu não estava ciente, até ter tido aquela visão, de que minha mãe e os pais do pai do bebê os haviam levado de carro para Las Vegas a fim de se casarem. Eu senti a dor e a tensão presentes no carro durante a viagem. Vivi aqueles eventos com ela de forma que nem mesmo aqueles presentes poderiam ter experimentado. Foi a primeira vez que eu realmente entendi e me entristeci por ela. Pude ver meu impacto imaturo sobre ela e como ela se sentiu ignorada, rejeitada e julgada por mim e por sua família. Aquela experiência deu-me grande empatia por minha irmã e trouxe, nos anos que se seguiram, grande ternura ao nosso relacionamento.

Perguntei a minha mãe e irmã, anos mais tarde, para verificar o que eu tinha visto. Elas admitiram que o casamento tinha sido realmente forçado. Essa confirmação deu-me um profundo sentimento de compaixão e de proximidade para com a minha família. Tudo isso evidenciou detalhadamente o impacto da minha vida na deles e a razão das nossas vidas serem o que são.

Meu Amigo, o "Bully"

Eu tinha muito medo, enquanto criança, dos valentões da escola e, especialmente, do Jake. Ele era um ano mais velho, maior do que eu e bem malvado. Ele parecia ter prazer em me aterrorizar. Pelo menos uma vez por semana, Jake me batia ou fazia algo agressivo e cruel contra mim. Por causa dele, fui para casa com muitos hematomas no corpo e com o olho roxo. Naquela época, os adultos em vez de interferirem, achavam que era melhor para os meninos resolverem os seus problemas e aprenderem a defenderem-se por si próprios, então minha mãe e avós insistiam que eu aprendesse a me defender. Finalmente, na quinta série, encontrei coragem para reagir. Na experiência de ver minha vida passando-se diante de mim, pude rever aquele dia. Também vi minha recém descoberta coragem através dos olhos de Jake, o que incluía o abuso horrível que ele recebia de seu pai. O fato de enfrentá-lo mudou completamente seu pensamento sobre o mundo. Vi que ele se sentiu impotente e como uma vítima. Meu pequeno ato de coragem mostrou-lhe que ele não era o valentão que pensava ser.

Ele nunca mais intimidou novamente a mim ou a qualquer outro. Aquela experiência o transformou. Ele se tornou meu amigo porque eu, inconscientemente, tinha dado a ele a chave para a sua própria liberdade da tirania. Nossa nova amizade permitiu que Jake resolvesse suas próprias lutas de relacionamento com o pai. Ele criou coragem de enfrentá-lo por causa de minha ação. Assim que Jake parou de me bater e recusou-se a se submeter àqueles tratamentos, seu pai, também parou de abusar dele. O pai de Jake saiu de casa pouco tempo depois.

Foi uma revelação para mim ver o impacto que minha amizade teve sobre ele. Eu nunca havia suspeitado que houvesse qualquer outro motivo por traz de sua rudeza a não ser só por maldade. Após a visão, entendi porque ele havia descontado suas frustrações em cima de mim e de outros.

Na minha visão, descobri que tudo tinha sido divinamente projetado, que ambos precisávamos desta estreita relação e para que ele fosse curado, tudo tinha que ter início com seu abuso contra mim. Vi que eu tinha concordado com tudo isso antes de nosso nascimento. Nossa amizade divinamente pré ordenada teve um impacto duradouro na sua cura e seu relacionamento com sua família e em na minha também. Não poderia ter aprendido essas coisas sem ele.

Ao ver tudo isso, o que eu aprendi foi que a nossa relação foi projetada por Deus e teve um impacto significativo em nós dois. Ambos mudamos. Parei de ter medo de intimidações e da vida em geral. As minhas ações não só deram início a cura do abuso por ele recebido, mas sua participação em minha vida, da mesma forma, iniciou minha cura também. Percebi que não precisava ter medo e que devido a minha coragem, eu poderia me defender e fazer amigos. Ainda hoje sou influenciado por essa conclusão. Nosso relacionamento foi ordenado e projetado por Deus para nos salvar. Ao pensar hoje, cheguei a conclusão que valeu a pena receber alguns roxões.

A última coisa que fizemos juntos antes de Jake se formar e mudar, foi participar no musical Oklahoma! Ele fez o papel de Jud e eu o de Curly. No musical, Jud e Curly são ambos apaixonados por Laurey. Curly confronta Jud a respeito de sua atitude violenta contra ele e mais tarde tornam-se mais ou menos amigos. Mas depois que Laurey concorda em casar-se com o meu personagem, Curly, Jud invade o casamento e ameaça-o com uma faca. Durante aquela luta, Jud cai sobre a faca e morre. Curly, claro, fica com a garota. A peça era uma metáfora da nossa relação, mas sem perda trágica para nenhum de nós.

Ponderei muitas vezes sobre o por quê de Deus ter me permitido ter um vislumbre dessa parte de minha vida, sabendo que na realidade eu não iria morrer. Pensava que esse tipo de experiência acontecia somente uma vez, antes de morrer de verdade. Perguntei-me por anos porque Deus deu-me essa poderosa perspectiva sobre minha própria vida e em seguida, enviou-me novamente para a mortalidade.

Os Relacionamentos Vêm de Deus

A verdade é que ao observar essas coisas, minha vida foi mudada para sempre e elas me deram uma nova perspectiva em todos os meus relacionamentos e um propósito à minha própria vida. Não acredito que eu poderia ter realizado tudo o que eu prometi fazer sem essas experiências. Na verdade, estou certo disso.

Agora eu sei que os relacionamentos não são apenas acontecimentos inesperados ou coincidências. Todos esses eventos acontecem com propósitos divinos. Eles me ensinaram que Deus verdadeiramente se preocupa com os detalhes de nossas vidas. Essas interações e relacionamentos, que no momento podem parecer acidentais, na realidade são designados para abençoar e aperfeiçoar nossas vidas.

Desde que tive essa intensa experiência em minha vida, de vê-la passar em minha mente, tenho considerado a existência e os relacionamentos como se fossem um quebra-cabeça, sabendo que todas as coisas têm um impacto eterno. A partir daí tenho me perguntado qual é o propósito divino desse momento, desse evento, desse relacionamento ou dessa pessoa ter entrado na minha vida? O que devo aprender com essas interações, da entrada ou saída dessa pessoa no palco da minha experiência? Orei a Deus para que Ele me revelasse essas coisas, e que Ele pudesse me guiar para abençoar a tais pessoas, ao invés de deixar-me passar desapercebido por suas vidas. Minha prece tornou-se, "Deixe-me ser a tua voz, deixe-me ser tuas mãos, deixe-me estar conscientemente envolvido para que eu possa ser inspirado a realizar a tua obra em suas vidas." Ocasionalmente tenho falhado nesse propósito, mas com o passar do tempo minha habilidade aos poucos tem se tornado mais forte e minha determinação mais firme.

Ao analisar minha vida a partir desse ponto de vista, alguns acontecimentos que poderiam ter sido simples ou rotineiros acabaram por ter sido significativos e intencionais aos olhos de Deus. Deus realmente conta cada momento de nossas vidas, e se deixarmos que ele nos guie, esses momentos tornam-se eternamente significativos.

Uma coisa interessante para mim foi que, o impacto negativo de minhas ações nas pessoas, não foi a parte central da minha experiência. Pude vê-la claramente, mas parecia menos importante do que o bem que eu realizei e de como ele influenciou suas vidas.

Quando eu vi as partes negativas da minha vida, a mensagem que recebi não era a de quão ruim eu era, mas de que se eu continuasse nesse caminho, ele teria o potencial de afastar-me do trabalho específico que o Senhor queria que eu executasse. Não era uma crítica, era apenas instrutivo. Para atingir o meu potencial máximo, eu precisava cumprir os convênios que eu tinha feito na vida pré-mortal ou eu não iria realizar os propósitos dela. Tento lembrar-me, constantemente, de que Deus não estava mostrando toda vida a uma pessoa que realmente estava deixando a mortalidade. Para incentivar e ensinar-me, minha experiência não enfatizou os erros. Acredito que se eu realmente tivesse morrido, não teria havido nenhum propósito nos conselhos recebidos e o peso dos meus atos negativos teria tido maior consequência.

Descobrir os convênios que fizemos na pré mortalidade, aquilo que devemos realizar na terra, é uma tarefa em constante desenvolvimento. Às vezes nos é revelado muito pouco – apenas parte do passo seguinte; outras vezes somos abençoados com uma visão mais ampla daquilo que seremos e faremos. Eu estava sendo ensinado que tinha que escolher deliberadamente o caminho que Deus estava colocando diante de mim, não importando como, fazendo certo tudo o que eu sabia fazer.

Já que na realidade eu não iria morrer, o efeito maior da experiência de rever minha vida era para mostrar-me que eu tinha escolha. Eu era livre para escolher o que quisesse; no entanto, as minhas ações iriam levar-me para a luz ou deixar-me na escuridão.

Eu também aprendi que tudo em nossas vidas é gravado em algum lugar, detalhe após detalhe, impecável. Tudo o que fazemos importa — nada é trivial. Tudo é importante e a vida é cheia de propósitos significativos.

Nossas Vidas Importam

Aprendi a não minimizar o que está acontecendo na minha vida. Tento ver tudo o que faço como sendo de valor eterno. Aprendi e disciplinei-me a acreditar que não sou apenas uma pessoa simples, com pouco valor ou impacto sobre o mundo. Tudo o que fazemos tem importância, e Deus está envolvido nas coisas pequenas de nossas vidas. Acredito que podemos até dizer que ele faz parte dos detalhes mais minuciosos das nossas vidas. Eu costumava pensar que Deus era um pai severo e divino, que só nos enviou à terra e disse: "Vá em frente e depois que você morrer vamos ver como você se saiu."

Mas a verdade é que para Ele e Seus anjos, nós somos verdadeiramente Sua obra e Sua glória. Nós somos a razão do Seu trabalho. Somos Seu maior propósito.

Aprendi que famílias, irmãos e irmãs, primos, tias e tios têm um propósito divino nessas filiações e relacionamentos. Apesar de ser fácil criticar ou ignorá-los, na verdade, essas conexões servem a um grande propósito.

Aprendi que realmente há um sistema de "retornar e relatar" em nossa vida aqui, que não usamos corretamente. Recomendo que nos acostumemos a fazer isto em nossas orações diárias pessoais e familiares e em nossos relacionamentos - que possamos praticar esse princípio de "retornar e relatar": "isso foi o que o Senhor me pediu para fazer hoje e foi isso o que eu fiz, e foi isso o que aconteceu" — e depois rogar para que Deus nos ajude nos detalhes.

Aprendi que toda a nossa existência é assim: que Deus nos concede aquilo que precisamos para a nossa jornada mesmo antes de nascermos. Ele nos dá tempo para explorar e experimentar a vida e, depois, Ele exige que prestemos conta dela. No momento, Ele nos deu um corpo e uma experiência mortal, e todos teremos que relatar o que fizemos com eles. A informação a ser contida nesse relatório será muito detalhada, porque os nossos próprios corpos são testemunhas de nossas vidas. Em cada partícula nossa está escrito tudo o que fazemos, tudo que acreditamos e tudo que somos. O Senhor pode "entender" tudo isso na sua totalidade. Ele pode e irá "ler-nos" como que a um livro, pois tudo está registrado dentro de nós ou escrito em nossos ossos, corações e tendões.

Prioridade e Propósito das Dispensações

Finalmente aprendi que existem prioridades entre as dispensações e uma finalidade do porquê de estarmos aqui neste momento. Nada é aleatório. Nada é acidental. Tudo foi divinamente projetado e quando apresentarmos nosso relato final, novamente veremos todas as razões do por que de termos vindo à terra nesse tempo e feito os convênios que fizemos os quais nos enviaram, a cada um de nós, num tempo e lugar da Terra para fazer coisas específicas. Para nós, mortais, esse é um conceito nebuloso, mas para Deus, é uma ciência exata — matemática divina, por assim dizer. Ele registra todos os atos de nossas vidas, incluindo a sua orientação contínua, o que é ignorado pela maioria de nós. Passamos tanto tempo nos divertindo e aproveitando a vida, que não percebemos totalmente como cada momento e cada interação é realmente importante para Deus.

A maioria de nós está tão preso ao trabalho e lazer, que não sentimos a mão de Deus dirigindo nossas vidas, nem ouvimos Sua voz constantemente guiando-nos.

Toda esta informação veio a mim muito rapidamente enquanto eu assistia aos médicos tentando reanimar o meu corpo. Todas estas coisas estavam acontecendo simultaneamente e eu podia concentrar-me em todas elas.

Visitando Minha Esposa Como um Espírito

Dei-me conta de minha esposa sentada na sala de espera. Ela estava lendo uma revista no momento que o sistema de som do hospital começou a anunciar em alta voz "Código Azul! Código Azul!" Lyn começou a preocupar-se, temendo que fosse eu que estivesse passando por problemas. Eu sabia que ela estava preocupada, da mesma forma que eu sabia tudo sobre os médicos e enfermeiros. Tive o desejo de estar perto dela, e imediatamente encontrei-me ao seu lado. Aparentemente pude mover-me à velocidade do pensamento. Não me lembro de andar ou atravessar as paredes, eu simplesmente estava lá.

Minha atenção estava totalmente centralizada em minha esposa, embora minha compreensão ou completa atenção para o que ainda estava ocorrendo ao redor do meu corpo não tivesse diminuído. Eu sabia que havia atravessado duas paredes para poder estar na sala de espera com ela, mas eu não tinha nenhuma lembrança de ter feito isso.

Encontrei-me em pé ao seu lado. Eu sabia tudo sobre ela. Sabia exatamente o que estava sentindo e pensando. Sabia o que tinha lido na revista que acabara de colocar no colo. Ela estava preocupada e esperando que alguém viesse trazer boas notícias - de que eu não estava tendo uma parada cardíaca.

Pensei, *Aqui estou eu. Estou morto e fora do meu corpo e, mesmo assim, não posso me comunicar com você.* Senti empatia pelo temor e dor que sentia, mas de certa forma isso me atingiu como um dilema e foi até um pouco engraçado. Eu podia vê-la e ouvir aos seus pensamentos, mas não podia falar com ela de forma que ela pudesse entender.

Lembro-me de pensar, *Como poderei dizer que eu estou bem, apesar de já não estar mais vivo?*

Comecei a pensar se ela poderia sentir minha presença, ou talvez ouvir-me se passasse através dela. Perguntei-lhe, mentalmente, se teria sua permissão para mover-me através dela. Mesmo que ela não estivesse ciente de mim, o seu espírito respondeu, "Sim."

Eu sabia, instintivamente, que tinha que ter sua permissão para fazer isso. Eu sabia disso, apesar de não entender como ou por quê. Foi somente depois que comecei a compreender que entrar no corpo de outra pessoa é algo muito invasivo e, caso seja necessário, um espírito justo sempre pede permissão para o fazer. Espíritos malignos por outro lado esperam por oportunidades quando estamos espiritualmente fracos ou depois de nos tornarmos vulneráveis pela desobediência às leis de Deus. Eles invadem nossos corpos como que num ato de violência espiritual.

Depois que o espírito dela respondeu que eu poderia, passei por dentro dela e, imediatamente entendi a diferença entre o seu corpo físico e espiritual. Ela, fisicamente, não tinha nenhuma percepção de que eu estava interagindo com ela. Seu espírito, no entanto, estava plenamente consciente de mim e do que estava tentando dizer e fazer. O problema era que, como a maioria dos mortais, ela só estava ciente de seu corpo físico — cativa dele, por assim dizer, - e não em sintonia com seu espírito naquele momento de sua vida. .

Percebi que o fato de deslocar-me através dela para tentar comunicar-me não apresentava nenhuma vantagem. Ao passar por ela, aprendi muitas coisas sobre como tinha sido a sua experiência na mortalidade — como era sentir-se como uma mulher, sentir-se amada, protegida e agora estar temerosa pelo bem-estar de seu protetor. Eu a compreendi completamente, incluindo a experiência de ter dado a luz aos nossos filhos e filhas, e de como era difícil para ela ter que viver com minhas doenças e desafios.

Anjos Entre Nós

Lyn estava sentada em uma sala-de-espera lotada. Depois que passei por através dela, sem nenhum resultado, comecei a olhar ao redor do local. Pude notar que havia muitos espíritos que estavam lá juntamente com os mortais.

Os mortais eram bem diferentes dos seres em espírito. Eles tinham uma aparência sólida e davam a impressão de estarem completamente despercebidos quanto a qualquer coisa espiritual que acontecesse ao seu redor, o que os fazia parecer como se fossem seres pouco inteligentes.

Os espíritos são semitransparentes. Até certo ponto, eu podia enxergar por através deles e eles pareciam estar cientes de mim e dos outros espíritos na sala. Alguns não estavam contentes pelo fato de que eu podia vê-los, mas ainda assim, enquanto realizavam seus propósitos, continuavam interagindo com os outros espíritos e mortais.

Todos espíritos que vi rodeavam aos mortais, observando-os ou tentando chamar sua atenção a fim de que pudessem de alguma forma influenciá-los. Havia também outros espíritos entrando e saindo daquela sala de espera. Eu podia vê-los e eles à mim. Eles às vezes reconheciam minha presença e passavam do meu lado - não através de mim.

Havia espíritos que não haviam percebido ainda que eles estavam mortos, ou se recusavam a aceitar esse fato. Esses eram bastante peculiares para mim, pois eles se esforçavam para agir como mortais, mesmo que fosse claro para mim e para todos os outros espíritos presentes que eles já estivessem mortos. Pude entender o porquê deles não saberem que estavam mortos. Estar morto e ser um espírito desencarnado é uma existência real. Você ainda pensa da mesma maneira que antes. Você ainda ama e odeia tal como antes de sua morte. Você pode ver as pessoas, os espíritos e seu próprio corpo. Você pode tocar coisas espirituais e seres espirituais e senti-los. Então, de certa maneira, é uma forma de existência real e concreta; ainda que coisas mortais, como paredes e móveis, possam ser vistas e percebidas, elas não podem ser manipuladas pelos espíritos.

Não tenho certeza se todos os espíritos tinham a mesma percepção espiritual que eu tinha, mas eu sabia que suas novas vidas eram reais para eles, e ainda mais real em alguns aspectos - porque eles podiam, muito rapidamente ir e vir a lugares, atravessar paredes e fazer coisas que os mortais mal podiam imaginar. A experiência de ser um recém-desencarnado em nada se parecia com a morte que eles esperavam experimentar, quando a consciência é perdida ou se torna para sempre inexistente. Então para eles, de acordo com seu entendimento do que era a morte, eles não estavam mortos.

Esses espíritos estavam reunidos ao redor dos mortais falando com eles como se eles, os mortais pudessem ouvi-los. Mas os mortais estavam completamente despercebidos quanto à sua presença da mesma maneira que minha esposa não tinha ciência de mim. Esses espíritos estavam tentando chamar atenção dos mortais de várias maneiras, até mesmo gritando com eles.

Esses espíritos estavam normalmente vestidos como mortais. Havia pouca luz em torno deles. Comecei a pensar neles como "espíritos recentemente desencarnados." Os espíritos que haviam recentemente morrido mantinham a mesma aparência, maneira de se vestir e forma enquanto eram mortais, pois aparentemente, ainda não acreditavam que estivessem mortos.

O espírito de um homem estava falando com uma jovem que parecia ser sua filha. Ele estava aborrecido a respeito de seus negócios e de como ela estava lidando com o assunto.

Ele gritava para ela, "Você precisa me ouvir!", mas ela não tinha ideia de que ele estava ali. Ele agia como se ela estivesse apenas o ignorando, e isso parecia enfurecê-lo ainda mais. Ele estava exigindo que ela tomasse certas decisões sobre os seus negócios e bens, e estava perturbado com o que quer que fosse que ela, a seu ver, estava fazendo de errado.

Havia ali outros espíritos que tinham aceito o seu novo estado e estavam engajados a serviço de Deus para realizar a Sua obra de acordo com a Sua vontade. Esses anjos tinham sido enviados por Deus para ajudar seus entes queridos naquele momento difícil. Havia uma aura sobre eles que imediatamente me dizia que eram bons e que estavam a serviço de Deus.

Esses anjos estavam vestidos de forma diferente. Alguns usavam mantos, enquanto outros estavam trajados de forma antiga, típica da era em que haviam vivido. Eles estavam lá para ajudar aos mortais com as coisas que estavam acontecendo. Alguns haviam sido enviados para ajudar e preparar aos mortais para enfrentar sua própria morte. Eles falavam palavras de conforto, dando instruções e ensinamentos. Mesmo que os mortais parecessem alheios aos seus ajudantes, se ouvissem com seus corações, eles eram então consolados e começavam a brilhar tal como os anjos que os estavam assistindo.

Alguns desses anjos estavam ali para ministrar aos espíritos que não aceitavam sua própria morte. Esses anjos estavam vestidos com roupas brancas e eram gloriosos aos olhos dos que os viam . Eles seguiam os espíritos desencarnados e confusos falando-lhes, quando era possível ter a atenção deles, e envolvendo-os em sua glória. Eles trabalhavam com alegria e suas ações tinham propósito. Eles haviam sido comissionados por Jesus Cristo. Entendi que todos esses anjos faziam parte da mesma família daqueles a quem tinham sido enviados para ministrar. Alguns eram antepassados recentes, como pais ou avós, outros o eram já de muito tempo.

Naquela época eu era novato na experiência de observar os espíritos e, desde então, tenho aprendido muito mais sobre eles e de como eles agem. Agora sei que existem classes definidas de anjos e níveis de retidão entre eles. Isso é claramente visível quando se está familiarizado com seres espirituais. Da mesma forma como tinha conhecimento sobre os médicos e enfermeiras que estavam trabalhando no meu corpo, eu sabia tudo sobre cada um desses anjos. Essa era a razão de saber que eles eram membros da família das pessoas a quem ministravam. Descobri que ao nascer, o espírito toma a forma do corpo em que nasce e honra essa forma porque lhe foi dada por Deus.

Mesmo podendo mudar de forma ou aparência, se Deus assim o desejar, eles sempre retornam à sua forma natural, que é a forma de seus antigos corpos.

Aprendi também que os anjos superiores, aqueles com mais glória e poder, podem esconder a sua identidade, para que alguém como eu, com pouca experiência, não tenha conhecimento sobre sua missão, sobre quem eram ou qualquer coisa referente à sua história pessoal. Conheci alguns deles na sala de espera, enquanto eles administravam seus labores.

Havia também maus espíritos na sala. Eles estavam lá para seduzir os mortais, perturbar o trabalho dos anjos e causar qualquer mal possível.

Eles sentiam prazer no mal que causavam. Esses espíritos não tinham nenhuma luz e escuridão era o que parecia emanar deles.

Eu não conseguia "entender", por assim dizer, esses espíritos malignos. Eu sabia algumas coisas sobre eles, mas não sua identidade ou história. O simples fato de olhar para eles me dava uma sensação ruim.

Eles pareciam ser capazes de mudar suas características e adotarem uma outra forma, caso desejassem fazê-lo. Percebi que um espírito que nunca nasceu, não possui nenhuma forma espiritual definitiva. Vi alguns desses espíritos malignos aparecem na forma de uma criança, como um homem bem vestido e outros como uma linda jovem. Ficou evidente para mim que os espíritos que não nasceram podiam escolher a sua forma, assim como fez Satanás no jardim do Éden, aparecendo na forma de uma serpente. Essa foi a primeira vez que percebi que os espíritos que não receberiam um corpo físico tinham a habilidade de aparecer da maneira que eles escolhessem. Eles poderiam ter a aparência de um indivíduo que já viveu, se isso os ajudasse a enganar ou a cumprir com as suas designações. Eles poderiam aparecer na imagem de um avô, de um profeta já falecido ou da esposa de outra pessoa se isso os ajudasse em suas mentiras.

O propósito deles era causar danos, na maior quantidade que pudessem e eles não gostavam do fato que eu podia vê-los. A maioria desses espíritos maus estavam cumprindo uma designação. Eles tentavam criar medo, confusão e angústia, algo que impedisse o mortal, para o qual haviam sido designados, de ouvir as mensagens dos anjos de luz que também lá estavam. Eles não apenas falavam com os mortais para os afligirem, mas também riam e zombavam deles, tendo grande prazer na dor e medo por eles causados. Se eles pudessem convencer um outro mortal a se levantar e torturar ou atormentar uma determinada pessoa, eles o fariam num instante. Eles eram maus além de toda definição de "mal" que jamais compreendera antes.

A maioria destes espíritos malignos estava lá a mando do seu mestre. Eles não estavam apenas vagando pela terra à procura de coisas ruins para fazer. Quando eles percebiam que eu podia vê-los, eles se afastavam de mim, às vezes, desaparecendo e reaparecendo em uma parte diferente da sala. Eu percebi que eu podia me comunicar com eles, mas eu não tinha o desejo de fazê-lo e eles se recusavam, antes de desaparecer, a fazer qualquer outra coisa a não ser olhar para mim.

Os anjos do bem, aqueles que resplandeciam como a luz demonstravam me reconhecer com um aceno ou um sorriso e me permitiam, às vezes, breves vislumbres do que estavam fazendo naquele local, mas depois voltavam rapidamente às suas designações. Eu sabia que os espíritos malignos podiam me ver porque eles me evitavam. Mas os espíritos desencarnados, os mortos que se recusavam a reconhecer sua própria morte, não pareciam nem me ver, nem tentaram se comunicar comigo. Eu acredito que eles podiam me ver, porque vários deles passavam ao meu redor, mas eles não falavam comigo, semelhante a como as pessoas agem neste mundo quando estão ao redor de outras pessoas.

Conheci espíritos no hospital, durante aquela experiência, que não tinham aprendido essa simples lição do valor eterno de suas próprias vidas: eles ainda estavam tentando proteger suas posses, negócios e contas bancárias e certificando-se de que suas "coisas" ainda eram deles. Devido a nunca terem aprendido a confiar em Deus e a sacrificar suas posses mundanas em obediência à vontade de Deus para com eles, eles estavam sempre rondando as pessoas vivas, recusando-se a prosseguir para a próxima parte da sua própria jornada. Eles não reconheciam ou conversavam com os anjos enviados por Deus para ajudá-los a seguir em frente em suas novas vidas. Eles nem mesmo pareciam vê-los, embora eu pudesse vê-los e ouvi-los claramente.

Eu pude ver que, antes de sua morte, essas pessoas não tinham aprendido a ouvir ou reconhecer a direção que Deus havia dado a eles enquanto ainda estavam vivos e, depois de sua morte, eles ainda continuavam surdos quanto à orientação divina. A mesma cegueira, teimosia e desobediência da mortalidade simplesmente continuavam com eles no mundo dos espíritos.

Talvez devêssemos nos perguntar: será que realizamos o propósito pelo qual viemos à Terra? Os espíritos no outro lado estão constantemente intervindo para nos ajudar a aprender tudo o que precisamos para que possamos realizar a missão da nossa vida.

Fomos enviados aqui para realizar o nosso próprio trabalho, de curar as feridas de gerações passadas e abençoar aqueles que nos seguem. Os espíritos malignos estão constantemente tentando desviar-nos do nosso caminho pré-ordenado.

Durante todo este tempo vendo e entendendo esses vários espíritos na sala de espera, eu estava ciente do que estava acontecendo com meu corpo na sala de operação. Os médicos e as enfermeiras ainda estavam operando fervorosamente em mim. Eles injetaram epinefrina no meu coração e meu corpo começou a reviver. Eu podia sentir meu corpo chamando, exigindo que voltasse a ele.

Deixei minha esposa e voltei pelo mesmo corredor pelo qual eu havia sido levado inicialmente. Uma voz, que não era a minha própria, informou-me que eu precisava voltar ao meu corpo imediatamente. Eu disse a mim mesmo, "Eu preciso voltar ao meu corpo!" e virei-me para entrar na sala de operação através da parede. Eles ainda estavam operando em mim, tentando me reanimar.

Encontrei-me passando pelo mesmo processo semelhante a quando saí de meu corpo, mas ele não estava preparado, e achei a experiência excruciante. Tentei ficar no meu corpo, mas isso foi horrivelmente doloroso. Eu saí do meu corpo da mesma forma como antes, pela parte inferior da mesa e depois me levantando e ficando de pé ao lado dele. Os médicos ainda estavam prestando os primeiros socorros e trabalhando em mim.

O Ministério dos Anjos

Eu olhei ao redor, e vi três indivíduos no quarto diretamente de frente para de mim. Eles estavam olhando para mim (não para o meu corpo, mas para mim) com expressões que demonstravam grande interesse. Os dois, à esquerda e à direita, eram anjos que haviam sido mortais e que agora estavam acompanhando o espírito que estava do meio e que ainda não tinha nascido. Soube instantaneamente que eles o estavam treinando.

O anjo da esquerda era um homem magro com um tipo de cavanhaque que tinha cerca de quinze centímetros de comprimento, branco como a neve. Eu sabia que ele tinha vivido além dos seus oitenta anos. Devido à habilidade explicada anteriormente, de saber tudo sobre outros espíritos e mortais enquanto nesse estado, eu sabia quem ele era. O anjo da direita era mais jovem. Ele havia vivido na terra anos depois que o primeiro anjo. Ambos eram meus ancestrais.

Eles não se identificaram, mas eu sabia que eles eram meus parentes de sangue. Eles estavam lá, protegendo a vida do meu corpo na mesa de operação. Os dois anjos mais velhos não pareciam preocupados e não demonstravam muita emoção. Ambos tinham cabelos brancos e uma aura de luz, sabedoria e retidão.

O jovem no meio deles, era cerca de 10 cm mais alto que os outros dois anjos. Ele era esbelto, mas tinha uma aparência forte. Ele não tinha barba. Seu cabelo era escuro. Ele tinha olhos castanhos penetrantes e uma aura de ternura. Embora não tivesse ainda nascido, senti seu profundo amor por mim, que fluía dele adentrando em minha alma. Ele estava muito preocupado comigo naquela situação de emergência e não possuía a mesma confiança e serenidade dos outros dois anjos.

Os três anjos conversavam não verbalmente entre si. Eu podia ouvi-los. Os anjos que ensinavam, confortavam o outro dizendo: "Está bem. Está tudo bem. Não precisa se preocupar. Estamos aqui para garantir que Spencer retorne ao seu corpo. Tenha fé." Todos os três homens manifestavam amor e preocupação por mim. Eu sabia que eles estavam lá por minha causa, que eu era a razão de seu interesse e foco e que eu pertencia à família deles.

Quando finalmente voltei ao meu corpo, não me foi permitido lembrar suas identidades. Mas eu acredito que pude identificar todos os três indivíduos através de fotos da genealogia da família em minha posse. O anjo à minha esquerda era James Henry. Ele foi meu tataravô. O anjo da direita foi seu filho Harold Henry, meu bisavô. Eles pareciam exatamente como nas fotos antigas. O espírito ao centro, ainda por nascer, era Spencer Júnior. Não consegui identificá-lo até sua adolescência, e percebi um dia que ele parecia exatamente como o anjo do centro. Contando comigo mesmo, havia quatro gerações da família na sala.

Enquanto eu estava olhando para eles, foi-me dado a entender que servir como anjos ministradores é uma responsabilidade familiar. Curar, ensinar, ministrar, proteger e preservar as relações familiares e relacionamentos feitos por convênio no mundo espiritual e na Terra é uma responsabilidade familiar. Essa é sua primeira responsabilidade como espíritos que já partiram. Até que esse trabalho seja realizado, as outras coisas devem esperar até que as relações familiares sejam preservadas e seladas. Eles estavam no hospital para me ajudar porque meu trabalho na mortalidade não tinha terminado, e de uma forma que não consegui entender até muito mais tarde na minha existência, a continuação de minha vida foi importante não só para nossa família, mas para eles pessoalmente.

Meu filho ainda por nascer tinha um interesse particular que eu continuasse vivo, mas havia algo muito mais profundo do que a mera preocupação pelo seu nascimento. Ele estava agindo por causa de seu amor ao Salvador e ele estava lá, naquele momento de necessidade, sob a Sua orientação.

No mundo dos espíritos, o ensino do Evangelho às gerações passadas deve ser feito pelas almas justas daqueles que receberam esse conhecimento durante suas vidas mortais. Em outras palavras, você deve aceitar o Evangelho aqui na terra antes de ser um missionário e ministrar aqueles que partiram antes de você e que, por qualquer motivo, não aceitaram o Evangelho durante suas vidas mortais. Uma das razões pela qual os justos que falecem são recebidos com tanta alegria no céu, é que algumas das gerações anteriores esperam há muito tempo que um de seus descendentes aceite o Evangelho de Jesus Cristo.

Devido a isso, os espíritos dos falecidos estão entusiasmados para que recebamos as ordenanças e a autoridade do Evangelho e que possamos em seguida, após terminarmos nossa vida mortal, ensiná-los e trazer as bênçãos do Evangelho a eles no outro lado do véu.

Apesar de estarmos apenas vagamente cientes de como o Evangelho funciona no mundo espiritual, existe lá uma imagem, como se fosse a de um espelho, de tudo o que fazemos aqui. Para cada ordenança que realizamos aqui existe uma ordenança correspondente naquele lado do véu. Falamos do falecido como "aceitando ou rejeitando" nossos trabalhos a favor de seu nome. Sua aceitação constitui uma ordenança no mundo deles. Essa é uma das grandes urgências daquele mundo - acompanhar o trabalho que está sendo executado aqui na mortalidade. O tempo está passando com tanta rapidez que os mortos justos estão frequentemente com pressa para completar suas tarefas, e eles têm pouco tempo para dispensar muita atenção às coisas de pequena importância.

No grande círculo das coisas, a maioria das bênçãos conferidas aos mortais também vêm através dos justos que já faleceram. Quando oramos por uma grande bênção, necessidade, ou cura, Jesus Cristo envia nossos justos progenitores como anjos ministradores para nos dar aquela benção. Caso não tenhamos nenhum progenitor justo, tais bênçãos devem ser atendidas por outros justos trabalhadores, dos quais há um suprimento menor. Qualquer anjo que seja capaz de dar essas bênçãos trabalha primeiramente com suas próprias famílias e, depois, prossegue em suas designações de abençoar aos outros. Isso significa que nossas bênçãos podem ser atrasadas ou podem parecer chegar quase que no momento exato.

Eles trabalham arduamente para estabelecer os relacionamentos e para protegê-los e abençoá-los.

Os familiares falecidos estão ajudando, esperando e guiando-nos no cumprimento de nossos justos deveres mortais, para que possamos a eles retornar, ensinar e abençoar. Eu também aprendi que é uma grande benção ter nascido em uma família onde aqueles que morreram antes eram homens e mulheres poderosos, justos e com suas relações seladas por convênio, geração após geração. Eles têm um poder maior para abençoar e orientar os mortais.

Eles me disseram para tentar voltar ao meu corpo. Não sei se a instrução veio dos três anjos ou do meu próprio pensamento, mas eu me levantei e tentei e, de forma tremendamente dolorosa, novamente encontrei-me rejeitado. Tenho certeza que se os espíritos pudessem ser feridos, essa experiência teria me causado um grande dano ao corpo espiritual. Assim, meu corpo mortal estava de fato ileso e não senti nenhuma dor, exceto a memória da mesma. Outra vez encontrei-me em pé, ao lado da mesa de procedimento, olhando para meu corpo.

O Poder da Queda de Adão

Dentre as realizações mais profundas que tive nessa experiência foi ver a diferença entre o meu corpo de espírito e o corpo doente deitado sobre a mesa. Essa foi a primeira vez que eu havia experimentado uma sobreposição entre o meu "eu" espiritual e mortal. Eu estava ciente do crescimento que meu corpo mortal carecia para atingir o potencial do meu espírito. Meu espírito era eterno, inteligente, sensível e poderoso. Meu corpo estava doente, sujeito à morte, mentalmente vagaroso comparado ao meu espírito, despercebido a quase tudo espiritual e frágil em todas as formas possíveis.

Foi então que comecei a perceber a profundidade da queda para nós mortais. Eu aprendi que éramos diferentes de como éramos antes da Queda de Adão. Ao olhar para o meu corpo abaixo, eu sabia tudo sobre ele: o quanto de crescimento e exposição à verdade ele necessitava a fim de ser "acabado" ou concluído, e para ser capaz de receber tudo o quanto o Pai o tinha preparado para receber. Isso ficou bastante claro para mim. Compreendi todas as mudanças que meu corpo precisava experimentar para se tornar apto a voltar à presença do Pai e parecia quase impossível realizar tudo na curta duração da mortalidade.

Esta primeira experiência fora do meu corpo trouxe-me uma lembrança e refrescou minha memória a respeito de quem eu era e de quem, através de minhas escolhas e obediência, eu poderia me tornar. Então assumi um compromisso - um convênio por assim dizer - entre o meu espírito e o meu corpo, de que eu faria tudo o possível para permitir que o meu corpo recebesse a mudança, a renovação e a santificação necessária para juntos retornarmos ao Pai.

Enquanto em espírito, eu era puro, completo, cheio de conhecimento e eu sabia exatamente quem eu era e de onde vim. Meu espírito era a imagem de Deus — e eu sabia disso claramente. Um espírito não se esquece de tudo completamente ao ser libertado do corpo. Eu sabia que eu havia vindo do Pai e tinha todo o potencial para me tornar como Ele. Enquanto eu estava no meu espírito, eu era todas essas coisas, e não havia nenhuma dúvida ou incerteza sobre o que quer que fosse. Meu ser espiritual só queria fazer a vontade de Deus e nada mais.

Mas enquanto no meu corpo, eu estava grandemente debilitado pela cegueira espiritual e fraqueza moral, eu estava cego pelo clamor das demandas da carne. Eu estava cheio de dúvidas, incertezas, orgulho, vícios, necessidades e desejo de praticar o mal. O pior de tudo é que eu não lembrava nada da minha vida prévia com Pai — não tendo a mínima ideia de quem eu realmente era. A contradição entre minhas duas identidades foi avassaladora e paralisante. Compreendi que esta disparidade era consequência da Queda do homem e que eu tinha que superar essas coisas por obediência às leis e o Evangelho de Cristo.

Na próxima experiência fora do corpo, a qual relatarei mais tarde neste livro, eu vi todos os sofrimentos, provações e lutas que eu precisaria passar para refinar esse corpo mortal a fim de realmente chegar ao estado em que eu prometi que alcançaria. Na verdade, depois de ver todos os desafios que eu enfrentaria, não podia ver como eu jamais chegaria lá. Meu ego foi dissipado porque soube imediatamente que seria impossível, exceto se fosse pela graça eterna e completa de Cristo. Devido ao fato de que eu conhecia muito bem as minhas fraquezas, o milagre tinha que ser um resultado da Expiação, pois qualquer mortal não seria forte o suficiente para fazê-lo sozinho.

Finalmente, na minha última experiência fora do corpo, foi-me mostrado o resultado final daquela jornada, o "quando" e "como" eu deveria eventualmente triunfar sobre todas estas coisas, guardar a todos os meus convênios, obedecer a todos os mandamentos e finalmente trazer meu corpo de volta para a presença de Cristo, tendo superado a Queda, sendo resgatado por Cristo — estando assim pronto para cumprir nossa missão — "nossa" significando de meu espírito e de meu corpo — nos últimos dias.

Antes dessas experiências, eu não sabia que havia uma preparação distinta para meu corpo. Pensei que o "Eu" era o meu corpo, e que eu estava crescendo através de minhas experiências. Eu aprendi que "Eu" na verdade era o meu espírito, que já tinha uma natureza divina e ao invés de superar o meu corpo, como forçá-lo à submissão, meus desafios foram projetados para elevar o meu corpo à estatura do meu espírito.

Eu voltarei a essas outras experiências mais tarde. Naquele momento, no hospital, eu estava ainda fora do meu corpo esperando que meu espírito entrasse no meu corpo.

Aventura no Hospital

Eu decidi que eu tinha um pouco de tempo antes do meu corpo ser revivido. Eu esperava ser revivido, principalmente por causa da confiança e das palavras dos três anjos que estavam ali perto de meu corpo e também porque eu não tinha sido chamado a deixar o hospital. Eu não tinha visto nenhum túnel de luz ou um mensageiro celestial conforme eu esperava. Então eu presumi que meu destino era sobreviver. O tempo para um espírito passa de forma diferente do que para um mortal e mesmo que fossem apenas alguns minutos para os mortais, tive tempo suficiente para explorar essa circunstância incrível de estar fora de meu corpo.

Decidi aventurar-me e dar uma olhada ao redor. Sei que isso pode parecer frívolo ou que eu não me importasse com minha vida mortal. Mas na verdade eu amava minha vida, minha esposa e meus filhos — amava tudo isso e eu não estava mesmo esperando pela morte. Mas uma outra verdade é a de que eu tinha estado doente e com dor por um longo tempo e estar fora do meu corpo era um grande alívio. Senti muita paz e uma total ausência de medo. Toda vez que eu tentei voltar ao meu corpo descobri ser horrivelmente doloroso. Não existem palavras na língua inglesa que possam descrever o quão excruciante foi essa minha experiência. Meu corpo estava muito, muito doente, e ao entrar nele, eu podia sentir a doença e a dor começando novamente a esmagar-me. Mas era mais do que isso, foi como se eu estivesse sendo espremido através de uma pequena abertura.

O processo de entrar novamente no corpo por si próprio foi agonizante e o fato de que ele estava enfermo e com muita dor fez daquela experiência a mais desagradável de toda a minha vida até agora.

Então com esta aguçada capacidade de perceber os pensamentos de todos, até a sua história e futuro e com uma mente naturalmente curiosa, pensei que eu poderia aproveitar os poucos minutos que ainda tinha até que meu corpo chamasse meu espírito para tentar novamente entrar nele. Até então, eu não tinha nenhum plano para, de própria vontade, tentar fazê-lo.

Eu já tinha experimentado atravessar as paredes e estava curioso em fazê-lo novamente. Senti-me confortável fazendo isso porque eu continuava completamente ciente do que estava passando no meu corpo não importando onde eu estivesse no hospital.

Virei-me e caminhei para a parede mais próxima. Pausei por um momento e depois atravessei para a próxima sala. Eu me encontrei em um consultório médico após ter passado por através de uma mesa e de uma cadeira de madeira e de um sofá de couro.

Ouvindo a Madeira e as Rochas

Parei por um momento para permitir que essa onde de informações se organizasse em minha mente. Ao ter passado através da mesa, eu percebi que ela tinha sido feita a partir de três árvores diferentes. Eu vi cada uma delas. Eu as conhecia desde o momento em que suas sementes foram germinadas até que elas foram cortadas, preparadas e usadas na fabricação daquela mesa. Havia um elemento vivo na madeira. Ela era inteligente, porém com pouca vontade. Ela estava contente por ser madeira e estava satisfeita que alguém a tinha escolhido para ser moldada nesta mesa. A mesa era do tipo escrivaninha de tampo móvel e muito bonita. Eu sabia que a mesa entendeu o amor que o artesão tinha posto durante sua fabricação. A escrivaninha também se sentiu pura e digna porque nunca havia sido usada em alguma forma que ofendesse a Deus.

Eu gostaria de descrever muito mais sobre este fenômeno, de entender as coisas físicas, mas não tenho palavras para fazê-lo. Eu entendi a emoção e o motivo do homem que a cortou e sabia o seu nome e tudo sobre a vida dele, da mesma forma como todos os que haviam tocado ou usado à mesa. Eu sabia tudo sobre o forro de algodão do assento e do couro do sofá. Todos esses elementos me fizeram sentir bem-vindo e estavam alegres em comunicar comigo sua vida e como eles haviam chegado a ser aquele sofá.

Eu entendi os vários gados, cujos couros cobriam o sofá - suas vidas e sacrifício. Os animais tinham deixado toda essa informação em seus couros, mas o seu espírito estava em outro lugar, não no couro, embora ainda satisfeito e contente com os benefícios que sua vida e propósito tinham oferecido para a humanidade. O couro estava satisfeito que tinha sido usado em benefício dos filhos de Adão.

O Propósito de Todas as Coisas

Eu posso resumir tudo isso dessa forma: todas as coisas nesta terra são colocadas aqui com a finalidade de levar a efeito a imortalidade e vida eterna do homem. Algumas coisas estão aqui para nos alimentar, para consolar-nos, para criar beleza, abrigo e até remédios. Outras coisas estão aqui para trazer a oposição, dor e desconforto. Mas elas estão todas aqui para criar este mundo que exalta o homem. Tudo isso faz parte do plano de Deus e nada é dispensável. Até mesmo os mosquitos e vírus são parte do plano. Minha experiência com todas estas coisas não humanas é de que eles estão satisfeitos que estão cumprindo com a medida de sua criação, e que a recompensa por assim fazer é aceitável e agradável para cada um deles.

Foi impressionante perceber que enquanto neste corpo mortal a vida é muito mais elaborada do que podemos imaginar ou vislumbrar. Deus providenciou um sistema complexo e inspirado para nos exaltar. Uma grande parte disso é para nos dar a oportunidade de estar em um corpo, um corpo que deseja quase tudo o que é contrário ao Seu plano. Jesus Cristo nos expõe, através do Espírito Santo, a tudo o que é verdade, falando ao nosso espírito, cada vez que temos de escolher entre o bem e o mal. Então ao pecarmos, podemos nos arrepender e obedecer A Suas leis e permitir que a Expiação trabalhe dentro de nós. Todo este processo é projetado por Deus para alinhar nosso espírito e corpo de acordo com as leis de Deus e, dessa forma voltar, corpo e espírito, inseparavelmente ligados, à presença de Deus para ser julgado — para apresentar um relato de nossas vidas.

Nossa Glória Pré-Mortal

Foi intrigante para eu ver que nossos espíritos vieram a esta terra em um estado quase que divino. Eu sabia que existem alguns espíritos que vieram aqui com desejos e motivos impuros. Mas descobri que meu espírito apenas desejava o que era bom, apenas desejava estar em harmonia com Deus.

O meu corpo é que era o escravo da mortalidade, desejando para mim coisas contrárias ao plano de Deus. Quando o meu espírito entrou no meu corpo, no nascimento, ele perdeu todas as memórias da minha boa e longa vida antes daquele acontecimento, ele caiu, ou ficou sujeito à Queda do homem. A grande parte do propósito da mortalidade é nos afastar de Deus, e assim, ser forçado a aprender a ouvir a voz de Cristo e superar a força mortal do nosso corpo. Neste mesmo processo, estamos também aprendendo a fim de aperfeiçoá-lo e para ensiná-lo a perfeita obediência à vontade de Cristo e, ao fazê-lo, superar o mundo — e a Queda.

Para mim, uma pessoa tão inexperiente nas coisas profundas e divinas do mundo espiritual, tudo isso foi "delicioso". Fiquei emocionado ao experimentá-las e senti amor vindo de tudo aquilo em que eu tocava — até mesmo as pedras, o couro e a madeira. Senti prazer no amor que fluía de mim para eles. Parecia que tudo o que tinha sido criado por Deus tinha sua história e foi uma alegria poder ser capaz de ouvi-los. Deles emanava somente felicidade e louvor a Deus.

Achei que as coisas artificiais, tal como o aço e plástico, eram mais difíceis de atravessar e eles não tinham voz. Eu não conseguia discernir suas vidas ou suas histórias. Naquele momento, para mim, parecia não ter vida. Eu aprendi mais tarde que eles também eram uma parte viva da terra, mas não descobri isso até muito mais tarde onde pude aprender a ter uma melhor experiência com a terra. Eu simplesmente não estava pronto naquela época — eu mal estava preparado até quando, já bem dentro do Milênio, isso aconteceu. Ser "um" com um pedaço de madeira é como ter um cachorrinho sempre ao seu lado, abanando a cauda, recebendo-o com sua linda alma e adorável personalidade. Falar com a terra é como ter todo o planeta em cima de seu corpo, sentindo o peso de uma grande inteligência, de um perfeito conhecimento e memória impecável de todo o bem e o mal que existe em sua face, dos clamores por justiça devido ao sangue dos justo derramado em acima dela através dos séculos, de imensa tristeza, paciência divina e a alegria jubilosa na sua libertação final. É como estar cara a cara com um ser vivo do tamanho de um planeta, brilhante e inteligente, que é tanto amoroso como zangado, ansioso e paciente, tendo sido fiel em todas as coisas. A Terra não poderia ser preparada a não ser com experiência espiritual e orientação divina.

Eu estava bastante interessado nas rochas e objetos feito de pedras naturais, cuja voz era antiga, pré-datando a formação da terra.

A Terra lembrava-se de sua criação e ela exuberou-se e alegrou-se em ser linda e útil ao homem. Eu cheguei à conclusão de que gostava de rochas. Todas elas magnificavam a Cristo. Gostei de estar em sua presença, e o sentimento de eterna paciência e adoração que tinham por Ele.

Agora pense nisso, se eu pude desfrutar da presença das rochas, cuja inteligência e liberdade são tão limitadas e menos divinas, quanto mais profundo e glorioso são os seres humanos, que são muito mais do que pedras e ainda assim nós não os valorizamos, exceto quando eles fazem algo por nós. Cada pessoa que você conhece viveu antes, eternamente! Eles precedem a criação terrena e são deuses em sua infância. Ainda assim nós os vemos como funcionários, médicos, amigos, família, ou mesmo como inimigos ou uma fonte de nossas provações. Porém, nós raramente os vemos como eles realmente são — deuses em potencial. Eu vi isso como um grande impedimento para o nosso próprio crescimento. Isso mostra até onde chegamos, porque há não muito tempo, na visão eterna das coisas, quando tínhamos uma melhor percepção do plano e entendíamos o valor de cada alma, nós estávamos nos tornando deuses (com um "d" minúsculo).

Nesta vida, lutamos contra Deus devido ao corpo mortal que não sabe nada sobre o Seu plano para nós. Qual é Seu plano? É o de levar a efeito a imortalidade e vida eterna do homem. Então tudo o que experimentamos é projetado para ajudar-nos nessa jornada.

Através desta experiência fora do corpo, toda esta informação foi fundida ao meu espírito. Desde então, de certa forma, o véu que separa a mortalidade do mundo espiritual tem ficado mais fino para mim. Eu só não lembro o que Deus mostrou e ensinou-me na visão, mas eu tenho a Sua voz reveladora para ensinar-me a cada momento da minha vida — assim como todos os mortais possuem — através da luz de Cristo e a voz do Espírito Santo. Tendo essas duas perspectivas sobre as obras de Deus, o véu de muitas maneiras tem se tornado mais transparente.

Enquanto eu estava andando pelo hospital, conheci outros mortais. Alguns eram funcionários, outros eram médicos e enfermeiros. Como eu parecia estar em uma área administrativa do hospital, não vi muitos pacientes. Cada uma das vidas desses seres mortais tornou-se completamente transparente para mim, como se seu próprio ser, cada segredo, verdade e mentira estivessem sendo transmitidos por eles para todo o mundo. Tudo estava sendo revelado para mim e era bem claro. Parecia deprimente porque eu podia ver os problemas que eles haviam criado para si mesmos. Eu podia ver cada erro, bem como cada ato bom que tinham feito. Senti profunda tristeza pela maioria deles e depois de certo tempo mal podia suportar conhecer outra pessoa.

Cheguei à conclusão que era muito mais agradável ter experiências com a madeira e as pedras, do que com os seres humanos. Fiquei intrigado com a intrincada história deles conforme eles me mostravam no instante em que os tocava. Fui atraído por sua atmosfera positiva e caráter eterno.

Um Clamor Pela Justiça

Eu encontrei alguns itens no hospital que estavam entristecidos sobre como eles tinham sido manuseados por seus proprietários. Alguns dos objetos tinham sido usados em crimes ou para fins violentos ou imorais, e sua voz era a de um grito por justiça e redenção. Não era um som estridente, penetrante ou desagradável — mas era interminável e carregava os detalhes vívidos da injustiça. Eu sabia que o objeto em si não tinha sido diminuído ou condenado, mas ele aguardava com paciência e expectativa o dia de sua redenção.

Caminhei através de uma parede adentrando em um lindo escritório. Ele era mais decorado do que os demais, com belas obras de arte nas paredes e mobilhado com móveis ornamentados. Pensei em sair pela porta, e ver a quem pertencia, mas ao atravessar pela mesa fiquei atordoado pelo que eu senti. A mesa ansiava por redenção. Percebi que, recentemente, uma série de cartas de amor tinha sido escrita nesta mesa, promovendo um caso que finalmente iria ferir muitas pessoas. Eu sabia o conteúdo de cada carta e a verdadeira emoção e manipulação do escritor, bem como a reação do leitor. Eu me afastei, não querendo permanecer nesse fluxo de ardentes detalhes. Eu atravessei o sofá, que da mesma forma, testemunhou o mesmo sobre os injustos eventos que ocorreram ali, alguns até recentemente. Eu não podia encontrar um lugar sequer naquele lindo escritório que não estivesse triste, tivesse sido ofendido ou que não chorasse por redenção.

Voltando ao Meu Corpo

Eu estava prestes a sair quando senti novamente o apelo do meu corpo. Instantaneamente, encontrei-me na sala de procedimento, olhando para meu corpo. Em todas as minhas outras experiências de sair do meu corpo, eu me levantei saindo para fora dele. Mas, por razões que ainda não entendo, durante esta experiência, eu reentrei no meu corpo por baixo.

De repente encontrei-me debaixo da mesa, subindo rapidamente por baixo dela e entrando em meu corpo. Desta vez foi mais doloroso do que qualquer uma das outras vezes. Embora a dor estivesse sendo experimentada pelo meu corpo, eu podia sentir tudo devido a estar ligado com ele. Eu estava ainda consciente do meu espírito — que, conforme eu descrevi, era bastante sensível. Por um momento pude sentir tanto meu espírito, chocado e abalado pela dor do meu corpo, e a dor do meu corpo. O choque da dor de ambos os lados foi esmagador. Então, num instante depois, eu só estava ciente de meu corpo.

Eu havia retornado ao meu corpo. Eu não estava apenas acordando da anestesia, mas estava plenamente consciente e ciente de tudo. Eu estava doente — quase tão doente quanto um mortal pode estar e ainda permanecer vivo. Eu não tinha forças sequer para piscar os olhos. Eu estava extremamente nauseado, mas muito fraco para vomitar. Meu batimento cardíaco era irregular, e eu me senti mal devido a todos os medicamentos que eles tinham injetado em mim. Eu não podia acreditar que aquele era na verdade o meu corpo; senti-me mais doente do que nunca.

Eu senti como se meu corpo estivesse "queimando", como se meu espírito quisesse sair fora dele outra vez, mas meu corpo estava segurando o meu espírito com uma força enorme. Eu tinha dificuldades para respirar. Eu podia ouvir os enfermeiros e os médicos ansiosamente falando entre si e depois comigo.

Eu abri meus olhos. Minha percepção da passagem do tempo foi como se eu tivesse estado fora do meu corpo por cinco ou seis horas. Eu tinha visto e experimentado tanta coisa, tinha vagado pelos corredores do hospital sem nenhum senso de pressa, enfiado minha cabeça através de portas fechadas e atravessado todas as paredes que eu pudesse encontrar. Entretanto, quando finalmente fixei meus olhos no relógio que se encontrava na parede da sala de procedimento, haviam-se passado apenas vinte minutos.

Isso não fazia sentido para mim. Senti-me confuso. Eles me levantaram e me deram um pouco de suco de laranja. Senti-me mal, então eles me disseram para voltar a deitar e repousar. Um médico veio e me disse o que tinha acontecido. Ele relatou tudo de forma bastante casual, como se aquilo acontecesse o tempo todo. Ele pediu para vir até o seu escritório por um tempo e descansar para certificar-se de que eu estaria bem.

Senti-me muito fraco, e eles pediram minha esposa, Lyn, que me ajudasse. Ela levou-me para o seu escritório numa cadeira de rodas. Ela não sabia o que havia acontecido. Eu reconheci seu escritório como o escritório bem decorado onde o romance tinha acontecido, mas os móveis estavam em silêncio, já não falavam mais ao meu espírito que, aparentemente, estava agora firmemente dentro do meu corpo.

Eu disse à enfermeira que ficou conosco, "Eu morri".

Ela balançou a cabeça e respondeu, "Não, você só teve dificuldade em lidar com o contraste, mas agora você está bem." Ela estava me confortando, não entendendo o que eu estava tentando dizer. Todos os que falavam conosco tentavam minimizar o que tinha acontecido. Eles não queriam ouvir nada do que eu tinha a dizer. Em cerca de meia hora, nos disseram que eu estava bem e me deram alta.

Muitas Experiências Diferentes de Morte

Uma parte importante desta experiência foi que comecei a entender a liberdade de escolha e que as pessoas estão tendo diferentes experiências após a morte. Isto é algo que eu certamente nunca havia suposto.

Algumas pessoas nem admitiam que estivessem mortos. Outras, como eu, só estavam esperando por seus corpos serem restaurados e então eles podiam retornar a eles. Estas pessoas estavam tendo experiências diferentes de muitos tipos. Algumas foram dadas a chance de retornar à mortalidade. No meu caso, parece que não tive uma escolha, eu só fui chamado de volta.

Alguns dos mortos foram recebidos por anjos de luz, que os

acompanharam para fora do hospital em uma coluna de luz. Na época, especialmente depois de ter tentado várias vezes reentrar no meu corpo, eu os considerei como sendo os mais abençoados e queridos.

Esta experiência fora do corpo me deu décadas de informações para processar e tentar entender. A narração deste livro foi na verdade a primeira vez na minha vida em que eu tentei traduzir todas essas experiências em palavras. Eu tenho me perguntado, ponderado e orado sobre elas a maior parte da minha vida, mas esta é a primeira vez que eu tentei descrevê-las. É interessante constatar como é difícil, como existem poucas palavras para descrever o verdadeiro significado da vida e o que realmente acontece quando uma pessoa morre.

De Volta ao Lar

Eu comecei a sentir-me melhor alguns dias após chegarmos em casa. Eu contei a Lyn sobre minha experiência fora do corpo e sobre minha visita a ela na sala de espera. Eu disse que eu realmente havia morrido.

Ela duvidou, apesar de ser inexplicável como eu sabia qual artigo ela tinha lido da revista e que eu me lembrava dele até o ponto em que ela tinha parado de ler quando os alto-falantes anunciaram, "Código azul, código azul!" Contei tudo a ela, como ela tinha olhado para cima e depois se levantou como ela estava segurando a revista com uma mão — tudo isso. Ela confirmou-me que tudo o que eu disse era verdade, embora ela não pudesse acreditar que estivesse morto por vinte minutos.

Ela pediu uma consulta com meu médico, e ambos fomos. Ela exigiu saber a verdade do que tinha acontecido naquele dia. O médico não admitiu que eu tivesse morrido. A única coisa que o médico que disse foi que "houve alguns momentos assustadores quando seu coração parou. Você não estava respirando, mas nós o revivemos." Ele completamente minimizou a experiência e nos disse para não nos preocuparmos. Acho que o que ele realmente queria dizer era: "Por favor, não entre com um processo contra nós".

Capítulo Dois
O PARAÍSO PERDIDO

Reorganizando a Minha Vida

Eu refletí sobre essas experiências todos os dias que se sobreviveram, ponderando sobre o seu significado. Havia muitas coisas que estavam contrariando minhas antigas crenças, especialmente sobre o meu nascimento e o meu pai biológico. Eu mantive um registro minucioso dessas experiências no meu diário. Também ponderei constantemente sobre como mudar minha vida para que ela se conformasse com o que Deus me havia mostrado.

Antes disso, minha meta na vida era avançar na minha carreira para me tornar um professor titular e depois aposentar-me quando tivesse cinquenta anos. Meu objetivo era ficar rico, conhecido, escrever livros e me tornar famoso. Eu queria trabalhar para igreja, servindo em qualquer posição e, conforme eu pensava naquela época "progredir no sacerdócio", sendo fiel e servindo à Igreja.

Após esta experiência além do véu, passei os próximos dez anos reorganizando minha vida: de "centrada em mim" para "centralizada em Cristo". Não foi uma transição fácil. Eu vim a perceber que quase todos os meus objetivos estavam mal alinhados com o plano de Deus. Aprendi durante toda a minha vida que deveria ganhar dinheiro, criar uma família, ser conhecido pelo mundo, e então o Senhor iria me usar da maneira que quisesse, porque eu tinha conhecimento, era rico e estava disponível.

Não sei se antes dessa experiência, eu havia concordado que esse seria o meu objetivo, no entanto, era isso que me tinha sido ensinado durante toda a minha vida pelos líderes da igreja, mesmo pelos meus dois presidentes de minha missão. Esse pensamento nunca criou raízes em mim, e agora eu sabia o porquê. Antes dessa época, eu tinha a ideia preconcebida de que eu precisava estar numa posição na minha vida onde Deus pudesse me conhecer — ver minhas boas obras e minha determinação, e então Ele saberia o que fazer comigo.

Depois dessa experiência, eu sabia que Deus já me conhecia — detalhadamente e muito melhor do que eu conhecia a mim mesmo. O que Ele estava me ensinando nessa experiência era: *Spencer, você não entendeu. Você precisa aprender a se ver como Eu o vejo; e conhecer a si mesmo como Eu conheço você — não o contrário. Eu já sei tudo sobre você.*

Estar fora do meu corpo e saber, sem dúvida, com total certeza, de que há um grande trabalho espiritual e um mundo espiritual que não podemos ver, me tirou de um círculo fechado onde apenas Spencer existia, e expandiu esse círculo de entendimento para incluir esse mundo invisível de seres celestiais, com membros da família, anjos e o próprio Jesus Cristo. Jamais serei a mesma pessoa!

Conforme antes mencionado, pareceu-me como se os anjos tinham deixado à porta do céu aberta. Eu continuei a ver as pessoas de forma diferente do que antes. Eu podia vê-las, de certa forma, através dos olhos de Deus. Eu podia amá-las mais e, às vezes, o Senhor enviou-me para ajudá-las de uma maneira que, caso não fosse ela milagrosa, teria sido impossível para eu perceber que a mão de Deus está sempre envolvida em nossas vidas.

Após essa experiência, a qual mudou minha vida, comecei a receber informações de Deus para ajudar meus clientes. Em algumas ocasiões tive que esperá-los terminar de falar para que eu pudesse dizer o que me tinha sido revelado. Ao longo do tempo, ao me tornar mais sensível às coisas espirituais e mais obedientes em minhas reações a essas informações, meu discernimento melhorou. Pude aconselhá-los muito melhor. Às vezes, pude ver as coisas que tinham acontecido com esses clientes e minha compaixão e compreensão teve neles um grande efeito. O melhor que pude fazer nessas ocasiões foi entender o que passaram.

Não Estamos Sós

Outra coisa importante que aprendi foi que nunca estamos sós. Os anjos estão sempre presentes — tanto os do bem como os do mal. Também percebi que devido ao meu comportamento, humor ou pensamentos, eu estava no controle de quem estava a minha volta. Eu costumava ter emoções ou sentimentos negativos e a sentir-me dominado por eles. Fiquei temeroso ao perceber que através das minhas emoções eu estava dando permissão e lidando com espíritos das trevas. Eu percebi que eu estava no controle, e me esforcei para manter-me positivo e amoroso, a fim de convidar estes seres divinos em minha vida, seres que elevassem a mim e aqueles ao meu redor. Agora sei pela fé que nunca estamos sozinhos; estamos rodeados pelo bem e pelo mal.

Também percebi que nosso livre arbítrio sempre é honrado a tal ponto que, embora existam anjos do bem ao nosso redor, nós ainda temos de convidar a sua intervenção. Convidamo-los a ajudar através da oração, da esperança, da fé e de acreditar. As palavras em nossa mente, àquelas que em silêncio falamos conosco mesmos importam. "Por favor, mostre-me como!" "Por favor, me ajude!" "Por favor, Deus, me ajude a encontrar minhas chaves." "Por favor, Deus, salve meus filhos!" Tudo isso desencadeia coisas poderosas do outro lado do véu. Elas se tornam ainda mais poderosas quando aprendemos a responder aos sussurros do Espírito Santo, porque podemos receber em seguida, mais rápida e profundamente, as respostas a essas urgentes orações.

Toda vez que Deus se envolve em nossas vidas, Ele está ensinando e proporcionando a nossa vida eterna. Quando o Pai responde às nossas preces, Ele o faz através de anjos, porque os anjos transmitem Suas respostas às orações de Seus filhos. Este processo é extremamente ordenado e divinamente orquestrado. Não há nenhuma casualidade ou coincidência na Sua obra. Os bons anjos estão sujeitos ao Seu comando e são limitados ou habilitados de acordo com a nossa fé. Quando lidamos com Deus ou Seus mensageiros, não há nenhum momento "e agora". As orações são sempre respondidas corretamente e não existe erro do outro lado. Tudo acontece como Deus manda.

Redirecionando Minha Vida

Então, todos aqueles interesses mundanos que pensei que deveriam definir minha vida foram retirados de minha mente. Foi-me mostrado que muito do que eu estava tentando fazer era totalmente errado para mim. Foi-me mostrado que o que eu buscava não era correto — "pare, não continue!" Tentei obedecer.

Eu completei minha educação e estabeleci minha carreira porque eu tinha visto que fazia parte do caminho certo para mim.

No meu trabalho muitas vezes eu apelo ao Pai Celestial para que permita que os anjos que estão em volta de mim e dos meus clientes possam intervir. Faço-o com completa garantia de que Deus me ouve, e os anjos respondem. Talvez eu tenha uma fé maior nesse princípio do que a maioria dos mortais, porque eu vi os anjos.

Anteriormente a tudo isso, eu trabalhei em um hospital de grande porte com crianças que sofriam de câncer. Havia momentos em que eu podia ver com os meus olhos espirituais a intervenção angelical para prolongar a vida de uma criança e sabia que isso iria acontecer. Esses momentos resultavam em curas que só podiam ter sido milagres de Deus. Em outras ocasiões, também percebi que a vida de uma criança tinha chegado ao fim e que ela tinha completado sua obra mortal; e a criança vinha a falecer pouco depois. Eu sentia então uma grande paz, sabendo que suas vidas foram curtas, mas completas; e eu podia, dessa forma, confortar aos pais e familiares.

Naquela mesma época, eu era mestre familiar de uma irmã solteira e seus três filhos. Essa irmã tinha câncer no cérebro, e eu queria curá-la. Eu queria usar o poder do sacerdócio para curá-la. Ela me pediu para dar-lhe uma bênção, mas quando eu coloquei minhas mãos sobre a cabeça dela, me foi mostrado em uma visão de que ela não sobreviveria além daquele ano. Eu não queria dizer isso a ela, então lhe dei uma bênção de conforto, mas não foi a bênção que eu queria dar a ela, nem era a benção que o Pai me havia mostrado e que Ele tinha reservado para ela.

Ela se virou para mim após a bênção e com lágrimas escorrendo pelo seu rosto e disse, "por que você não me disse o que viu? Porque você não me deu a bênção que você viu"?

Eu perguntei a ela que ela quis dizer.

Ela disse, "Eu tive a mesma visão. Eu não viverei muito mais do que um ano".

Eu disse-lhe, "Eu fiquei receoso de dizê-lo, com medo que desencorajá-la e assustar as crianças".

Ela respondeu: "sabendo que esta é vontade de Deus, a benção me ajudará a aceitar. É o que eu precisava ter visto e mesmo que você não tenha dito em voz alta, eu a vi com você, e sei que é verdade. Obrigada pela bênção".

Ela viveu cerca de onze meses mais e depois faleceu, deixando seus três filhos jovens nas mãos de membros da família. Essa foi apenas uma das muitas experiências poderosas onde a minha sensibilidade e sentimentos espirituais foram grandemente reforçados.

Infelizmente eu não era forte o suficiente para me expressar corretamente, então, para o seu benefício, o Pai mostrou a essa jovem mãe a mesma visão que eu vira. Tenho aprendido muito sobre minha responsabilidade de realizar a Sua obra; e mesmo que o medo tente me impedir de dizer o que tem de ser dito, é sempre a coisa certa a fazer. Eu tentei a partir daí não temer as emoções e preocupações dos homens mais do que a vontade de Deus.

Após essa experiência fora do corpo, minha vida passou por uma evolução longa e difícil, especialmente quando se considera que tais decisões não eram inteiramente minhas - elas influenciariam também os sonhos de minha esposa e família. Por anos eu tinha inculcado os meus sonhos neles, e agora eu tinha que enfrentá-los e explicar porque eu tinha mudado a minha vida e meus objetivos.

Essas alterações não foram realizadas sem resistência. Fora a minha família, quase todos meus colegas, professores como eu, e colegas nas universidades, e mesmo aqueles que me tinham ensinado e me dado oportunidades nas escolas, todos resistiram às mudanças que eu estava fazendo. Alguns deles me viram como se eu estivesse me autodestruindo, outros como completamente irresponsável. Houve alguns deles que me disseram que eu tinha sofrido um colapso mental ou emocional. Eu ouvi todas essas pessoas e decidi ir à frente com a determinação de fazer o que me tinha sido mostrado. Deixei para trás várias oportunidades no hospital e nomeações na universidade e me concentrei no meu consultório particular.

Durante este tempo de mudança minha saúde continuou a lentamente se degradar. Meu sistema imunológico estava comprometido pela cirurgia e por muitos problemas de saúde. Eu tive cirurgias de vesícula, apendicite e, devido a uma constante infecção, também uma cirurgia sinusal.

Tive febre reumática duas vezes, um sopro no coração e todas as gripes e resfriados possíveis. Minha percepção atual é a de que eu trouxe essas doenças sobre mim mesmo devido ao estilo de vida pouco saudável adquirido durante a minha infância. Eu ainda não havia aprendido a não deixar que o que aconteceu de negativo na minha vida se manifestasse no meu corpo como doença física. Também, trabalhava longas horas e não me alimentava direito. Não dormia o suficiente. Eu me exercitava muito por curtos períodos de tempo, ignorado o efeito dos exercícios em longo prazo.

A última e maior razão para todos esses problemas de saúde foi que eu fui abençoado para ter crises de saúde a fim de experimentar a morte física várias vezes e, portanto, ter tido essas visões. Agora eu sei que antes de eu nascer, eu havia escolhido este curso para mim.

Eu estava contente de poder ter escolhido esse caminho para minha vida e, embora ele tenha sido difícil, doloroso e sempre assustador, ainda me sinto como se minha vida tenha sido tremendamente abençoada por causa deste processo. Eu não voltaria e escolheria um caminho diferente, mesmo que pudesse fazê-lo.

Por esta altura, Lyn e eu tínhamos cinco filhos. Apesar dos desafios normais de uma família jovem, nessa época minha esposa e meus filhos estavam bem.

Taiti

Após todos esses desafios médicos, alterações de carreira, e crescimento familiar, minha querida esposa e eu decidimos fazer uma pausa necessária na vida e ir de férias para o Taiti, em março de 1995. Nós planejamos ir com os pais de Lyn e seus irmãos. Todos nós deixamos os filhos em casa e estávamos bem animados pela partida. Lyn e eu tínhamos planos de melhorar nosso relacionamento, nossos sonhos e minha saúde através de um total relaxamento e descanso em um paraíso tropical.

Tomamos um longo voo para Los Angeles e depois para Honolulu. De lá, voamos para o Taiti. Uma das dificuldades com que tenho lidado toda a minha vida é a de não conseguir dormir num avião. Cheguei ao Taiti, após uma jornada de vinte e quatro horas, sem ter dormido. Chegamos à ilha de Papeete, onde se encontra o templo Mórmon.

O clima era maravilhoso naquela linda ilha. Soprava uma brisa suave e tropical. Entramos a bordo de um barco e viajamos para a ilha vizinha chamada Moorea onde se encontrava o pequeno resort. Ao chegarmos, descobrimos que o hotel consistia de uma série de encantadoras cabanas, cada uma composta de um grande quarto com um telhado de palha de palmeira. As paredes eram abertas com redes contra insetos como divisórias. Havia um único banheiro na parte traseira do bangalô. Os quartos estavam decorados com pinturas e arte local. Era completamente encantador.

Enquanto isso era época de inverno em casa - então saímos das tempestades de neve para uma ilha que parecia um paraíso. Lembro-me de ter comentando que o local deveria ser como o do "Bali Hai" do musical "Pacífico Sul". No centro da ilha, as montanhas vulcânicas de coloração lilás se juntavam a vegetação exuberante e findavam em um belo parque com areia perfeitamente branca e com um oceano de águas cristalinas de um intenso tom azul esverdeado. Um recife de corais protegia a ilha de ondas, tubarões e outros peixes grandes.

A família da minha esposa e eu chegamos cansadas da longa viagem. Havia cerca de vinte e dois de nós. Cada casal tinha o seu próprio belo

43

bangalô na praia. Combinamos de tomar um banho e refrescar-nos após a longa jornada e, então, nos encontrarmos no restaurante que estava conectado ao resort.

Eu estava muito cansado para ir jantar, e então pedi a minha esposa que me trouxesse algo para comer do restaurante. Ela estava preocupada comigo, mas, supondo que eu estivesse apenas cansado, ela concordou e saiu. Liguei o chuveiro e a água que veio tinha a cor da lama. Eu fiquei chocado e deixei a água correr até que ela se tornou mais clara. Enquanto eu me banhava, meu coração estava batendo muito rápido. Eu suspeitava que fosse apenas devido à falta de sono. Vesti-me, e deitei-me na cama e comecei a suar profusamente. Eu sabia que algo estava errado comigo, mas não havia nenhum telefone no bangalô. Senti uma dor esmagadora no peito, que estava ficando cada vez pior. Eu estava tendo dificuldade de respirar e não tinha como buscar ajuda.

A próxima coisa de que lembro foi que eu saí do meu corpo e estava pairando próximo ao teto. Senti o mesmo que havia sentido quando eu havia morrido a cerca de doze anos atrás durante o contraste de Raio-x, só que desta vez eu saí por cima do meu corpo ao invés de por debaixo da cama.

Meu primeiro pensamento foi: *"vou morrer numa terra estrangeira!"* Fiquei preocupado como minha esposa iria tomar as providências para transportar meu corpo de volta para a América e como as crianças ficariam arrasadas.

Também senti que gostaria de deixar a cabana e explorar ao redor da ilha, mas eu tive uma forte sensação de que eu deveria ficar perto do meu corpo. Naquele exato momento, a minha esposa retornou para o quarto. Desejei voltar para o meu corpo, e imediatamente fui sugado do teto para ele. Fui capaz de lhe dizer que estava me sentindo muito mal. Ela sentou-se na beira da cama e conversou comigo por um momento. Disse-lhe que eu achava que ia morrer, porque eu estava mais uma vez tendo experiências fora do corpo.

Ela estava realmente preocupada e tirou o meu pulso, que estava bem acelerado. Ela voltou para o restaurante para buscar o seu pai e meu cunhado. Eles me deram uma bênção do sacerdócio. Eu tentei ficar no meu corpo o tempo suficiente para receber a bênção, mas estava tendo dificuldades em fazê-lo. Continuei a sentir como se estivesse flutuando. A bênção do sacerdócio mencionou que eu iria me recuperar e que ainda tinha muito trabalho para realizar nesta vida.

Ele também disse que se algo precisasse ser feito clinicamente, eu seria abençoado com a força suficiente até que voltássemos aos Estados Unidos.

A irmã do Lyn que é enfermeira, falou com o hotel sobre outras opções médicas naquele local. Havia uma pequena clínica do outro lado da ilha. A clínica só tinha dois enfermeiros e um médico que vinham ocasionalmente. Decidimos que seria melhor arriscar e ficar onde estava ao invés de nos locomovermos até a clínica.

Após haver recebido a bênção deram-me uma aspirina e decidi que ficaria na cama e tentaria me recuperar. Eu disse que iria dormir e assegurei a todos que eu ficaria bem, embora eu fortemente suspeitasse que eu fosse deixar meu corpo novamente. Eles aceitaram minha decisão e retornaram ao restaurante para terminar seu jantar.

Deitei-me na cama, orando e suplicando ao Pai que se Ele precisasse que eu deixasse a mortalidade que, por favor, esperasse até voltarmos para os Estados Unidos, a fim de não estragar as férias da família. Por algum motivo também senti que seria muito lamentável passar desta vida para outra num outro país.

Mais uma vez saí do meu corpo pairando próximo ao teto. Lá havia um ventilador grande que estava funcionando no nível mais alto. Encontrei-me sobre o meu corpo ao lado do ventilador. A principal diferença desta vez era que eu estava totalmente sozinho. Não havia outros espíritos para me saudar ou cuidar de mim. Esperei por um longo tempo ao lado do ventilador . . . e me senti cada vez mais abandonado e sem nenhum apoio. Era desconcertante estar em um mundo onde eu sabia estar cheio de seres espirituais e ao mesmo tempo estar sozinho. Implorei novamente ao Pai para que, por favor, enviasse um espírito justo para que ficasse comigo a fim de não me sentir morto, perdido e sozinho numa terra estranha.

Uma voz veio ao meu espírito que penetrou no fundo do meu peito dizendo que eu precisava passar por aquelas trevas para entender o que logo aconteceria na minha vida. Naquela época eu não entendia o que aquilo significava, mas desde então fui capaz de compreender.

Significava que eu precisava entender o sofrimento, sendo exposto ao mal e toda a sua escuridão. Durante esse tempo na minha vida, eu era muito ingênuo. Eu queria acreditar na bondade natural dos outros. Em breve eu teria uma visão de pessoas cujo único propósito na vida era o de fazer o mal. Acima de tudo, eles preferiam o mal e debochavam de tudo mais.

Eles tinham prazer no sofrimento de outras pessoas e ficavam ente-diados e deprimidos quando eles não estavam fazendo mal a alguém. Eu nem sabia sequer que existiam tais pessoas, muito menos que eles faziam parte de uma grande sociedade.

A mim tinha sido mostrado grande luz — visões de Deus e anjos — e para compreender melhor a luz e a verdade, agora era necessário entender seu oposto — o puro lado mal da equação. Todas as coisas na mortalidade e eternidade têm o seu oposto. Para compreender melhor a luz, eu tive que compreender melhor também as trevas. Jesus Cristo tinha que descer abaixo de todas as coisas antes que ele pudesse subir acima de todas as coisas. O mesmo parecia ser verdadeiro quanto a mim, embora, claro, em um grau bem menor do que o nosso Salvador. Ainda assim, as leis divinas que regem essas bênçãos exigem uma diferença entre o bem e o mal, e eu tinha que entender isso por experiência pessoal.

Portanto, tive que passar por esta solidão assustadora — esta sepa-ração de Deus. Eu nunca tinha experimentado isso anteriormente. Aparentemente também precisava saber como era sentir-se completa-mente desprovido de Espírito Santo, a fim de apreciar e compreender a bênção maior que me havia sido mostrado e que poderia ser minha.

Era como se Deus estivesse dizendo, "Este é o tempo designado para você, Spencer, para experimentar essa escuridão". Então, encontrei-me lutando e vendo coisas que nunca imaginei que pudessem ser verdades. Estar de férias nesse lugar distante, com uma história sombria, tornou-se o cenário perfeito para esse capítulo escuro da minha educação a respeito de coisas celestiais enquanto meus filhos, família e esposa estavam distraídos em outras coisas.

Enquanto eu estava pairando perto do teto, minha esposa e uma de suas irmãs entraram no quarto. Elas concluíram que eu estava dormindo, me checaram tocando no meu ombro, e depois silenciosamente saíram do quarto. Elas olharam uma para a outra e concordaram que eu estava dor-mindo. Elas se retiraram e se sentaram na varanda do nosso chalé. Eu não estava dormindo, mas estava fora do meu corpo observando o que estava acontecendo do teto. Eu não sabia se estava vivo ou morto, porque essa experiência parecia muito diferente daquela há doze anos. A essa altura, eu não sabia como deixar o bangalô.

O Panorama do Inferno

O que agora vou relatar, eu ainda não compreendo perfeitamente. Isso foi mostrado a mim como se fosse um "panorama" passando diante do meu corpo espiritual. A visão era com se fosse em três dimensões, mas eu não estava dentro dela, eu estava olhando para ela como se eu fosse um espectador. O que me foi mostrado era a história das práticas espirituais e não espirituais dos antigos taitianos.

Foi-me mostrado que inicialmente eles eram um povo iluminado e cheio do espírito, inocente e imaculado. Eles tinham conhecimento sobre Jesus Cristo, Seu papel e Sua missão, conhecimento este vindo através de homens e mulheres santos que haviam estabelecido o seu patrimônio cultural. Com a morte de seus fundadores, ao longo dos anos, vi que sua compreensão se deteriorou, e a quantidade daqueles que acreditaram naqueles ensinamentos se tornou cada vez menor. Eles decaíram na forma mais imaginável, brutal e explícita de tortura humana, deboche, perversões sexuais e escuridão espiritual. Na verdade nada foi imaginável para mim, pois eu as vi e fiquei enojado. Eu ainda me sinto chocado pela memória delas. Dentre as muitas coisas abomináveis, o mais horrível de se conceber foi o sacrifício de virgens e a matança de bebês e crianças de maneiras hediondas. Foi horrível para mim naquela época e ainda o é para mim agora, porque eu as vi em grande detalhe, como se eu estivesse ali presente. Eles faziam aquilo, em parte, por causa de sua falsa religião e, em parte, para se autopunirem pelas semelhantes atrocidades feitas a eles por seus inimigos. Suas mentes e seus corações e tudo o mais que faziam era cheio de violência, vingança e de um desejo carnal por tudo o que era mal.

Eu pude ver e sentir cada pessoa envolvida nessas atrocidades. Eu pude sentir o ódio, a raiva, e o ressentimento daqueles que cometiam aqueles atos terríveis, bem como o medo e a angústia de suas vítimas. Fui poupado de sentir suas dores fisicamente, mas eu as experimentei espiritualmente – o que na realidade não era dor, mas uma compreensão do quão horrível tudo tinha sido para eles. Eu também pude ouvir as preces de alguns dentre eles, que ainda eram seguidores de Jesus Cristo, que tinham o Espírito Santo e que ainda estavam agarrados à verdade. Esses poucos fiéis eram como pequenos focos de luz e de verdade nessas ilhas. Eles abominavam o que estava acontecendo com seu povo e lamentavam pelas gerações que haviam sido perdidas. Eles também foram obrigados a manter suas crenças em profundo segredo, pois os crentes eram considerados vítimas de grande valor.

Eu não só estava vendo o sofrimento e as terríveis dores de todos aqueles que foram torturados, mas também vendo os espíritos malignos que estavam se divertindo com sua dor. Esses espíritos malignos sentiam-se glorificados com tudo aquilo e exortavam os mortais a fazer coisas cada vez piores, dando-lhes a "inspiração" sobre como prolongar o sofrimento de suas vítimas.

Não acredito que tais pessoas pudessem sequer imaginar atos tão maus e depois estabelecer uma sociedade baseada numa tradição de tal deboche sem que os espíritos malignos os inspirassem e os instruíssem a não apenas realizar esses atos, mas como também, durante muitos anos, "transformá-los em uma religião" e, dessa maneira, torná-la tradicional e aceitável para a sociedade como um todo. A cena atingiu um nível tal de loucura que foi assustador para mim e eu, jamais, nunca em minha vida, experimentei qualquer coisa semelhante. Eu tentei me virar de costas, mas a visão não saia de meus olhos.

Pessoalmente, senti que eu estava sendo exposto às profundezas do inferno. Eu estava completamente enojado por aquela visão, embora sabendo que não estava sendo de forma alguma punido. Mas ela persistiu por algum tempo até que meu ser sentiu-se tão mal que implorei profundamente para que ela acabasse.

Eu nunca experimentei nada parecido com isso durante minha primeira experiência em 1983. Ela não havia sido tenebrosa ou horripilante. De repente, tudo foi colocado sobre mim com toda a força infernal. Todo esse tempo eu estava clamando a Deus que terminasse com essa visão e perguntando-Lhe: "por que devo ver isto? O que isto tem a ver comigo?"

Orei com toda a força do meu coração para não mais ver aquelas cenas de horror, e finalmente fui libertado daquela visão de trevas.

A Oração Intercessora

Em seguida encontrei-me transportado para o exterior da Beehive House em Salt Lake City. O fato de eu sair da visão enfocando a sombria história do Taiti para ser deslocado para Salt Lake City me pareceu muito estranho. Eu já não estava mais numa visão, mas encontrei-me "participando" do que estava acontecendo, realmente vivenciando-os com todos os meus sentidos e não apenas os observando.

A primeira coisa que vi foram as câmeras de televisão e outras pessoas da mídia em torno daquele local histórico. Eles pareciam vir de todo o mundo. Havia repórteres falando japonês, chinês, francês e muitos outros idiomas, incluindo o inglês. Reconheci as estações locais de TV.

Os jornalistas estavam no lado oeste entre o Edifício Administrativo da Igreja e o Lion House. Eles estavam por toda parte naquela área.

Ao encontrar-me livre daquela visão horrível no Taiti e, agora, presente entre os jornalistas em Salt Lake City, pensei em também perguntar a Deus: "*O que estou fazendo aqui? O que todas essas pessoas estão fazendo por aqui?*"

Naquele momento lembro-me de começar a aceitar o fato de que eu estava morto, e de que meu corpo ainda estava no Taiti. Eu senti pena da Lyn porque ela, em breve, iria me encontrar morto. Eu sabia que ela me amava e que iria ser um choque terrível para ela.

Eu comecei a sentir os mesmos poderes espirituais que havia sentido antes, o de locomover-me para onde quer que desejasse e de ler as mentes e os corações das pessoas. Eu não me sentia perdido. Então, a minha dúvida era "por que estou aqui?"

Eu não podia ver naquela situação nenhum outro espírito. Só via os mortais ao meu redor. Mais uma vez perguntei a Deus, "o que está acontecendo?" Ele respondeu, "você não vai morrer no Taiti. No entanto, Eu vou lhe mostrar o que certamente virá a acontecer."

Foi-me dito que esta visão era uma metáfora, um "simbolismo" por assim dizer das coisas que em breve aconteceriam, e não um fato real, e nem que aquilo aconteceria daquele jeito.

Naquele momento eu pude sentir a emoção e os pensamentos de todos os indivíduos esperando em volta daqueles prédios. Eles estavam ansiosos e com grande expectativa a respeito de algum evento importante. Entre alguns deles, especialmente entre os grupos de repórteres locais, havia temor e tristeza. Eles usavam aquele tipo de microfone com um protetor na extremidade de uma longa haste, como se eles aguardassem um anúncio de algum tipo. Eu entendi que estavam esperando o anúncio de que o atual profeta da igreja tinha falecido. Isso me trouxe grande tristeza porque o atual profeta era meu amigo. No decorrer do meu chamado, eu tinha muitas vezes estado em reuniões com ele e eu o amava.

Encontrei-me nos fundos da *Beehive House*. Eu nunca tinha estado ali antes. Havia uma escada de ferro que levava até o segundo andar e a uma porta verde, na parte de trás do local. A escada parecia ser uma saída de emergência e não era parte da arquitetura original do edifício.

Subi as escadas como uma pessoa normal, degrau por degrau. Eu podia sentir e ouvir os meus passos e podia também sentir o corrimão com a mão esquerda. Tudo era perfeitamente vívido e real para mim. Cheguei ao topo e abri a porta, que parecia sólida e fria. Lá dentro havia um guarda de segurança, sentado a uma mesa alta com um monitor de vídeo. Ele estava observando atentamente a tela. Ele não notou que eu estava ali. Outra vez perguntei, "O que estou fazendo aqui?"

A voz que eu tinha ouvido anteriormente respondeu, "você tem muito que aprender. Siga pelo corredor."

Então caminhei pelo longo corredor e, no outro extremo, havia outro guarda de segurança. Ele estava sentado numa cadeira dobrável na frente da porta à minha esquerda. Ele estava lendo as escrituras. Era uma *combinação tríplice* com um nome gravado na capa. Eu não tentei ler o nome; Só achei que o livro de escrituras pertence a ele.

Passei por ele e atravessei a porta sem abri-la. Eu fiz isso porque sabia que eu estava na forma de espírito e não tinha a necessidade de abrir a porta. Eu me encontrei em um quarto, de aproximadamente quatro por quatro metros, com um teto alto tipo "catedral". Havia uma cama grande à minha esquerda com uma colcha de retalhos ornamentada e muito bonita. A colcha e a mobília pareciam bem antigas e muito bem trabalhadas. Os móveis do quarto faziam parte do que parecia ser um conjunto, como os de um museu. Havia uma mesa antiga e no seu topo uma bacia e um jarro de porcelana usada para que alguém pudesse lavar-se.

Depois de ter observado a isso tudo, de repente, dei-me conta de um senhor idoso, ajoelhado sobre um antigo tapete oval de pano ao lado da cama. Percebi imediatamente que era o meu amigo apostólico de muitos anos. Inicialmente, eu não consegui ouvir o que ele dizia, e assim, senti que estava atrapalhando. Entendi que ele não podia ver ou ouvir-me. Conforme mencionado anteriormente, essa era uma visão com o propósito de me ensinar, e não um acontecimento real. Eu perguntei novamente "o que estou fazendo aqui?" porque senti que não tinha o direito de estar naquele local.

Eu me virei para sair do quarto, e em seguida comecei a entender o que ele falava. A voz do Espírito me disse, "Escute bem".

Como ele e eu tínhamos trabalhado juntos em vários projetos da Igreja, nos tornamos amigos íntimos. Eu me virei para olhar para ele, ainda sentindo que eu estava me intrometendo num momento sagrado e que não deveria estar ali vendo ou ouvindo o que se passava.

Pude presenciar esse grande amigo e servo de Deus em uma oração intercessora ao Pai em seu próprio favor e sobre o que ele iria experimentar no futuro.

Ele estava implorando para que a vontade do Pai fosse feita em benefício seu e também de sua família, e que ele fosse capaz de suportar e ter a força necessária para "beber da taça amarga sem se tornar amargo." Estas são as palavras que eu o ouvi falar ao elevar seu coração em oração.

Eu estava confuso por ter sido levado do deboche do passado do Taiti até aquela cena sagrada de sofrimento e de justa aceitação da vontade do Senhor. Pude então entender que o contraste visava ensinar-me como o sofrimento poderia, na verdade, santificar e trazer a exaltação daquele que sofre, que se submete a Cristo e que permite que a dor purifique e complete sua experiência mortal. Eu estava vendo meu amigo começar sua jornada adentrando nesse sofrimento. Ele não estava orando para que a agonia terminasse, mas para ter a força necessária para suportá-la bem.

Eu aprendi com tudo isto que é através do sofrimento que os mortais aprendem compaixão, resistência e fidelidade — e que também devem estar dispostos a fim de serem purificados e edificados nesse processo. De certa maneira, eu estava vendo o meu futuro. Eu entendi que eu também seria chamado a passar por sofrimentos a fim de que pudesse ser purificado, completado e, ao deixar a mortalidade, tornar-me como Cristo, e passar por tudo isso voluntariamente. Isto é o que o anjo quis dizer ao falar: "eu lhe mostrarei o que certamente virá a acontecer." Ele estava dizendo, "você vai sofrer, vai passar por tudo com sucesso e, assim, será purificado." Levei muitos anos para chegar a esse entendimento. Não acredito que eu estava preparado para submeter-me a qualquer sofrimento mais do que eu já havia experimentando naquela época em que morri no Taiti. O Senhor tem sido misericordioso em permitir que eu aprendesse através daquela experiência, e desta forma, pudesse aceitar mais plenamente o que aconteceria muitos anos depois.

Minha visão mudou. Eu vi que meu amigo estava na mesma posição, ao lado da mesma cama. A única coisa diferente foi que o tapete sob seus joelhos pareceu ser um tapete de pele de ovelha. Desta vez fiquei surpreso ao perceber que ele estava implorando por mim, em meu nome, e pelo que eu iria passar. Ele estava falando da mesma forma como antes, mas desta vez estava implorando em meu favor. Ele estava chorando. Ambas as orações ao Pai foram longas e lindas. Fiquei profundamente emocionado com suas palavras. Fiquei muito preocupado por pensar que de alguma forma eu estivesse fazendo alguma coisa que causasse aquela dor e momento difícil ao meu amigo.

Fiquei confuso e conturbado também pelo fato de que ele tinha visto alguns dos meus desafios, e que ele estava obviamente preocupado com o meu bem estar. Eu não tinha ideia das futuras dificuldades que me aguardavam.

Pedi ao Pai em fervorosa oração, "Por favor, abençoe-o para que ele não passe por estas coisas por minha causa", e roguei para descobrir "o que foi que eu fiz? O que aconteceu na minha vida que possa tê-lo causado tanto sofrimento a meu favor? Por que eu estou vendo tudo isto? Por favor, ajude-me a aprender seja o que for que devo aprender!"

Eu estava temeroso de que ele pudesse ter visto que no meu futuro eu iria cometer um grande erro ou que seria desencaminhado da minha jornada pré-estabelecida - coisa que eu nunca pensei fazer. Fiquei com medo só em pensar nessas possibilidades.

Amado Profeta

Naquele exato momento, virei e olhei para o lado direito da cama, e eu vi o Profeta atual da Igreja. Lembre-se que, devido ao meu envolvimento com ele e outros membros do Quórum dos Doze Apóstolos, eu conhecia bem este nobre servo de Deus. Lembrei-me também dos repórteres no lado de fora do prédio esperando o anúncio de sua morte.

Ele estava sorrindo para mim. Ele me disse sem mover os lábios: "Spencer, tudo ficará bem."

Meu amigo Apóstolo ainda estava ajoelhado, e eu ainda me sentia como se estivesse me intrometendo em suas orações e súplicas. Fiquei confuso ao ver o Profeta nessa visão simbólica. Devido aquele não ser um acontecimento real, eu percebi que meu amigo não podia ouvir ou ver nem a mim nem ao Profeta.

O Profeta então começou a caminhar em minha direção. De acordo com o conhecimento que eu tinha eu sabia que o Profeta ainda estava vivo, mas mesmo assim eu podia vê-lo na forma de um espírito. Eu queria saber o que eu, alguém que não iria morrer no Taiti - de acordo com o que me fora dito -, estava fazendo naquele local e o porquê de estar presenciando tudo aquilo. A última vez que vi o Profeta foi na dedicação do templo, dois meses antes. Ele estava bem fraco em uma cadeira de rodas e parecia não ter muito tempo de vida.

Quando eu o vi no quarto, até o seu caminhar era cheio de energia. Sua voz era forte e clara. Na visão, enquanto ele caminhava na minha direção, o seu espírito estava alegre e ele tinha um sorriso que ia de orelha a orelha.

Ele era, de acordo com minha lembrança, delicado como veludo, mas um verdadeiro "leão do Senhor".

Ele disse para mim: "é tempo de partir." Ele pôs o braço através do meu braço direito e me acompanhou para fora do quarto. Nós passamos pela porta sem abri-la. Ainda assim eu podia sentir o seu braço no meu como se nós dois fôssemos mortais.

Ele parou no corredor e me disse que ele estava ansioso para rever o meu avô e a avó, com quem ele tinha servido quando ele foi um presidente de estaca e o meu avô era um bispo servindo sob ele. Ele então soltou meu braço e, voltando-se para mim, olhou-me mais seriamente e uma vez mais disse: "tudo ficará bem."

Eu não sabia o que ele quis dizer. Minha mente estava preocupada com o meu corpo no Taiti, com o meu amigo Apóstolo e com o fato de eu estar tendo uma visão do Profeta. Eu não respondi, mas tudo parecia confuso e espantoso.

O profeta continuou a afastar-se de mim, em direção ao fim do corredor, na direção de onde eu tinha entrado. Ele voltou-se para mim e exclamou: "como disse meu Salvador: está consumado!" Eu sabia que ele estava falando da sua alegria e vida que agora havia acabado e que ele havia triunfado. Ele acenou com a cabeça para o guarda e sorriu à medida que o chamou pelo nome, "Ryan". O guarda acenou da mesma forma e respeitosamente respondeu "Presidente".

O Profeta então atravessou a porta perto do guarda que estava fechada e desapareceu de minha vista.

Fiquei espantado ao ver o guarda reconhecê-lo, porque pensei anteriormente que ele era um mortal que não podia me ver, mas agora eu percebia que ele era um anjo com um corpo real. Não sei se ele era um ser ressuscitado ou transladado, mas ele não era um espírito.

Eu também senti que era hora de partir; então, segui o profeta através da porta. O guarda olhou para mim e disse chamando-me pelo nome. "Spencer, poderia esperar por um momento?"

Parei na porta e me virei. O guarda fechou as escrituras que estava lendo, fechou o zíper da capa e em seguida, entregou-a para mim. Eu a tomei e notei que o meu nome estava gravado na parte inferior da capa das escrituras. Tanto o livro como sua capa era verde. Eu nunca tinha visto antes uma "combinação tríplice" com capa verde. Eu estava contente em recebê-las e confuso pelo simbolismo, mas não pude compreendê-lo.

Agradeci-lhe calorosamente, tomei as escrituras e saí pela porta. Eu nunca falei desta experiência para minha esposa, mas no Natal seguinte, ela me deu uma cópia idêntica das escrituras, com meu nome gravado, exatamente como na visão. Elas têm sido como um tesouro para mim durante todos estes anos.

Percebi que ter visto as escrituras verdes na visão e depois tê-las recebido na vida real era um testemunho de que o que eu havia visto com o passar do tempo se manifestaria fisicamente. Saber daquilo não foi algo reconfortante, mas eu havia aceitado o fato de que o sofrimento que eu tinha presenciado na visão do Taiti e as orações do Apóstolo em meu benefício eram essenciais para meu crescimento. Eu também sabia que "tudo iria dar certo."

Minha próxima lembrança foi a de que eu estava reentrando no meu corpo que estava no Taiti. Voltar ao meu corpo, desta vez, foi algo muito mais doloroso do que minha experiência em 1983, após a falha durante o procedimento médico. Depois de um longo tempo quando pude me sentir bem, sentei-me à beira da minha cama, certificando-me de que meu espírito estava firmemente postado dentro do meu corpo. Meu corpo parecia muito pesado, e, então, permaneci sentado. A noite já estava bem avançada. Minha esposa estava dormindo por detrás de mim na cama. Fiquei ali um bom tempo, pensando sobre a visão e o que ela poderia significar. Havia muitas coisas que até hoje não são claras para mim.

Levou cerca de três dias para o meu corpo recuperar as suas forças. Eu, minha esposa e nossa família continuaram as nossas férias e durante aquelas semanas eu me movimentava lentamente e descansava frequentemente até que chegou a hora de voltarmos para casa. Compartilhei algumas daquelas experiências com minha esposa. Ela acreditou no que eu disse e ficou feliz por eu não ter morrido e por eu ter permanecido com ela. Ela foi muito compreensiva sobre o que se passou comigo, e eu agradeci seu desejo de apenas acreditar em mim, sem qualquer possibilidade de prova.

Enquanto ainda estávamos no Taiti, recebemos noticias de que o Profeta havia falecido na noite em que eu estava fora do meu corpo tendo uma visão dele. Isto me fez refletir varias vezes sobre o que eu tinha experimentado, se era realmente ele ou apenas uma visão. Eu pensei vez após vez sobre aquilo na minha mente. Havia tanta coisa que eu não podia entender; primeiramente e, acima de tudo, o porquê de tudo isso ter acontecido comigo!

Minha mente voltou-se para as cenas horríveis da história do Taiti. Parecia que me havia sido permitido ver até que ponto a condição humana pode chegar e se deteriorar quando a luz de Cristo e a verdade são retiradas.

Pareceu-me que o Espírito de Deus, a não ser para poucas pessoas, tinha Se retirado de todos e isto os deixou sob o domínio e poder de

Satanás. Pude sentir como Satanás ria e regozijava-se da condição a que eles tinham chegado.

Ponderei sobre o porquê de me haver sido dada a permissão de interagir com o Profeta que havia morrido naquela mesma noite. Ele estava feliz por estar fora de seu corpo. Eu vi o que se passou em sua vida e em sua experiência com a morte, coisa que eu nunca havia percebido. Eu nem percebi que as experiências de que nosso Profeta tinha sofrido em sua vida, fizeram dele uma pessoa "suave como o veludo e forte como o aço" e, assim, ajudaram-no a desenvolver o caráter necessário para cumprir sua missão terrena. Eu vi como ele tinha sido forjado no fogo refinador e como ele tinha suportado bem até o fim de sua vida.

Ocorreu-me então, de que você não precisa ser um Apóstolo ou um Profeta para que o Senhor o teste com o objetivo de refinar e purificá-lo até que possa atingir o seu maior potencial.

Vim a acreditar que o que me estava sendo mostrado eram os extremos da experiência humana — os lados escuro e puro. Até hoje tenho dificuldades em falar sobre aquela experiência. Ela me traz vívidas memórias que, quem me dera que eu nunca as tivesse visto, pois ainda não consigo esquecê-las.

O voo de volta para Utah foi difícil para mim. Quando chegamos em casa, fui ao meu cardiologista para ver o que ele achava sobre minha experiência e as dores horríveis que eu tinha sentido em meu peito. Ele prescreveu um eletrocardiograma e um teste de esteira. Ao ver os resultados, ele achou que eu tinha uma válvula do coração que não estava funcionando bem. Creio que a causa da minha segunda experiência com a morte foi esta válvula defeituosa. Ele queria inserir uma válvula suína no meu coração para substituir à defeituosa. Recusei a cirurgia, porque senti que não era necessário. Desde então, meu coração se recuperou completamente, e eu não tive mais nenhum episódio semelhante.

Capitulo Três

VISÃO DO SALVADOR

Pareceu-me que após essas experiências de quase morte, os anjos deixaram as portas do céu aberta. Comecei a ter muitas visões proporcionadas pelo Espírito. Eu achava que não havia nada de especial no fato de eu ter tido visões ou sonhos proféticos e, depois de ter passado por essas experiências difíceis, elas foram e continuam sendo frequentes. Às vezes sinto como se a porta de entrada para o céu estivesse bem diante de mim e que, se eu desejasse, eu poderia passar por ela, porém eu não o fiz. A tentação de não voltar à mortalidade teria sido muito grande e temo pelo fato de que, caso eu tivesse passado por aquela porta, eu teria afastado do caminho pré-ordenado que agora vislumbro diante de mim.

Visão do Salvador

A seguinte visão é a primeira que eu experimentei sem ter que passar pela morte. Eu estava dormindo, mas não foi um sonho. Eu não estava "vendo", mas estava presente na visão e eu pude vivenciá-la com os meus cinco sentidos. A frase usada por Paulo para descrever esse tipo de experiência foi "se no corpo ou fora do corpo, não sei." Tudo era tão real para mim que foi muito difícil dizer se eu estava mais uma vez fora do meu corpo ou presenciando a tudo em meu corpo de carne e ossos.

Era mais ou menos quatro da manhã quando eu fui para a cama naquela noite. Eu estava concluindo um trabalho importante e perdi a noção do tempo. Eu estava exausto e, depois de fazer minha oração, deitei-me e caí em um sono profundo.

A primeira lembrança que eu tive foi a de que eu estava correndo no estacionamento em direção à Sede da Estaca aonde eu tinha sido designado a discursar. Aquele era o mesmo prédio em que eu, há anos atrás, todos os domingos, havia frequentado às reuniões da Igreja. Em minha mente, eu estava atrasado para uma reunião de liderança e, portanto, estava bem apressado ao dirigir-me à entrada. Eu estava na parte de trás da igreja, já na metade do caminho quando ouvi "Spencer".

A voz era familiar para mim, e me virei para ver quem tinha chamado o meu nome. Fiquei surpreso ao ver Jesus Cristo em pé no estacionamento bem onde começa a calçada. Eu reconheci Seu rosto. Nunca antes O tinha visto na mortalidade, no entanto, eu sabia quem Ele era. Seu rosto é o rosto mais familiar no universo. Meu espírito instantaneamente O reconheceu, lembrou-se Dele e O amou. Lembrei-me de tudo sobre Ele, tudo o que Ele tem feito por mim.

Senti na minha alma como se eu O estivesse vendo pela primeira vez, depois de décadas de ausência, Ele, o meu amigo mais querido. Senti meu coração acelerar no meu peito. Por tê-Lo reconhecido imediatamente Ele não se apresentou. Ele se comunicava comigo verbalmente, mas cada som que Ele pronunciava era cheio de verdade, impossível de se explicar através de palavras. O som de Sua voz penetrou mais profundamente no meu ser do que as palavras por si só.

Ele estava vestindo uma túnica de cor vermelho vivo, preso a uma fivela no ombro esquerdo, que caía sobre o ombro direito Ele usava sobre Sua cintura um cinto de tecido da mesma cor. A túnica ia até os Seus tornozelos e as mangas eram compridas. Ele usava em Seus pés típicas sandálias.

Ele era alto, possivelmente um pouco mais de um metro e oitenta centímetros. Sua postura era bem masculina. Ele era forte, de ombros largos e com braços e pernas musculosos. Seu rosto não era magro, conforme representado em algumas pinturas, mas as maçãs do Seu rosto eram bem salientes. Ele tinha uma barba castanha escura bem aparada. Seus cabelos eram longos, a altura dos ombros, da mesma cor de Sua barba. Seus olhos eram lindos, de um azul mais puro que se possa imaginar.

Ele sorriu para mim. Larguei minha pasta no chão e corri até Ele e fui envolvido em Seus braços. Não existem palavras para explicar como me senti ao ser envolvido por Ele. As lembranças passadas em que eu estava confortavelmente em seus braços inundaram a minha mente. Eu senti o amor Dele irradiando para mim. Eu sabia por instinto que, embora Ele soubesse tudo sobre mim, não havia nenhum sentimento de julgamento de Sua parte. Ele transmitiu um sentimento de completa confiança em mim e na minha capacidade. Isso foi surpreendente porque eu nunca tive muita confiança em mim mesmo.

Eu não procurei ver as marcas em Suas mãos e pés. Até hoje não sei por que não as olhei. Lembro-me pensando, mais tarde naquele dia, por que não olhei para elas? Talvez porque eu não precisasse ver as cicatrizes para poder identificá-Lo. Eu estava tão envolvido pelo Seu amor, poder, luz, capacidade infinita, ilimitado conhecimento e perfeições que isso nunca me passou pela cabeça.

Seus pés não tocavam o chão e fiquei surpreso como Ele podia me segurar com tanta firmeza. Ele estava de pé — não flutuando — mas Seus pés não estavam sobre o nosso mundo mortal. Ele não estava neste planeta ocupando o mesmo espaço que eu estava. Toda luz, naquele espaço em que Ele ocupava, irradiava Dele - era como se Ele fosse o Sol e tudo girasse ao Seu redor.

Suas feição era acolhedora, Ele estava sorridente e feliz por estar comigo. Senti como se tivéssemos nos abraçado muitas vezes antes, o que me surpreendeu. Minha família não é muito de "abraços", e eu nunca aprendi a desfrutar de longos ou carinhosos abraços. Mas naquele momento desejei que aquele contato pudesse permanecer para sempre. Após algum tempo Ele colocou as mãos nos meus ombros e gentilmente me afastou a distancia de Seu braço.

Ele olhou-me nos olhos e disse que estava satisfeito com a minha vida até agora. Agradeceu-me insistentemente pelo serviço prestado em Seu nome. Ele me disse que me amava e que a partir daquele momento eu faria muitas coisas boas para o Reino. Ele pausou por um segundo e, em seguida, acrescentou que o justo desejo do meu coração seria concedido. Eu sabia exatamente o desejo que Ele estava Se referindo. O que eu mais desejava era crescer espiritualmente para poder suportar bem as minhas futuras provações e, assim, ser purificado.

Mal sabia eu que havia algo muito mais justo a desejar do que eu realmente podia perceber naquela época. Com o passar dos anos, aprendi muito mais das coisas que fervorosamente desejava realizar e todas elas se tornaram os anseios mais ricos do meu coração, todos eles referentes à promessa que eu acabara de ouvir.

O Que Há Por Traz de Um Nome?

Ele novamente disse "Spencer", e por um momento eu me vi como Ele me vê e me conheci como Ele me conhece. Conforme mencionado anteriormente, para Deus e anjos, o nome de alguém é um receptáculo espiritual para tudo o que pode ser conhecido sobre uma pessoa — passado, presente e futuro.

No momento em que Ele falou meu nome, me foi dado ver e sentir o pleno significado do meu nome para Ele. O meu coração foi profundamente tocado por toda aquela experiência e ainda fico profundamente emocionado toda vez que penso na maneira como Ele disse meu nome. O amor que Ele me concedeu ao falar aquela única palavra não pode ser descrito pela língua mortal.

Acho que sei o que eles sentiram quando li na Bíblia sobre Isaías ou Samuel, onde o Senhor pronuncia seus nomes, ou quando Ele chama Néfi ou Moisés pelo nome. Quando eu li as palavras contidas na Primeira Visão "Joseph, este é o meu filho amado", quem me dera que todos pudessem saber o que o jovem Joseph experimentou ao ouvir o Senhor pronunciar o seu nome. Quando você ouve o seu nome sendo pronunciado pelos lábios do nosso Salvador, você nunca mais vai ouví-Lo da mesma maneira — nunca!

Desde aquela época, quando as pessoas falam meu nome, aquelas que não me conhecem realmente, sinto quase como se elas estivessem brincando com coisas sagradas.

Fico também maravilhado com os muitos nomes que Jesus Cristo tem nas Escrituras, porque cada nome e título carrega em si algo impossível de descrever - algo que contém o significado completo e verdadeiro daquela porção da glória do Senhor.

Nos poucos "longos" segundos em que estive em Seus braços, Jesus ensinou-me muitas coisas que penetraram na minha alma como uma explosão de puro conhecimento. Essas eram coisas espiritualmente íntimas e preciosas que tocaram o fundo do meu ser, mas, após a experiência terminar, não me foi permitido recordar detalhadamente delas. Só me lembro de ter recebido essas coisas com júbilo, mas os detalhes se evaporaram. Espero que um dia, no futuro, possa ouví-Lo falar mais uma vez todas aquelas coisas.

Ele virou a cabeça em direção à Sede da Estaca e disse, "Precisam de você. Você deve ir para a sua designação." Dei um passo atrás, ainda olhando para Ele, desejando não ter que partir, mas Ele havia me instruído que eu deveria ir então eu me virei e dei uns poucos passos. Parei e me virei novamente. Ele mais uma vez falou meu nome e fui, de novo, envolvido por amor e lágrimas. Enquanto eu olhava, pude vê-Lo lentamente desvanecer-Se e, em seguida, Ele desapareceu.

Imediatamente dei-me conta de que estava na minha cama no meu quarto. Eu estava chorando profusamente, de tanta alegria e de uma forma como eu jamais houvera experimentado. O regozijo dessa visão foi tão incrível que eu me senti rejuvenescido e não tive mais sono. Imediatamente levantei-me e escrevi toda a experiência no meu diário. Quando a manhã chegou, eu me vesti e prossegui com os afazeres do dia sem qualquer traço de cansaço ou sonolência.

De vez em quando leio meu diário e vejo a profunda incapacidade que eu tive, naquela época, de expressar em palavras essa experiência. Ainda hoje, é claro para mim, que talvez não existam palavras capazes para expressar tal acontecimento.

Lembro-me de no dia seguinte pensar sobre o que tinha acontecido. Eu abri o meu hinário e li a letra do hino "Eu sei que vive meu Senhor." Elas expressam melhor o que eu vivi naquele momento do que minhas próprias palavras.

Para Realmente Saber

De fato, *saber* que Ele vive e que é um Ser perfeito, que é um amigo bondoso, que me ama o suficiente para deixar os céus e vir à Terra e ainda ter tempo de me abraçar, de manter um relacionamento comigo e com todos aqueles que o procuram é o mais doce conhecimento que eu jamais obtive. Saber que Ele o conhece muito melhor do que você conhece a si mesmo e, ainda assim, que ele o ama e está disposto a mostrar-lhe quem você é e qual o seu potencial para Ele — essa é a razão de eu amá-Lo tanto e tudo isso, porque Ele me amou primeiro.

Até Onde o Homem Decaiu

Uma das coisas que me impressionou naquela época, e ainda hoje, é a de que ponto nós decaímos. Eu já mencionei isso antes, mas esse fato me continua sendo mostrado em visões. Eu acreditava naquele período na minha vida que os efeitos da queda recaíram principalmente sobre Adão e Eva e esta Terra. Mas me continua sendo mostrado de que os efeitos recaíram sobre toda a humanidade e, de que foi tão poderosa a queda, que ela turvou todos os nossos sentidos. Perdemos a nossa lembrança não apenas de Deus, mas, ainda mais triste, de nós próprios. Não compreendemos o nosso próprio valor. As escrituras ensinam sobre a glória de Deus, mas quase nunca mencionam a glória que o ser humano deixou para trás quando aceitou o desafio da mortalidade.

Eu percebi que a queda tem um efeito poderoso sobre nós. A queda nos separou da presença de Deus com tanta profundidade que nós já não ouvimos a palavra do Senhor como poderíamos se nos esforçássemos e fossemos obedientes a Ele. Nossos corações e nossas mentes estão ofuscados, deficientes — prejudicados pela queda. Nós somos seres espirituais com "Necessidades Especiais", literalmente, debilitados em todas as formas possíveis.

Nós somos, à vista de Deus, uma criança mortal que nasceu cega, deficiente mental e paralítica.

Isto não é um exagero. Ao cairmos na mortalidade, não vemos a existência como ela realmente é cheia de seres espirituais em mundos incontáveis. Nós caímos de um estado anterior - o de compreender as grandes verdades -, para o atual - de seres suficientemente inteligentes. Antes de nascermos nós participamos na criação de mundos, mas no momento do nascimento, nossa maior habilidade é a capacidade de mamar. Antes de nos tornarmos mortais podíamos ir e servir a Deus em lugares distantes, na velocidade do pensamento. Nosso quintal eram as vastas criações de Deus; mas após o nascimento, nossa maior capacidade física é a de piscar os olhos e engolir. Deixamos Deus e nossa habilidade de ver galáxias distantes e vislumbrar o passado e o futuro para, após o nascimento, dificilmente ter a capacidade de nos concentrarmos no rosto de nossa mãe.

Esse é o poder indescritível e glorioso do nosso Senhor e Salvador, de que Ele nos oferece um meio para trazer-nos fora desta escuridão mortal de volta à Sua presença, onde todas estas falhas divinamente projetadas serão limpas, e nos tornaremos muito mais do que éramos antes. Ele quer que tenhamos tudo os que tínhamos e muito mais, e Ele deu a vida não só para proporcionar o caminho para essas coisas gloriosas, mas também para conceder-nos o poder de Sua graça, para que sejamos santificados Nele. Desta forma, Cristo nos transforma para podermos ser como Ele é - não porque merecemos, mas porque Ele nos ama e nos concedeu o poder para que, obedecendo a Ele, possamos triunfar.

Tentando Entender

Um dos resultados mais difíceis desta experiência foi que eu ficava me perguntando, "O que eu vou fazer com toda essa informação?" Senti que não deveria compartilhá-la com todas as pessoas ao meu redor. Eu não sabia o que relatar ou como contá-las. Não tinha palavras para expressar essas experiências. De repente me senti isolado. Um dos aspectos mais difíceis de obter um vasto conhecimento, eu pensei, é o de não poder compartilhá-lo com ninguém, não saber como fazê-lo e não poder se alegrar com outro mortal.

Outro dilema com que me deparei foi o de que eu não sabia como conciliar a pessoa que eu era com aquela que me foi mostrado que eu poderia me tornar, de natureza profunda. Eu sabia que eu não merecia e que não era suficientemente bom para receber tudo aquilo. Eu não sabia como poderia me tornar na pessoa que Cristo me havia mostrado.

Havia um abismo de escuridão em meu entendimento. Eu podia ver claramente quem eu era então e eu podia ver claramente quem eu poderia me tornar — mas eu não podia entender como fazer a transição de um extremo ao outro. Senti-me como uma lagarta vendo que um dia se transformaria numa borboleta. Era glorioso, mas não podia imaginar como isso poderia se tornar realidade.

Um dos aspectos mais difíceis foi que me senti obrigado a "fazer sentido" dessas visões e experiências. Eu era um homem que tinha uma educação, tinha três graduações universitárias e, depois de ter tido todas estas experiências, eu queria dar um propósito para tudo aquilo, talvez um chamado ou uma missão divina. Eu queria inventar ou criar uma maneira de alcançar aquilo que eu tinha visto que eu poderia me tornar. E por isso eu passei por um processo intelectual de raciocínio ... "Então isto significa aquilo ..." tentando fazer tudo possível para que elas pudessem acontecer. Isso foi um erro terrível. Percebi que lógica alguma poderia penetrar esses mistérios, e nenhuma quantidade de ponderação ou método dedutivo me mostraria como chegar de onde eu me encontrava naquele momento até onde Cristo me revelou que eu poderia chegar.

Cerca de vinte anos mais tarde, meu amigo Apóstolo finalmente esclareceu isso para mim durante uma reunião particular que tivemos. Ele disse, "Spencer, não cometa o erro de tentar entender o significado dessas experiências. Apenas aceite-as como elas são. Não tente colocar a sua interpretação nelas. Mantenha o seu próprio entendimento fora disso. Elas são o que são. Se você tentar interpretá-las, elas o levarão por caminhos aonde não se deve trilhar. Mantenha essas experiências puras. Espere até que o Senhor revele o seu significado para você. Espere que o Senhor dê a interpretação. Espere por mais luz e conhecimento que o Senhor ainda tem para dar, então você poderá completar sua missão".

Curando as Crianças

Nessa experiência, aprendi também que eu tinha escolhido a profissão certa. Eu sabia que o trabalho que tinha que fazer naquele momento era com crianças abusadas e molestadas. Senti uma grande paz em saber que eu seria capaz, de alguma forma, de trazer segurança e paz para essas crianças tão machucadas. E devido a isso, havia uma cura para o meu próprio abuso quando era criança, porque Cristo estava fazendo por mim aquilo que eu profissionalmente estava fazendo por elas. Eu as estava trazendo a Cristo - aonde ocorre a verdadeira cura.

Somente Cristo pode curar essas crianças, especialmente quando elas foram emocionalmente, sexualmente, ou fisicamente abusadas.

Daquele dia em diante eu podia entrar em uma sala, ou sentar-me na reunião sacramental e saber quais eram as pessoas na audiência que haviam passado por essas experiências abusivas. Este dom de discernimento, de saber a quem eu devo servir e de como assisti-los tem sido a razão de qualquer sucesso que eu tenha tido na minha profissão.

Desde aquela época, frequentemente, eu tenho ido a eventos públicos, como uma apresentação sinfônica ou a uma atividade cívica e enquanto estou lá sentado, o Espírito claramente me informa alguma coisa sobre uma pessoa que não conheço na plateia dizendo: "você vai ajudar essa criança". Em algumas semanas, ou até mesmo um ano depois, aquela pessoa e, muitas vezes, toda a sua família vem fazer terapia comigo. Este é um dom doloroso do espírito, porém maravilhoso.

É doloroso devido à habilidade incomum que eu adquiri de poder entrar, com eles, naqueles locais escuros e diabólicos de seus corações e poder recuperar — arrancar às vezes, ou persuadi-los, com a ajuda de Cristo — ajudando-os a saírem daquela escuridão para a luz. Aquela experiência, para eles, é como se fosse um novo nascimento. Quando um adulto ou uma criança se submete a este processo e me permite atuar como um agente de Cristo, ao guiá-los através desse processo, eles são curados completa e permanentemente daqueles abusos, — da mesma forma como eu fui quando vi o Salvador pela primeira vez.

Há um paralelo quanto a essa cura no qual eu, de vez em quando, sou abençoado em aceitar: Cristo teve que passar pelo abuso, ser cuspido e cruelmente tratado como parte essencial da consumação da Expiação. Ele desceu abaixo de todas as coisas, para que pudesse superar todas elas. E ao superar todas as coisas, então, Ele estava preparado para tomarmos pela mão e erguer-nos acima de todas as coisas. De uma forma muito menor, isto é o que tento fazer com as crianças. Eu experimentei a escuridão do abuso dentro do útero, na infância e na vida, e quando Cristo me curou, fui então habilitado, de alguma forma que eu não entendo completamente, a fazer parte da cura das crianças.

De forma semelhante, todos nós passamos por experiências cruéis, mas se nos achegarmos a Cristo e permitirmos que Ele nos cure, então poderemos estender a mão e conduzir outros a Ele para que obtenham a sua própria cura. Fazê-lo é um dom, mas devemos passar pelos nossos próprios sofrimentos para que possamos servir a Cristo em Seu nome.

Níveis de Significado

A última coisa que gostaria de mencionar a esse respeito, e que eu aprendi com essa experiência é que sempre que Cristo vem e fala com um mortal, a experiência é tão forte que meras palavras não podem transmitir a plenitude das verdades reveladas. A mensagem tem muitos níveis. Primeiro, são as palavras que Ele fala, depois há um conjunto espiritual muito maior da verdade que você recebe, nível sobre nível, verdades tão grandes que levaria anos para poder digeri-las. O efeito de um pequeno momento na presença de Salvador pode durar uma vida inteira.

Essa é a razão pela qual as escrituras são tão poderosas, porque elas contêm as palavras ditas por Cristo, e estes níveis de verdade ainda estão presentes - espiritualmente entrelaçados nas palavras. É requerida uma vida de crescimento espiritual e de obediência para ser capaz de alcançar os níveis mais profundos. Eles estão realmente lá, e eles contêm os grandes mistérios e as maiores verdades que Ele deseja que nós adquiramos e desfrutemos em nossa vida. Seja qual for a circunstância que nós nos encontremos, as respostas estão contidas nas experiências registradas por aqueles que conversaram com o Salvador.

Apesar de ter tido experiências dignas de mudarem uma vida e de tudo o que eu aprendi, elas não foram nada mais do que o movimento de abertura que antecede uma grande sinfonia.

Foi-me mostrado e aprendi sobre muitas coisas que eu ainda devo realizar na mortalidade. Eu tenho uma grande missão a cumprir, caso eu seja verdadeiro e fiel. Relatarei muito dessa missão futura nos capítulos vindouros.

Capítulo Quatro

APROFUNDANDO AS PROVAÇÕES

Seguindo-se às últimas experiências, eu tive quatro ou cinco grandes experiências com visões e visitantes angélicos. Essas não foram experiências de quase-morte, mas na maioria das vezes ocorreram durante a noite, quando eu não conseguia dormir. Cada uma dessas experiências foi real, com todos os meus sentidos estando totalmente ativos.

Esperando pela Morte

As visões que eu havia tido nunca saíram dos meus pensamentos, especialmente quando a minha doença piorou consideravelmente. Os anos que se sucederam estavam cheios de temor e de incerteza. Eu acreditava completa e poderosamente nas coisas que eu tinha visto; mas acreditava também que eu tinha que estar vivo para poder realizá-las. O medo e a incerteza surgiram do sentimento crescente de que eu nunca iria me recuperar e morreria não tendo realizado a missão da minha vida.

Eu sofria uma dor contínua nos meus dentes e rosto. Minha saúde e energia estavam piorando progressivamente. Tudo o que eu tinha visto na experiência com meu amigo Apóstolo e com o Profeta estava acontecendo. Agora entendi por que meu amigo estava orando tanto por mim.

Eu tinha uma sinusite crônica que não respondia a nenhum tipo de tratamento. Perdi o meu seguro de saúde, o qual foi um golpe terrível, porque minha saúde estava sempre vacilando e eu contava com ele para cobrir os custos médicos necessários.

Eu tentava continuamente conciliar o que tinha visto nas visões com o fato de que eu estava morrendo. Era óbvio para mim que se eu morresse, eu não seria capaz de realizar aquelas coisas. Eu tinha a impressão de que o fato de morrer significava que eu não tinha conseguido completar o meu propósito na vida, e que Deus me teria retirado da Terra por esse motivo. Como você pode ver, eu estava tentando sobreviver, enfrentando dificuldades para ir adiante e ao mesmo tempo me sentindo incapaz devido ao temor, das dúvidas e de ter uma saúde precária.

Foi nessa época que, devido à minha doença, fui desobrigado como conselheiro no bispado. Eu simplesmente não me sentia capaz de cumprir com o meu chamado como eu queria e como o Bispo precisava. Eu pedi para ser desobrigado – uma decisão difícil e emocionalmente danosa porque parecia confirmar meus temores de que eu não seria capaz de fazer as coisas que eu tinha visto na visão.

Ao observar minha vida naquele momento, sob o ponto de vista de vinte anos depois, eu pude ver que os meus temores também contribuíram para a minha doença.

Minha vida tornou-se um ciclo que girava entre o "tentar descansar o suficiente para poder trabalhar por algumas horas" e o "ir para a cama e retornar a descansar para ter forças suficientes para trabalhar um pouco mais". Eu tinha certeza de que minha vida estava prestes a terminar e admito que estivesse com medo.

Eu estava convencido de que meu problema era com meu coração. Mas todos os médicos que eu consultava encontravam algo novo para diagnosticar. Eu estava tão doente que eu realmente acreditava que este era o fim da minha vida . . . e eu iria piorar lentamente até falecer.

A experiência de ouvir meu amigo implorando pela minha vida se tornou uma realidade. Ele estava ainda vivo naquela época e, é claro, ele veio me visitar em minha casa seis ou sete vezes para me dar bênçãos e me trazer consolo.

Conselhos do Apóstolo

Numa quinta-feira à tarde, após as reuniões com o Quórum dos Doze no templo, meu amigo Apóstolo veio à minha casa. Eu estava doente e acamado. Fiquei feliz pelo fato de ele ter vindo me visitar. Eu o tinha como um querido amigo e confidente. Foi-me permitido relatar-lhe muitas de minhas visões e experiências. Ele me ajudou a entender algumas delas. Outras ele ensinou-me a aceitá-las como de origem Divina e a aguardar que o Senhor enviasse mais luz e conhecimento.

A sua sabedoria era de grande valor para mim e provavelmente não teria suportado aquele período de sofrimento sem ele.

Ele sentou-se à beira de minha cama e, literalmente, ficou lá por quarenta e cinco minutos sem falar nada. Tentei puxar conversa, mas não consegui.

Finalmente disse "Elder" , eu sei que você é muito ocupado. Deve haver uma razão pela qual você veio me visitar. Você tem algo a me dizer? Eu vou parar de falar e só vou ouvir."

Ele ficou em silêncio por mais alguns minutos e, em seguida, disse:, "Spencer, você precisa aprender a se contentar com o que o Senhor lhe deu."

Para ser honesto, não era aquilo o que eu esperava ouvir. Não parecia ser um conselho profundo provindo de um Apóstolo ou uma promessa de que eu ficaria bem. Senti que ele não entendia o quão doente eu estava e como isso estava horrivelmente interferindo com a missão que eu tinha visto em minhas visões. Mas, nos dias e semanas seguintes, eu comecei a perceber que realmente aquela era uma mensagem do Senhor. Eu estava consumido com minha educação e com todo o trabalho e com o tempo despendido em preparar-me para poder realizar trabalho que estava fazendo com as crianças. Queria que as coisas fossem como eu queria que fossem. Eu não estava disposto, ou talvez apenas não estivesse consciente disso, em aceitar que o Senhor tinha um propósito diferente para minha vida.

Senti-me semelhante à pequena choupana descrita por C. S. Lewis. Eu só queria ser uma humilde casa de campo, mas o Senhor queria fazer de mim uma mansão. Eu estava esperando uma pequena reforma, coisa simples, talvez um novo piso. O Senhor, porém, estava demolindo a casa toda ao meu redor - ela tinha que desaparecer para que a Sua obra prima em relação à minha vida pudesse ser edificada. Ele não estava me reformando, mas, sim, me reconstruindo.

Eu não conseguia entender mais das visões porque eu tinha me conformado com a ideia de que iria morrer. Porém, todas as experiências e visões indicavam que eu viveria por um longo tempo e que realizaria muito mais. Falei muitas vezes com meu amigo Apóstolo sobre a contradição óbvia da minha vida. Acho que o que ele estava me dizendo era que eu deveria desistir de traçar um rumo para ela e somente confiar no Senhor, de que Ele prepararia o caminho para as coisas que eu acreditava que faria. Ele estava tentando assegurar-me que tudo o que me tinha sido prometido viria a acontecer, mas que eu precisava parar de lutar contra o processo que o Senhor tinha projetado para que eu pudesse chegar até lá.

Foi difícil para eu entender isso naquela época. Eu acreditava que as árvores estavam bloqueando a minha vista da floresta. Eu não percebi que eu já estava na floresta.

Eu via a floresta como se ela estivesse longe, muito longe, e que eu estava lutando para sobreviver o tempo suficiente na minha jornada até ela. Ao insistir chegar lá pelos meus próprios méritos e, de preferência, sem sofrimento e morte como parte do aprendizado, eu na realidade estava atrasando o processo.

Câncer

Depois de algum tempo, fui a um cirurgião especializado para descobrir por que meu rosto do lado esquerdo doía tanto. A dor tornou-se insuportável e nenhum remédio era capaz de fazer a dor passar. Parecia que meu rosto estava em chamas. Eu não podia nem sequer tocar em qualquer parte do meu rosto abaixo do meu olho esquerdo; e não conseguia dormir naquele lado, porque o travesseiro machucava o meu rosto.

O cirurgião fez alguns testes e encontrou uma área escurecida no raio-x, o que levou a um diagnóstico de osteomielite do maxilar e dos ossos orbitais. Até aquele momento o diagnóstico não era conhecido como sendo "câncer", mas parte de meu maxilar infectado e parte da cavidade nasal precisava ser removida. Ele disse que partes do meu maxilar e osso facial teriam que ser substituídos por placas de titânio. Ele disse que eu iria perder todos os meus dentes na parte superior esquerda do meu maxilar que precisava de cirurgia imediatamente. Essas foram notícias duras de se ouvir. Eu e minha esposa choramos por muitas horas e conversamos sobre o que fazer.

Eu obtive três outras opiniões profissionais que apenas confirmaram o diagnóstico do primeiro médico. Ao mesmo tempo, meu cardiologista e meu médico clínico-geral ambos acreditavam que eu não sobreviveria à cirurgia. Toda a minha equipe de médicos concluiu que eu deveria ir para casa e me preparar para morrer.

No meu curto período de vida pude, até então, fazer boas amizades com pessoas a quem eu amava e que me amavam. Dentre elas havia um jovem advogado local que me visitava e mantinha regularmente um contato comigo. Ele tinha um amigo chamado Jason que havia se recuperado de um câncer semelhante ao meu. Jason era um homem justo, que acreditava que sua cura tinha sido por intervenção Divina, e ele tinha feito um convênio com Deus de que usaria todos os meios possíveis para ajudar qualquer pessoa que o Senhor lhe mostrasse, particularmente em situações semelhantes à sua. Como parte desse convênio, Deus lhe deu uma riqueza considerável com o propósito de cumprir essa promessa.

Meu amigo advogado tinha apresentado Jason a um médico alemão. Ele exercia medicina no México e estava tendo grande sucesso com a substituição do osso enfermo por coral do mar em vez de titânio.

Esse procedimento causava menos trauma para o corpo e para os tecidos faciais, e o coral não era atacado pelo sistema imunológico como se fosse um corpo estranho - então as chances de sucesso eram muito maiores.

Cirurgia no México

Quando Jason descobriu que eu não tinha seguro médico, nosso misericordioso Salvador tocou seu coração para que ele pudesse cumprir seu convênio em meu favor. Através do meu amigo advogado, Jason ofereceu-se para pagar todas as minhas despesas para eu poder ir ao México para fazer aquela cirurgia.

Minha esposa e eu oramos por orientação e o Espírito me testificou que eu deveria prosseguir. Finalmente fui para o México três vezes para três cirurgias — duas grandes e uma de menor porte. Jason pagou todas as despesas, incluindo as viagens da Lyn. O interessante é que Jason não me conhecia naquela época. Eu vim conhecê-lo pela primeira vez três ou quatro anos depois das cirurgias.. Ele entrou na minha vida por milagre, e ele nunca aceitou nem mesmo a idéia de que eu lhe pagaria tudo de volta. Ele humildemente reconhece que é um milagre e um privilégio ter sido um instrumento nas mãos do Senhor. Eu continuo a louvar e dar graças a Deus por ele até hoje.

A segunda cirurgia foi a mais complicada de todas e durou oito horas. Eles removeram o osso canceroso do sinus e do maxilar superior e colocaram, em seu lugar, coral do mar pulverizado. Mesmo assim, voltei para casa três dias após a cirurgia.

Dois dias depois de chegar a casa, aceitei imprudentemente dar uma palestra no Centro de Justiça em Salt Lake City. Eu fiz isso porque precisávamos desesperadamente de dinheiro, e era uma oportunidade de nos compensarmos por algum rendimento perdido. Eu não me sentia forte o suficiente para ir, e senti que não deveria fazê-lo. Tenho certeza de que o Espírito Santo até me avisou a não fazê-lo, mas o mundo mortal falou mais alto e insistentemente e, por fim, cedi à tentação.

No início de minha apresentação, meu coração começou a acelerar. Eu comecei a arder de febre. Sentei-me no chão no meio da palestra. Um dos meus colegas me trouxe para casa. Minha esposa me levou rapidamente ao consultório do meu médico. Eu fui diagnosticado com uma infecção em meu coração, que poderia ter sido resultado da cirurgia. Este tipo de infecção é muitas vezes fatal. Eu deveria tomar antibiótico antes e por muito tempo depois da cirurgia realizada no México, mas, por alguma razão, não o estava tomando no momento. Meu médico me colocou num tratamento rigoroso de antibióticos orais e me mandou para casa.

O médico informou-me que ele não ousava mandar-me para o hospital devido ao meu risco de contrair uma infecção hospitalar. Cheguei em casa e minha saúde deteriorou-se rapidamente.

De todas as doenças que já tive, essa foi a pior. A cada momento senti-me mais perto da morte. Devido ao sofrimento extremo do meu corpo, e por ter que lidar com toda a recuperação pós-operatória de três cirurgias no México, esses foram realmente dias tenebrosos de intensa dor e sofrimento.

Encontrei-me frequentemente durante o dia e a noite, tendo experiências com "o outro lado." Espíritos entraram na minha casa e ficaram ao lado da cama. Eu perdia e ganhava consciência. Devido a minha fraqueza física eu não tentava comunicar-me com eles. Eu só os via. Eles vinham duas ou três vezes por dia e muitas vezes durante a noite.

Com toda a sinceridade, meu médico deveria ter me colocado no hospital porque eu estava morrendo. Cada momento era uma agonia e, à medida que o tempo passava, eu me sentia pior. Minhas forças se esvaiam como que completamente e eu perdia toda a vontade de viver.

Meu Lindo Anjo

Minha profunda crise de saúde afetou meu padrão de sono. Muitas vezes eu dormia durante o dia e ficava acordado durante a noite. Isso resultou, desde então, num hábito meu de refletir e orar durante essas noites sem sono. Uma noite, enquanto minha esposa dormia ao meu lado, eu estava orando quando eu vi uma jovem pelo pequeno corredor do lado de fora do nosso quarto. Ela virou e entrou no quarto que estava com a porta aberta.

Eu não estava dormindo nem tinha dormido e também não estava tendo alucinações. Eu já havia passado por alucinações e delírios devido à febre e pelo efeito dos remédios, mas aquela experiência era diferente. Eu estava naquele momento acordado, coerente e curioso. Eu senti o Espírito Santo aquecer minha alma e todos os receios e dúvidas sumiram.

Seu cabelo era longo e escuro, quase preto. Era grosso e ligeiramente ondulado. Ele se estendia até abaixo da altura de seus ombros. Ele era solto e caía livremente sobre os seus ombros. Ela tinha um lindo rosto com as maçãs do rosto bem salientes. Seus olhos eram os mais bonitos e penetrantes que já vi. Eles eram castanhos com listras turquesa. Eu sei que parece estranho, mas foi isso o que eu vi.

Ela olhou para mim como se tivesse vindo de uma época de milhares de anos atrás. Ela não andava, mas flutuava, movendo-se em minha direção sem mexer os pés. Ela usava um vestido longo, cor creme sem costuras ou aberturas visíveis. Ele parecia ter sido tecido de uma única peça e somente poderia ter sido colocado através da cabeça. O vestido foi maravilhosamente confeccionado, com um delicado, mas intrincado padrão no tecido. Essa bela peça de vestuário a cobria desde o pescoço até os pulsos e tornozelos.

A roupa dela não era um branco resplandecente como eu tinha visto em outros anjos, mas de cor creme. O vestido tinha um bordado na mesma cor em torno de seu pescoço, mangas e bainha. Ele parecia cintilar, como se fosse seda na luz do sol, movendo-se suavemente com uma brisa. Seu rosto, mãos e pés descalços brilhavam um pouco mais do que o vestido.

O seu rosto me era famililiar, como se eu a tivesse conhecido por toda a minha vida; mas eu não sabia o seu nome, e ela nunca se apresentou para mim ou até mesmo falou comigo de maneira audível. Como eu estava no meu corpo e não no meu espírito, eu não tinha a capacidade de saber tudo sobre ela. Ela era um mistério total para mim. Ela moveu-se para o lado esquerdo da minha cama e quando chegou bem perto de mim, pude ver a cor da pele do rosto e mãos. Ela parecia humana para mim.

Sem falar verbalmente, ouvi sua voz em minha mente dizer. "Tenho sua permissão para fazer o que eu fui enviada a fazer aqui?"

Ela não explicou nem me fez perceber o que tinha a intenção de fazer até já perto de fazê-lo. Anteriormente, eu tinha aprendido que os anjos de Deus sempre pedem permissão, e o fato dela ter feito aquele pedido e pelo ardor que sentia no peito, eu sabia que ela estava lá para me abençoar de alguma forma.

Eu também sabia que ela me amava como a um irmão ou a um filho. Sua afeição por mim era sentida como o calor do sol sobre o meu rosto e peito. Eu não sentia em sua presença nada mais além do que alegria e paz e, a partir do momento em que ela achegou-se ao lado da minha cama, minha dor física desapareceu e, por conta disso, fiquei desejoso de que ela permanecesse comigo o máximo de tempo possível. Todo o meu ser confiava totalmente nela e meu coração respondeu bem antes que minha mente pudesse formular as palavras. "Sim, por favor!"

Ao analisar aquela situação com a minha razão, eu comecei a me perguntar, "Por que Deus desta vez enviaria uma mulher para me ajudar?" Minha pergunta não era sobre sua habilidade; só que todos os meus guias e visitantes angélicos anteriores haviam sido todos homens.

Disse a mim mesmo para ficar quieto. "Pare de questionar e desfrute desta experiência enquanto durar".

Assim que tive este pensamento ela sorriu, como que finalmente satisfeita com a minha permissão para continuar. Eu sabia que ela havia ouvido cada palavra da minha mente, porque isso é o que acontece com todos os seres divinamente comissionados. Eles sabem tudo o que lhes for permitido saber sobre nós.

Ela ergueu-se no ar e posicionou-se horizontalmente sobre o meu corpo. Ela nunca me tocou, mesmo que seu rosto estivesse não mais do que 25 cm do meu. Ela estava perto o suficiente para que eu pudesse ver as pequenas veias e os poros da sua pele. Sua roupa e cabelos não respondiam à gravidade, mas caiam em direção a seus pés, da mesma forma quando ela estava de pé.

Ela tinha uma aparência muito agradável em seu semblante. Fechei os olhos e deleitei-me na ausência de dor e náusea. Dei-me conta de que ela estava tirando algo de mim, provavelmente meus sintomas físicos de dor e, ao fazê-lo, ela estava limpando a minha mente para dar a mensagem para a qual tinha sido enviada a dar.

De repente, lembrei-me com grande clareza do meu encontro com Jesus Cristo no estacionamento. Todas aquelas emoções voltaram novamente. Eu vi o rosto Dele e senti o Seu amor, e lembrei-me de como me senti quando Ele falou meu nome. Todos esses detalhes voltaram à minha mente.

De repente entendi, de uma forma totalmente diferente a visão que eu havia tido no Taiti. Eu vi as experiências na clínica quando eu havia morrido, devido ao contraste de raio-x, com um novo entendimento e clareza. O que eu mais me lembrei daquelas experiências foi o que havia sido registrado pelos meus cinco sentidos. Ela agora estava me permitindo ou (facilitando-me) vê-las novamente de acordo com uma perspectiva eterna, adquirida anteriormente, no momento que eu as experimentei. Eu não havia esquecido daqueles eventos, mas nos últimos vinte e seis anos eu tinha mudado meu entendimento para acomodar o que eu acreditava ser minha morte iminente. Ela não estava apenas permitindo-me lembrar daqueles acontecimentos, mas me possibilitava entender, mais uma vez, os seus significados mais profundos bem como que as promessas e a profecia ainda eram verdadeiras.

Você Não Vai Morrer

Eu tinha colocado mais e mais em minha mente a mensagem, "Estou morrendo — em breve." Eu estava preocupado com o fato de que minha vida estava prestes a terminar e que minha missão, como a tinha vislumbrado na visão, ainda não tinha acontecido.

Eu aprendi com esse lindo "anjo-sem-nome", que eu ainda tinha muitas coisas por executar e que tudo o que eu tinha visto antes fora escrito em minha jornada mortal por Deus. Tudo aquilo viria a acontecer. Essa foi a mensagem dela para mim: "Você não vai morrer neste momento." Ela literalmente mandou-me parar de pensar em mim mesmo como se estivesse morrendo. Ela ficou naquela posição, acima de mim, por um período indefinido de tempo. Poderiam ter sido segundos ou horas, não sei.

Aquela foi também à mesma mensagem que meu amigo Apóstolo tinha tentado transmitir alguns dias antes.

Sem a dor do meu corpo para interferir e com a profunda paz de sua presença, adormeci. Ao despertar ela ainda estava ao lado da minha cama, olhando para mim. Ela instruiu-me a escrever tudo o que eu havia aprendido no meu diário e me lembrar de nunca duvidar de novo. Ela disse que todas as outras coisas que eu precisaria aprender e ver, a fim de de continuar os meus preparativos para o trabalho que eu deveria realizar na minha vida, estariam vindo em breve.

Ela também me disse que minha vida estava sendo preservada, não apenas por minha causa, mas pelo bem de outros - aqueles a quem eu serviria. Aprendi muitos anos depois que aquelas pessoas a quem ela se referia eram seus familiares..

Ela disse que eu tinha sido preparado desde antes da fundação da Terra para essa missão, e que eu nunca mais deveria duvidar de que qualquer evento terreno, acidente, doença ou mesmo a morte pudesse impedir aquilo de acontecer.

Não tenho orgulho em admitir que eu não tivesse fé suficiente naquela época para acreditar nas visões que Deus me havia mostrado; ao invés disso, acreditava em meu corpo que eu, obviamente, achava que estava morrendo. É duro, talvez desumanamente difícil, sentir seu corpo desfalecendo, desligando-se da vida e se esvaindo e, ainda assim, ter fé suficiente nas promessas feitas há muito tempo sobre um futuro aparentemente impossível — mas eu deveria ter acreditado. Eu deveria ter acreditado e, ao mesmo tempo, rejeitado as tentativas do meu corpo de morrer. Assim, minha fé em Deus e no meu Salvador teria me erguido. Tenho certeza disso! Ainda hoje, em momentos de fraqueza e de intensa carência, sua mensagem é profundamente reconfortante para mim. Ela tinha vindo para impedir a deterioração do meu corpo, para colocar meus pensamentos em ordem e realinhar meus pés com a verdadeira jornada da minha vida.

Ela saiu da mesma forma que veio — pela porta ainda aberta do quarto e, depois, seguindo até o fim do corredor.

Eu nunca mais a vi. Pensei nela muitas vezes e quis saber sua identidade. Minha fé me disse que era uma progenitora minha de muito tempo atrás. Essas pessoas de além do véu que nos ministram são quase sempre membros de nossa família. Ao vê-la, novamente, gostaria de agradecer-lhe e perguntar o seu nome.

Fiquei ali deitado por um tempo, totalmente exausto e sem forças. Minha mente ficava repensando vez após vez a sua visita. Finalmente cai num sono profundo e não despertei até tarde da manhã

Estou Curado!

Acordei com uma viva memória de tudo o que ela tinha feito, e meu coração exclamou, "Estou curado!" Mas, quando eu comecei a me mexer, percebi que meu corpo estava tão enfermo quanto antes. No entanto, a minha atitude não estava mais doente. Eu já não pensava como uma pessoa enferma nem contemplava a morte. Eu sabia que já não estava morrendo e recusei-me a ficar deitado esperando a morte, desejando que ela chegasse logo. O presente dela para mim foi que a partir daquele momento eu antecipava uma total recuperação e eu, imediatamente, comecei a melhorar.

Eu estava muito feliz quando contei à minha esposa sobre as experiências da noite anterior. Ela não recebeu a mensagem muito bem - nem a forma como a mensagem foi dada. Ela não tinha dúvidas de que eu havia dito, apenas não sabia como aceitá-lo. O que eu havia esquecido era que ela estava sofrendo juntamente comigo. Eu não estava morrendo sozinho; Eu estava levando um pedaço de seu coração, seu amor e sua paz comigo. Ela tinha aceitado a inevitabilidade da minha morte ... naquela noite. O processo de luto tinha arrancado um pedaço de sua alma, e ela não sabia como trazê-a de volta baseando-se somente nas minhas palavras. Ela não sabia como ir, subitamente, da falta de esperança à alegria. Mesmo acreditando em minhas palavras e aceitando a verdade do que tinha acontecido, ela teve que esperar um pouco para que sua mente e seu coração voltassem ao normal. Também acho que algum instinto primitivo estava dizendo-lhe para não se expor à tal esperança apenas para, num curto espaço de tempo, despedaçá-la em pedaços. Quando ela viu que eu realmente estava me recuperando, ela começou a se alegrar comigo.

Capítulo Cinco

CAVERNAS, CHAVES, E CHAMADOS

Os Três Visitantes

Uma semana depois, acordei de manhã com a impressão de que três pessoas iriam me visitar naquele dia. Eu gostava de receber visitas, porque ainda estava me recuperando da cirurgia e infecção, e o tédio às vezes era um problema. Também aquilo me pareceu de certa forma um pouco engraçado porque a Ebenezer Scrooge tinha sido dito que ele receberia três visitantes também, e você sabe como a estória terminou.

A primeira visita foi a de um senhor idoso na nossa ala. Ele veio e sentou-se comigo e leu as escrituras para mim. Foi muita bondade dele fazer isso, mas ele ficou por duas horas, o que me deixou bastante cansado. Eu dormi por um longo tempo depois que ele partiu.

O segundo visitante veio às cinco e meia daquela noite. Ele era um irmão de nossa ala que parou em minha casa só por um pouco de tempo enquanto retornava ao seu lar após o trabalho. Ele disse que se sentiu inspirado para vir falar comigo. Ele ficou por uma hora e disse, também, que se sentiu inspirado pelo Espírito Santo para me dizer algumas coisas: a primeira coisa que disse foi que eu poderia ser curado e que eu precisava me esforçar para obter a fé necessária para ser curado. A segunda coisa foi a de que eu tinha muito ainda por fazer antes de morrer. Essas duas coisas me pareceram muito interessantes. Eu acreditava que ele tinha sido inspirado a me dizer aquelas palavras porque eu sabia que, em algum momento, eu iria ser curado. Eu tinha visto aquilo várias vezes na visão.

Eu tinha me visto em um corpo livre de doenças e a executar muito mais, em um âmbito muito maior, do que ele estava querendo me dizer. Senti que eu já tinha a fé suficiente para obter essa bênção, e de que eu já estava me movendo o mais rápido possível naquela direção. Eu não mencionei que há apenas uma semana um anjo adentrou em meu quarto e me fizera lembrar essas promessas e que havia curado a minha mente daquela forma "fatalista" de pensar. Eu aceitei a sua inspiração ao ter trazido aquela mensagem para mim. Foi outro testemunho daquilo que eu já sabia ser verdade.

Quando ele partiu, eu estava completamente exausto, e eu não esperava uma terceira visita porque as duas primeiras haviam me esgotado sem deixar nada que eu realmente pudesse usar para aumentar minhas forças ou mudar aquela minha situação. Eu não estava sendo crítico ou ingrato por sua bondade, estava simplesmente cansado.

Naquela mesma noite eu não consegui dormir devido à dor incessante no meu rosto e no peito. Eu já não estava com medo de morrer, mas as cirurgias no México tinham me deixado com uma tremenda dor. Por causa da nossa condição financeira eu não podia comprar os fortes medicamentos para combater a dor, e a única coisa que eu usava eram remédios comuns encontrados na farmácia. Eles simplesmente não eram fortes o suficiente.

O Terceiro Visitante

Minha esposa e eu estávamos assistindo ao noticiário da noite no nosso quarto. Aproximadamente às dez e quinze eu ouvi uma batida forte na porta da frente, que estava a apenas a alguns metros da porta do nosso quarto.

Perguntei à Lyn, "Você ouviu alguém bater à porta?"

Ela respondeu que não. Ela perguntou se deveria ir verificar a porta.

Percebi naquele momento que aquela era a minha terceira visita e que, desta vez, eu teria que ir com eles. Eu pensava que talvez fosse outro membro de minha ala, e não sei por que razão eu acreditava que deveria ir a algum lugar com aquela pessoa. Mas eu disse a minha esposa, "não, não responda, por favor. Eu terei que sair com eles, e eu estou muito cansado."

Ela me olhou carinhosamente, não porque eu estava cansado, mas porque ela achou que eu estava ouvindo coisas agora. Ela apagou as luzes, me beijou e se virou para ir descansar.

Não conseguia dormir porque minha dor e o cansaço eram tão devastadores.

Eu sei que parece estranho, mas eu realmente estava cansado demais para dormir. Eu ouvi outra série de batidas na porta. Seja lá quem estivesse à porta começou a bater a cada poucos segundos, repetidamente. Fiquei ali deitado pensando, "Se eu me levantar, terei que ir com eles."

Finalmente comecei a perceber que poderia ser um anjo que havia vindo para me levar da mortalidade. Esta foi a batalha entre o meu entendimento da minha condição física e a do que o belo anjo tão poderosamente havia me ensinado - de que eu não morreria. Até agora a minha fé havia sido mais forte do que o meu pensamento, mas nessa noite em particular, encontrei-me mais uma vez vacilante. Eu me arrependi daquele pensamento e mais uma vez fortaleci minha fé.

Devo ter adormecido, porque eu acordei à meia-noite e cinquenta com alguém batendo novamente na porta da frente. Não foi uma batida impaciente, mas parecia ser alguém simplesmente batendo. Desta vez eu percebi que a batida foi na porta do nosso quarto, não na porta da frente. Eu sabia que não era uma das crianças, porque a batida foi mais forte e mais acima na porta. O pensamento veio novamente que talvez fosse parte da morte, e eu teria que ir com eles.

Eu percebi que estava encharcado de suor das poucas horas que havia dormido. Senti-me desesperadamente doente - tão mal, que estava fraco até para levantar o braço ou pedir por ajuda. Eu sentia novamente uma dor incrível no meu peito. Apesar do que o lindo anjo havia me dito, eu sabia que não poderia viver muito tempo sem um milagre — que eu esperava, mas que ainda havia de receber. A batida na porta do meu quarto continuou a ressoar de forma contínua e insistente.

Eu imediatamente saí do meu corpo. Acho que ele estava demasiadamente doente para manter meu espírito dentro dele. Levantei-me para fora do meu corpo e sentei-me na minha cama. Olhei para trás à minha direita e pude ver meu rosto e ombros apoiados num travesseiro. Meu rosto estava pálido, com um olhar de dor, e meu corpo não estava respirando. Senti-me tão grato por estar fora dele. A dor tinha parado, e senti-me cheio de energia e vitalidade.

Lembre-se de que eu já havia morrido duas vezes antes e, desta vez, o alívio que eu imediatamente senti por estar fora do meu corpo foi quase como que um remédio para a dor. Aquela experiência me encheu de euforia e libertação. Eu estava tão grato por estar fora daquele corpo doente e cheio de dor! Eu estava jubiloso, e senti-me muito mais do que feliz.

Eu estava extremamente contente, embora esperasse retornar ao meu corpo e viver para completar minha missão. Eu não podia duvidar das palavras do anjo, mas pelo menos naquele momento eu estava cheio de gratidão por estar livre da dor.

Eu me levantei sem nenhum problema e fui até a porta para ver quem estava batendo. Eu olhei para trás e vi o meu corpo, que ainda estava deitado na cama ao lado de minha esposa. Senti-me ligado ao meu corpo, como se fosse por um elástico divino que nos conectava. Eu sabia que ele era a garantia espiritual de que eu voltaria. Aquela experiência não era a morte, mas outra oportunidade de aprender e ver as coisas de Deus.

Meu Anjo Guia

Eu tentei abrir a porta, mas não consegui. Minha mão atravessou a maçaneta. Então eu passei por através da porta. Encontrei-me diante de um anjo do sexo masculino muito simpático. Ele era um anjo de luz e brilhava tanto quanto os outros anjos que eu tinha visto e que vieram ministrar aos recém-falecidos. Mas no momento em que eu olhei para ele, eu sabia que ele não tinha vindo para me levar da Terra. Ele não era o "Anjo da Morte", por assim dizer. Ele tinha sido meu guia em várias outras experiências fora do corpo e, por isso, eu o reconhecia mesmo não sabendo o seu nome. Foi um reconhecimento espiritual. Eu confiava nele e estava pronto e disposto a ir com ele.

O anjo falou-me verbalmente – e não ao meu espírito, como das outras vezes. Ele tinha um corpo físico e não era um espírito. Eu percebi que eu, agora no meu espírito, tinha menos substância do que ele. Ele estendeu o braço e disse, "Você está pronto para ir?"

Agradecido respondi "Sim!"

Ao contrário dos outros anjos que pairavam por através de paredes e portas, ele girou a maçaneta, abriu a porta da frente e saiu. Era dia lá fora. Ainda assim, não me pareceu estranho que no meu quarto fôsse um pouco antes de uma da manhã enquanto lá fora já fôsse meio-dia. O que eu concluí com essa experiência foi que eu estava agora em uma visão, ainda que tudo parecesse completamente real e tangível.

O anjo fechou a porta da minha casa. Nós descemos os degraus da frente e começamos a caminhar pela calçada. Ele estava à minha direita, de braços dados comigo. Eu podia senti-lo bem como ao calor de seu braço.

Foi tão bom voltar a andar. Eu não tinha estado de pé por semanas e tinha estado ainda mais tempo debilitado pela doença. Foi maravilhoso poder fazer tudo aquilo sem ter dor ou fadiga. Senti-me como se pudesse andar por dias sem nenhum problema. Senti-me animado de estar com ele, como uma criança pequena expressando sua felicidade correndo, saltando - rindo. Eu não fiz isso, é claro! Eu queria ficar com ele e compreendi que ele tinha algo para me ensinar.

Continuamos andando por uma longa distância. Caminhamos por áreas comerciais e residenciais. Os carros e as pessoas passaram por nós na rua e na calçada. Tenho certeza que eles não podiam nos ver porque nos afastávamos deles para deixá-los passar. Embora fosse uma visão, a experiência era real. Havia uma suave brisa que balançava a roupa e os cabelos do anjo. Olhei para mim, e percebi que estava de pijama. Não me senti nem um pouco constrangido, mas notei que não podia sentir a brisa, e que ela não afetava nem a mim ou minha roupa.

Eu pensei, *Que estranho! Estou aqui na presença de um anjo e ele é que tem um corpo e eu sou o espírito, e estamos andando, a pé, até as montanhas!* Tudo foi maravilhoso para mim. Eu queria fazer muitas perguntas, mas senti que deveria esperar.

Não me senti nenhum pouco cansado. Eu estava andando sem fazer qualquer esforço o que, para uma pessoa enferma, foi como se inesperadamente tivesse ganhado na loteria.

Então o anjo me disse, "a primeira coisa que vamos ver lhe explicará o porquê de você estar experimentando a sua vida tal qual no momento."

Eu respondi, "Muito bem! Eu gostaria de saber a resposta a essa pergunta."

Ele era muito amigável e se interessava por mim. Minha cabeça estava girando com tantas perguntas e, tenho certeza, ele ouvia a todos esses pensamentos. Ele sorria com frequência enquanto andávamos em silêncio.

Senti que ele me conhecia melhor do que eu mesmo. Ele estava completamente envolvido com a tarefa de mostrar-me o que eu precisava aprender naquele momento. Ainda que não estivéssemos conversando, eu sabia que havia um propósito em tudo o que ele fazia.

Cavernas e Grades

Seguimos por um desfiladeiro o qual eu já havia visitado muitas vezes. Caminhamos por um longo caminho até onde o asfalto terminou dando início a uma estrada de cascalho.

Eu podia sentir o chão sob meus pés, entretanto nos movíamos mais rápido do que a velocidade normal e era como se estivéssemos andando em uma daquelas esteiras rolantes no aeroporto. Chegamos rapidamente ao desfiladeiro. A cena me era bem familiar. Estive naquele local muitas vezes - em piqueniques e passeios.

Ao pisarmos no caminho de cascalho, a cena mudou para um diferente grupo de montanhas de cor cinza-azulado com um alto paredão, à minha frente, com três imponentes picos sobressaindo-se céu acima. A cor do céu mudou para um matiz semelhante ao do pôr do sol, ainda que fosse meio-dia. Havia um córrego de água entre o local onde estávamos e a montanha, como se estivéssemos numa enseada olhando para o litoral. Eu podia sentir o cheiro do mar e ouvir as ondas quebrando na lateral do penhasco.

Eu não sabia onde a visão estava me levando, porém, me foi dado a entender que eu estava agora olhando para o futuro, naquilo que seria o propósito da minha vida. Cheguei à conclusão de que o que eu estava vendo era um símbolo ou uma metáfora do propósito da minha existência e não eventos reais que aconteceriam da maneira como eu os estava observando. Mas também percebi que a minha missão, conforme sugerida na metáfora, iria realmente acontecer, mas talvez não exatamente como eu a estava vendo naquele momento.

Eu comecei a vislumbrar nossos arredores através dos olhos espirituais, da mesma forma como o anjo os estava vendo.

Ele me perguntou: "Você vê esta montanha?"

"Sim".

"O que você vê?"

Cheguei mais perto. Havia luzes na parede da montanha. Finalmente eu percebi que elas vinham da entrada de quatro grandes cavernas artificiais. As cavernas tinham cerca de quatro metros de altura por 50 metros de largura na sua abertura. As aberturas tinham grades, como se fossem prisões. As cavernas penetravam profundamente dentro da montanha, com portas que davam acesso a áreas além do que eu podia ver. As quatro cavernas ocupavam a maior parte da face lateral da montanha.

Eu respondi, "Eu vejo quatro grandes aberturas cortadas na montanha com grades nelas. O que isso significa?"

Ele respondeu: "Nós precisamos chegar mais perto."

A visão mudou instantaneamente. Encontrei-me em pé bem na frente das grades, num largo parapeito entre as grades e a face do penhasco. Estávamos bem alto acima da face lateral da montanha. Havia uma estrada ampla, mas íngreme, descendo para o vale abaixo.

Olhei e vi milhares de pessoas naquelas câmaras. No seu interior havia salas para grandes grupos, áreas para cozinhar e enormes jardins de flores e vegetais. Bem no fundo da caverna vi portas, ao longo da parede, que

estavam fechadas. Achei que elas davam acesso a quartos, salas de armazenamento e outras acomodações necessárias. As pessoas não pareciam
ver-me, mesmo que alguns deles estivessem tão próximos de mim que eu
podia vê-los claramente. Eles estavam bem vestidos e ocupados com seus
afazeres. Eles não tinham a aparência de quem estava cativo, mas eram
saudáveis e felizes. Crianças de todas as idades brincavam e atendiam a
suas tarefas. Eu os observava sem entender o que estava acontecendo. Toda
aquela cena parecia bastante estranha para mim.

"Quem são essas pessoas, e por que elas estão aqui?" Eu perguntei.

O anjo apontou para os cadeados nas barras. Os cadeados estavam na
parte interior das grades. Eles tinham se trancado nas cavernas, e as grades
tinham sido feitas por eles mesmos.

"O que isso significa?" Eu perguntei ao anjo. "Por que eles se trancaram na montanha?"

Ele sorriu e respondeu, "é isso mesmo. Estes indivíduos se trancaram
por causa da perseguição, dos abusos e maus tratos sofridos através de orga-
nizações religiosas, pelo abuso dos governos e pela autoridade do mundo."

Percebi que aquilo era ao mesmo tempo uma coisa boa e ruim. Eles
tinham se isolado do mundo, da verdade e da oportunidade de receberem
mais luz.

Eu perguntei, "por que você está me mostrando isso? O que isso tem
a ver comigo?"

Então ele me mostrou, em vivos detalhes, as dores, sofrimentos e
abusos que essas pessoas tinham passado enquanto viveram nesta Terra.
Por gerações, antes de encontrarem uma maneira de se separarem do
mundo, eles haviam sido perseguidos e mortos.

Ele disse, "Eles só ouvirão e confiarão em indivíduos que, como você, estiverem dispostos a passar por dores e abusos semelhantes aos deles. Você deve
continuar a beber deste cálice amargo sem se tornar amargo. Isto lhe dará a
experiência e o conhecimento necessário para que quando você for chamado
a trabalhar dentre essas pessoas, elas possam confiar e reconhecer que você é
um companheiro de sofrimento e que também passou por perseguição.

Esses sofrimentos e o seu triunfo pessoal sobre eles estarão escritos na
sua alma e nos tendões do seu corpo, e eles reconhecerão isso e confiarão
em você."

Então ele disse algo sobre o que tenho refletido por anos. Ele acrescentou, "Eles verão que você também pertence à 'Irmandade do Sofrido
Cristo'."

A Chave

Enquanto eu estava tentando entender o que estava se passando, uma jovem aproximou-se de nós com uma chave em ambas as mãos. Sua aparência não era a mesma das pessoas de dentro das cavernas, mas ela era um anjo de luz como meu acompanhante e usava uma túnica branca brilhante. Ela era bem jovem e bonita.

Com grande reverência e cuidado ela entregou-me com ambas as mãos a chave como se fosse algo precioso e frágil. Enquanto eu segurava a chave, a jovem angelical ficou a me observar com grande interesse. Eu analisei a chave por alguns momentos, maravilhado com a beleza do seu artesanato. Eu pude analisá-la por vários ângulos e com certeza ela era diferente de tudo o que eu já tinha visto.

A chave tinha aproximadamente 25 cm de comprimento semelhante a uma chave moderna, com um punho arredondado e um perfil dentado, como cristas e sulcos na lateral. Ela era pesada, como se feita de metal sólido com aparência de ouro puro. O metal não era duro como o ouro, mas ao tocá-lo parecia ser suave como veludo. O punho tinha cerca de quinze centímetros de largura e era todo incrustado de pedras preciosas. As pedras pareciam como se tivessem sido fundidas no metal, porque eu não podia senti-las sobre a superfície lisa da chave. Cada uma delas era brilhante e visível dentro do metal, como se ele fosse transparente sobre as pedras. Cada gema parecia ter uma pequena fonte de luz no seu interior fazendo com que cintilasse de dentro para fora e não pelo reflexo do Sol.

A extremidade pontiaguda era verde esmeralda. A sua lateral era da cor vermelho-sangue, e o punho era de um azul brilhante. Ela tinha uma aparência bem antiga, talvez milhões de anos, embora sem o aspecto de ter sido arranhada, gasta ou danificada. Ela era tão detalhada e bela que pensei na Liahona, a qual tinha sido feita pelo próprio Deus. Tenho certeza de que nenhum ser humano poderia ter feito essa chave.

Notei que havia símbolos na chave, os quais eu não podia ler.

O Significado dos Símbolos

"Qual é o significado dos símbolos na chave?" meu acompanhante perguntou. Senti o significado dos símbolos entrar imediatamente na minha mente. A chave em si representava à missão de resgatar as pessoas que eu podia ver do outro lado das grades. Ela representava a habilidade de destrancá-los daquela prisão imposta por eles próprios. As cores representavam as qualificações de quem quer que seja que Deus enviou para realmente realizar o trabalho de desbloquear as grades.

O vermelho significava o 'sacrifício', mas não na forma como eu o entendia antes. O conhecimento que eu recebi incluía não apenas um entendimento completo da Condescendência e Expiação de Cristo, mas também simbolizava uma disposição de sacrificar-se da mesma forma como Cristo havia Se sacrificado e de estar preparado para essa missão. A fim de receber a chave e a designação a ela conectada, as pessoas tem que ser preparadas através de sacrificar a sua vontade, suas posses, sua saúde se for preciso, ou até mesmo suas vidas se necessário, para seguirem o caminho que Deus estabeleceu para prepará-las com a caridade, a fé, a pureza doutrinária, o completo entendimento e, acima de tudo, a perfeita obediência à vontade de Deus. Esse é o caminho que Cristo passou, embora Seu sofrimento tenha sido muito maior e por toda a humanidade. O pequeno sofrimento que passamos tem por objetivo preparar-nos para a nossa missão específica. Levei anos para perceber que essa é a razão pela qual o anjo os chamou de "Irmandade do Sofrido Cristo."

Foi-me dado a entender que não há nenhuma outra maneira ou outro caminho para esse tipo de serviço. Era um caminho que poderia exigir, numa magnitude semelhante, o derramamento de sangue e sacrifícios. Quando um servo de Deus seguia por esse caminho com tal propósito, o sacrifício deixava uma marca visível sobre aquela pessoa — um brilho de retidão, por assim dizer. Tal preparação era impossível de falhar e aqueles chamados a ministrar a reconheciam e a seguiam.

O punho azul representava a linhagem real, a qual eu soube imediatamente que se referia ao sacerdócio possuído na Igreja de Jesus Cristo dos Últimos Dias. Ele também foi chamado no passado de "O Santo Sacerdócio segundo a ordem do Filho de Deus". O azul representava três coisas: primeiro, o recebimento e a magnificação desse sacerdócio.

Em segundo lugar, representava o recebimento da "plenitude" desse mesmo sacerdócio de acordo com o merecimento e dentro do tempo estabelecido por Deus. Em terceiro lugar, representava uma pré-ordenação para a missão de libertar essas pessoas. Somente aquele portador do sacerdócio, especificamente ordenado, poderia manipular a chave. A chave é operada ao segurá-la pelo punho.

A ponta verde esmeralda representava uma renovação e recriação da vida. Na ponta estava o "propósito" por assim dizer da chave. A ponta entra no cadeado, e deve estar perfeitamente alinhada a ele a fim de que qualquer outra parte da chave possa operar. A ponta verde representa o completo resultado do vermelho e do azul, sacrifício e sacerdócio que, conforme descrito no "Juramento e Convênio do Sacerdócio", traz uma renovação ao corpo. Eis porque a ponta verde foi intitulada "Renovação e Recriação da Vida." Esta renovação pode representar qualquer coisa desde o prolongamento da vida mortal, da cura de todas as doenças até a transladação, conforme aconteceu com "João o Amado" e a cidade de Enoque. Também representa a renovação que estes indivíduos passariam à medida que aceitassem a Cristo como seu Salvador e que não tivessem medo Dele e daqueles que a Ele representam. Eles devem aceitar as ordenanças do Evangelho, permitindo que seus corpos sejam renovados e eventualmente libertados da prisão presentemente imposta por si mesmos.

A chave na minha visão é uma representação daquela chave que cada edificador de Sião irá obter para realizar sua missão específica. Cada indivíduo provavelmente não receberá uma chave de verdade, mas eles passarão pelo mesmo processo de 'sacrifício', 'sacerdócio' e 'renovação' que me foram mostrados. Levou-me muitos anos, até recentemente, na verdade, para identificar plenamente o significado das partes da chave. Mesmo sabendo o que o anjo me mostrou e ensinou, levou muito tempo para a minha alma perceber como eu poderia realmente me transformar em um edificador de Sião. Eu consegui entender que, para completar a missão da minha vida, eu tinha que receber essa chave da maneira como foi planejado, ou seja, tornando-me um membro da "Irmandade do Sofrido Cristo "e fazendo-o liberalmente", voluntariamente e, até mesmo, alegremente.

Agora entendo que essa é uma jornada pessoal de grandes consequências. Não é um caminho para os que buscam pelo conforto e o serviço casual. Eu não percebi que já estava trilhando este caminho, ou que meu sofrimento fizesse parte de qualquer jornada diferente do processo normal da minha vida.

Eu nunca havia considerado, até ter recebido a chave do anjo, que eu era uma daquelas pessoas cujo chamado na vida pré-mortal incluía a possibilidade de fazer algo especial.

Aquela chave representava completamente o propósito do chamado do sacerdócio. Somente quando possuímos todos aqueles três elementos poderemos ter o privilégio de receber as bênçãos e a honra de servir em grandes causas. Ao fazermos isso, nós não estamos servindo a Igreja, nossas famílias ou até a nós mesmos — estamos servindo a Jesus Cristo diretamente e fazendo a obra do Pai de preparar o mundo para o fim dos tempos e para o retorno de Cristo.

Junto com toda esta informação veio a mim a confirmação de que o que eu estava vendo não era real, mas uma metáfora para ensinar-me o porquê de eu estar passando por dificuldades e sofrimentos; sofrimentos esses que tem sido uma parte vital da minha jornada mortal. Eu aprendi que durante toda minha vida eu tinha me empenhado nesse processo de preparação a fim de obter as qualificações e atributos de quem receberia uma chave e que faria parte da obra a ser realizada nos últimos dias da edificação de Sião. Nesta obra poderosa iremos libertar o povo de suas prisões auto impostas, sejam elas reais ou figurativas, e trá-lo-emos para Sião.

A chave não significava um chamado para presidir ou ser um profeta da Igreja. Ela representava o processo de adquirir, por meio da expiação de Cristo, o grau de pureza pessoal e santificação que qualifica as pessoas para servirem nesta grande obra. É um trabalho que, como você verá nas futuras visões que vou descrever, é totalmente organizado e administrado pela Igreja de Jesus Cristo dos Santos dos Últimos Dias. Essa mudança não é um caminho que afasta as pessoas da Igreja, ou as leva num curso paralelo ao dela, mas é uma transformação que aproxima o indivíduo à essência da missão da Igreja que tem por objetivo preparar o mundo para o retorno de Cristo.

O único conhecimento adicional que obtive foi o de me ser mostrado que eu realmente poderia realizar isso; que isso era realmente possível, e que eu deveria buscar completar minhas qualificações e depois terminar o trabalho que o Senhor havia me mostrando que eu deveria fazer. Eu deveria continuar a aceitar que o curso da minha vida não era o de me levar à morte física, mas a possibilidade da grande obra que se desencadearia nos últimos dias.

Senti a admoestação, não verbal, entrar na minha alma: "Spencer, você está fora do seu corpo, mas você não está morto. Não desista, porque essas coisas precisam ser seladas em seu coração e mente. Essas são as coisas que você Me prometeu que faria — então não desista. Eu estou lhe dando esta informação para fortalecer sua coragem de ir em frente e se esforçar para realizar essas coisas.

"Não desanime quanto a voltar para o seu corpo. Ele não irá impedi-lo de receber suas preparações. Foi necessário trazê-lo aqui para dar-lhe um vislumbre da obra que você fará e prepará-lo para o que terá de passar para se qualificar a fim de que possa cumprir essa tarefa."

Essa informação penetrou profundamente na minha alma, com amor e empatia, mas, também, com profundo poder. Eu sabia que quem estava falando comigo não era o anjo que me acompanhava. Eu estava apenas começando a entender tudo, enquanto estava parado ali com aquela pesada chave em minhas mãos, quando o anjo disse: "O que você vê agora?"

Túnel de Luz

Eu olhei ao meu redor e percebi que já não estávamos mais nas câmaras com grades, e que eu já não tinha mais a chave. Nós estávamos num tipo de túnel, e tive a sensação de mover-me em grande velocidade.

Eu pude notar que o túnel estava "vivo". Talvez fosse mais correto dizer que ele era uma parte do meu ser. Ele era "meu", e eu o tinha criado.

Meu acompanhante sorriu novamente, "é isso mesmo. Ele é um portal, e você o criou. Só você pode usá-lo."

Eu pensei sobre isso e em seguida perguntei: "Então, cada pessoa faz seu próprio portal antes de vir para esta Terra?" O túnel era como se fosse de mim - como minhas mãos ou pés. Eu compreendi que este portal foi a maneira como eu havia vindo a esta Terra durante meu nascimento e também a maneira como eu voltaria a Deus quando eu tivesse finalmente terminado minha vida mortal. Eu podia "sentir" o túnel, da mesma forma que uma pessoa sente seu braço ou seus dedos.

Ele parecia satisfeito com minhas conclusões, "Sim, isso está correto! Cada pessoa cria seu próprio portal, o qual você chama de "túnel de luz", mas no momento esta é a melhor maneira de entender o que está acontecendo com você. Esse é um poder divino que você aprendeu há muito tempo e que permitiu que você viesse à Terra e, eventualmente, que pudesse voltar a Deus. Todos devem criar seus próprios portais."

Estávamos nos movendo sem andar, e aquilo parecia normal e familiar. Eu sabia exatamente como seguir em frente no túnel. Foi um comando da minha mente, semelhante ao de segurar algo com a mão. Mesmo limitado pela minha inteligência mortal, eu não precisava tocar o túnel, pois sabia que ele era uma forma de transporte.

Eu me movia à velocidade do pensamento.

O fim do túnel era profundamente brilhante. A luz não vinha da sua extremidade, mas do túnel em si, como se ela ficasse cada vez mais divina, à medida que nos afastávamos da Terra..

Assim que entramos no "túnel", ou portal, senti-me menos mortal e sim mais divino e cheio de poder.. Eu podia falar com o meu guia verbalmente ou pelo pensamento, e ele respondia-me apenas através do pensamento. Falamos sobre muitas coisas enquanto procedíamos pelo túnel. A cada pergunta que me vinha à mente eu podia imediatamente contemplar aquele evento ou coisa relacionada à minha pergunta em perfeito detalhe - incluindo sua criação, existência e presente glória. Tudo foi semelhante à experiência que tive ao caminhar pela mesa e sofá de couro durante minha primeira experiência fora do corpo. Esta informação me veio à mente em rajadas de entendimento. Eu não precisava refletir ou filtrar as informações. Eu simplesmente recebia as respostas às minhas perguntas.

Hoje, minha lembrança daquela experiência é a de que falamos sobre muitas coisas e que aprendi rapidamente; entretanto, o que eu aprendi não me foi permitido manter na minha mente mortal.

Curvando o Universo

Eu perguntei,: "A Terra possui um túnel de luz?" As escrituras nos informam que ela é um ser inteligente e vivo.

Ele respondeu, "Sim. Deus proveu um meio semelhante para a Terra se mover para onde ela se encontra agora."

Então experimentei, como se eu estivesse realmente lá, como a terra "caiu" de onde havia sido criada locomovendo-se para onde ela está agora posicionada. Tive a impressão de que levou milhares de anos para chegar ao presente local.

A imagem que eu vi apareceu-me como uma "curvatura" do universo. Parecia que o universo havia sido dobrado, como uma folha de papelão ou tecido para que o local onde a terra fosse criada e aonde ela deveria se posicionar estivessem um sobre o outro. A Terra, então, fisicamente "mudou-se" para a sua nova posição. Esse movimento da Terra ocorreu durante todo o seu processo de criação. Quando ela ali chegou, ela estava preparada para receber ao homem mortal.

Eu também observei que quando chegar o tempo dela voltar ao seu local original, o universo irá novamente dobrar-se e a Terra retornará ao local de sua criação.

A imagem que eu vi revelou-me que, mesmo que nós percebamos apenas um plano de existência, existe um número infinito de camadas ocupando o mesmo espaço.

Esses planos não são na realidade "universos" - porque seu significado não é tanto a respeito de infinitas estrelas, sóis e mundos quanto é a respeito da organização de Deus e a exaltação de todas as Suas criações, Sua glória imutável e leis para cada um desses planos. É difícil explicar com palavras e descrever tais coisas, nem tampouco a inteligência humana nos dá a capacidade de compreendê-las, a menos que nossas mentes sejam abertas por um momento. Enquanto eu estava com o anjo, eu pude entender tudo isso claramente. Eu me lembro da maioria das coisas que eu vi, no entanto, agora eu tenho apenas um pequeno entendimento do seu significado e princípios. Levou-me muitos anos para encontrar as palavras corretas para descrever o que eu aprendi naquela experiência e o que me foi permitido reter. Sendo que esta é a única vez que muitas dessas coisas estão sendo ditas, é fácil de se entender porque eu ainda luto para encontrar as palavras certas.

Eu entendi que a razão pela qual os universos se "curvavam" era porque essa era a maneira mais eficiente. A palavra "fácil" não se aplica a Deus por que Ele tem todo poder e habilidade e nada pode se comparar a isso — então, a razão é que era mais "eficiente" e é assim que sempre foi feito.

Há uma matemática celestial a respeito dessa visão que foi incrível de se ver. Eu percebi que este grandioso dobramento do universo não era mágica para Deus. Parecia-se mais como uma brilhante tecnologia espiritual. Eu vi que Deus possui várias leis, princípios e ciência — por assim dizer — de como fazer essas coisas dentro de Seu entendimento e poder. Foi magnífico observar, como se a uma dança divina aonde os artistas eram os astros e os planetas. Quando os homens aplicam a matemática, há sempre erros. A aritmética de Deus é sempre perfeita, e vi que a totalidade de suas criações era um resultado da Sua impecável engenharia Divina.

Percebi que todos os universos glorificados pertenciam a uma das três glórias — Celeste, Terrestre ou Telestial. Havia também outros tipos, que não possuíam glória; estes eram lugares maravilhosos, mas sem glória aonde, por fim, enviados os seres que não tinham se qualificado para receber uma recompensa de glória durante suas vidas. Estes eram de todo tipo e descrição e haviam sido criados em resposta aos seus desejos.

Eles não queriam mais nada a ver com Deus ou com a Sua intervenção em suas vidas; então, Ele deu-lhes o que eles queriam — seja o que fosse — e lá eles ficariam por toda a eternidade, incapazes de nunca mais desafiar a autoridade de Deus.

Nossa Terra é atualmente da ordem Telestial, porém antes do homem aqui chegar, ela tinha vindo de um plano Celestial. Ela ainda não foi celestializada, mas foi criada lá. A transição de um reino Celestial para o de um mundo mortal é o que chamamos de "Queda" e isso foi realizado por esse processo de dobra do universo.

Quando uma pessoa morre ou quando ela tem uma experiência fora do corpo, como no meu caso, seu próprio túnel a traz de voltar ao seu lugar e a sua estrutura original — os quais são ambos de natureza espiritual. Esse poder de retornar a Deus é percebido como um "túnel de luz". Ele não é físico e, na verdade, não é um "túnel", mas é a maneira que Deus providenciou para nossos espíritos retornarem a Ele.

Ao concluirmos esta experiência Telestial, já não precisaremos desse túnel entre a Terra e Deus. Então seremos capazes, como espíritos e, eventualmente, como seres ressuscitados, de mover-nos instantaneamente através de vastas distâncias através do poder de Deus que é inerente a cada um de nós.

Precisávamos do túnel de luz porque um ser mortal imperfeito não tem a capacidade de viajar como um espírito tem. É como se deixássemos uma corda pendurada no penhasco a fim de podermos subir de volta. Nós deixamos o túnel de luz como uma garantia de podermos voltar para casa depois de deixarmos para traz este tabernáculo de carne.

O Campo e o Lago

Eu estava ponderando sobre estas coisas quando chegamos ao final do túnel. Encontrei-me em pé em um belo campo. Lá havia grandes árvores de muitas variedades. Algumas estavam cheias de flor, enquanto outras carregadas de frutas. Não muito longe dali havia um lago azul que refletia a linda paisagem de árvores e arbustos. No céu não havia Sol, e percebi que a luz, naquele local, vinha de Jesus Cristo e não do Sol.

Eu estava ciente de que havia diversas variedades de peixes no lago, assim como de plantas, mas não havia animais. O campo e o lago eram impressionantes, com magníficas flores e arbustos de todos os tipos.

Um estreito riacho fluía entre eu e o lago, desaguando nele a uma curta distância.

A minha direita, vi um muro de aproximadamente um metro de altura. Ele se seguia ao longo do riacho por certa distância e depois dobrava à minha direita. Naquele muro havia lindos bancos separados uns dos outros por uma distância de alguns metros. O muro curvava-se nos lugares aonde os bancos se encontravam formando uma alcova onde as pessoas podiam sentar-se frente a frente para conversar.

A princípio, eu só prestei atenção naquele muro. Eu nunca tinha visto algo assim antes. Ele era feito de tijolos de pedra branca de 25 cm quadrados.

Sentei-me ao longo do muro, em um dos bancos, e pude sentir que ele me fazia bem-vindo, me dando amor e louvando a Deus. Se eu não tivesse experimentado este tipo de comunicação espiritual e conexão com todas as coisas nas visões anteriores, eu teria ficado surpreendido. Mas senti-me ligado a tudo o que vi. Em experiências anteriores, ao caminhar por através de paredes e mesas na Terra, eu também havia compreendido a história dessas coisas, todos os eventos ligados à sua existência. Mas naquele momento, o muro e as árvores não tinham nenhuma história. Eu compreendi que elas eram quase que eternos em sua existência. Aquele era um mundo espiritual e nada mudava ou envelhecia; nada morria, era colhido ou forçado pelo homem a receber outra forma. Então, eles estavam exatamente como Deus os tinha criado — sem mudança, sem história.

Eu estava aguardando pelo meu guia a fim de acompanhar-me e mostrar-me aonde ir. Ele havia chegado comigo, mas não tinha me acompanhado até o campo. Eu não estava certo sobre aonde prosseguir sem ele, e aceitei o fato de que ele estava me dando um tempo para que explorasse aquele local. Eu não sabia onde eu estava, mas também não estava preocupado. Tudo estava como deveria ser.

Eu me levantei, fui até o final do muro, atravessei o riacho e caminhei até o lago. A água no córrego e no lago era cristalina. Eu podia facilmente ver o fundo do lago, coisa que eu nunca tinha experimentado na mortalidade devido ao reflexo ou impurezas na água. Eu podia ver os peixes nadando como se fossem pássaros no ar. Tudo aquilo prestava reverência a Deus e me faziam sentir bem-vindo. Caminhei até a margem e ajoelhei-me para colocar minhas mãos no lago. A água era fria e quando retirei a minha mão ela não estava molhada. Eu me levantei e coloquei o meu pé na água, não dentro, mas em cima. Senti-me como se tivesse feito isso antes. Sabia que podia.

Eu pisei na água e dei vários passos. Ao olhar para baixo eu podia enxergar até o fundo. Devido a água ser tão transparente, deu-me a sensação de estar voando. Quando eu mexia os pés, a água fazia pequenas ondas, tal como na Terra, mas meus pés estavam sobre uma superfície sólida e não ficavam molhados. Voltei para a praia e para a grama e, desta vez, decidi entrar na água.

Percebi que andar sobre a água era uma coisa que eu tinha aprendido a fazer antes. Na Terra, a reação natural da água é deixá-lo afundar. Aqui, obviamente, a reação natural foi de apoiá-lo. Eu decidi que gostaria de tentar novamente.

Entrei na água, pressionando meu dedo do pé um pouco mais fundo. O meu pé penetrou na água e caminhei em círculos com ela até os tornozelos. Quando cheguei novamente à praia eu ainda estava perfeitamente seco. Eu tentei de novo, desta vez até aos joelhos, em seguida, novamente até minha cintura. Eu percebi que, de acordo com minha vontade, eu estava realmente entrando da água. Eu finalmente decidi entrar e ficar totalmente imerso.

A água não resistiu ao meu desejo, e eu caminhei com água pela cintura. Podia sentí-la, mas sem ficar molhado. Joguei um pouco de água na minha roupa, e ela simplesmente escorreu deixando-me completamente seco. Eu fui um pouco mais fundo. Eu sabia que eu estava no espírito e que meu corpo estava em algum lugar na Terra, então eu não tinha medo de me afogar. Mesmo assim quando a água cobriu minha cabeça, eu segurei minha respiração. Eu esperei por certo tempo e percebi que eu não estava passando por falta de ar. Lentamente soltei minha respiração — e não vi bolhas saindo da minha boca. Eu cuidadosamente respirei e senti como se fosse ar, e então percebi ou me foi dado a entender -, que eu estava me lembrando da necessidade de oxigênio do meu corpo mortal. O espírito não tinha tal necessidade e não havia ar entrando e saindo do meu espírito, mesmo que eu tivesse a sensação de estar respirando. Eu andei em torno do fundo do lago por um tempo. Não havia nenhuma resistência à água. Andei tão livremente como se estivesse andando no chão seco. O fundo do lago era como um jardim cuidadosamente plantado, com belas plantas flutuantes e caminhos entre elas feitos de areia. Eu toquei em alguns dos peixes, que não fugiam, mas irradiaram seu pequeno amor por mim.

Depois de estar satisfeito, eu andei até a margem e emergi seco em cima da grama. Eu olhei para trás no lago, espantado com a experiência, até que eu percebi que este lago não era cheio de "água", como na Terra, mas sim de água espiritual e que ela tinha a mesma aparência da água mortal, mas poucas de suas propriedades.

O aspecto mais profundo desta experiência, até agora, foi que todas as coisas louvam a Deus. Isso não foi feito verbalmente, como a voz humana, mas era comunicado pelo espírito, por sua conexão com todas as coisas e o amor que tinham por Deus. Também percebi que, no instante em que cheguei a este novo lugar, eu era conhecido por tudo. Todas as coisas sabiam, reverenciavam e respeitavam o fato de que eu era à imagem de Deus e que eu tinha vindo de um corpo mortal. Sabiam que eu era um filho de Adão, e eles me amavam e me respeitavam. Eu não sabia nada, de acordo com minha memória, sobre aquele lugar, mas senti-me verdadeiramente conectado com ele.

Todas aquelas coisas, a grama ou os tijolos de pedra no muro, estavam satisfeitos com sua existência. Eles eram felizes por ser o que eram. Mas também aprendi que nenhuma dessas coisas tinha vontade própria. Eles não eram capazes de "querer" ser outra coisa. Este lugar e tudo nele tinha uma consciência, e era cheio de louvor a Deus, mas não tinham personalidade, liberdade ou vontade de ser outra coisa.

Como já falei muitas vezes, é muito difícil de explicar. Não existem palavras, em qualquer idioma mortal, sejam elas eloquentes sentimentais ou até mesmo impulsivas, para descrever tais coisas e, por isso, admito ter dificuldade de explicá-las. As palavras não são necessárias quando você está no espírito, e tudo pode ser totalmente descrito e compreendido por outros na sua totalidade, em um único pensamento.

Eu estava plenamente consciente de que este campo - e tudo o que eu estava passando - estava lá devido ao fato de que a vontade de Deus os tinha organizado nesta existência, nesta forma e neste lugar. Tudo aquilo tinha sido feito para os propósitos Dele e tinha permanecido inalterado por mais tempo do que a existência do homem. Eles ouviram a voz de Deus chamando para que assumissem essa forma, e eles escutaram o Seu comando. Parecia como se estivessem constantemente perguntando, "Como posso servi-lo? Como posso Ajudá-lo? É por isso que estou aqui." Até mesmo as flores, quando me inclinei para tocá-las ou sentir o seu perfume estavam prestando devoção a Deus e expressando alegria através de sua beleza - só porque pensei comigo mesmo em "como elas eram gloriosas e belas", expressão essa que elas ouviram e entenderam.

Claro, eu não presumi ter qualquer autoridade para mudá-las e não tentaria fazê-lo sob qualquer circunstância. Como eu poderia melhorar algo que já era perfeito?

Tudo estava em seu nível mais alto de vida e energia. Quando eu pisei na grama, ela não foi danificada, ela apenas "recebeu-me" e sentia prazer no fato de que eu a estava usando.

As cores eram magníficas, distintas e mais brilhantes do que as cores da Terra. Havia cores que eu não acredito que o olho humano pudesse distinguir, mas que, se tivesse que nomeá-las, poderia dizer que tinham tons suaves e pastéis numa variedade deslumbrante.

Eu não me lembro de ter visto animais, com exceção dos peixes. Esse lugar era como uma tela aonde o artista só pensava em pescar no lago e não escolheu nada mais para pintar. Não era uma representação da mortalidade. Era um lugar que Deus havia criado para ser exatamente o que era — ou seja, irradiar beleza para a contemplação dos sentidos.

Eu ainda estava olhando o lago quando meu guia voltou. Ele perguntou-me se eu estava pronto para ir com ele. Em todas as minhas interações com ele e com os outros anjos, eles sempre pediram minha permissão para continuar. Depois de eu tê-la dado, eles muitas vezes prendiam a minha atenção, ou me faziam perguntas, mas sempre foi minha a escolha de ir, ficar ou continuar.

Eu disse, "Sim, estou pronto para continuar."

Infância Espiritual

Instantaneamente já estávamos em outro lugar. Reconheci-o imediatamente. Era o meu lar, onde eu havia passado toda minha infância espiritual.

O prédio a minha frente era imenso, estendendo-se à minha direita e à esquerda, até onde minha vista podia alcançar. Ele tinha muitas partes distintas - havia arcos majestosos, muros altos, janelas de todas as formas, uma impressionante arquitetura e uma gloriosa ornamentação.

A estrutura foi feita de um material semelhante à pedra, de cor branca, mas mais como pérola, com ranhuras de ouro e prata que pareciam mover-se lentamente ao redor de veias da cor de esmeralda, como se elas fossem parte natural da pedra. Cada bloco era quase tão alto quanto um homem.

Uma lembrança que tive há muito tempo, a de ver o Pai criando tudo aquilo, surgiu em minha mente. A estrutura havia chegado à sua forma atual após um longo período de tempo — falando de "tempo" como de uma maneira limitada para que minha mente possa entender. Aquilo era apenas uma continuação do eterno agora vivo em minha memória. O edifício tinha tomado aquela forma com um propósito em mente. Deus queria um aposento aonde Ele pudesse me ensinar, então o edifício obedeceu ao Seu desejo.

Ele gostava muito de colunas e as representações da beleza de suas criações terrenas apareciam na sua parte superior ao longo do teto e sobre as portas, e toda a construção obedecia ao Seu comando. Eu percebi que alguns aposentos tinham sido "criados" para ensinar-me as primeiras lições das coisas que eu iria encontrar na terra. Outros tinham sido feitos para permitir que eu visse e tocasse objetos, tais como livros, obras de arte, ferramentas e muitas outras coisas necessárias pelas quais eu pudesse aprender para preparar-me para a vida na terra.

Aquele era mais um prédio que tinha assumido a forma de um edifício terreno para minha educação do que um lugar divino. Ele podia assumir qualquer forma que Deus desejasse. A mudança de forma não requeria trabalho, mão de obra, ferramentas ou profissionais para mudá-lo. Ele simplesmente fluía, em alegre obediência, em qualquer forma por Ele desejada.

Meu guia abriu uma grande porta que foi feita a partir de um único pedaço de madeira. Não havia nela juntas ou emendas, como se Deus tivesse pedido a uma árvore que assumisse a forma daquela linda porta. A madeira não era pintada e ela estava esmeradamente esculpida com cenas típicas da terra — flores, animais, crianças, homens e mulheres em momentos de alegria.

O aposento seguinte me era muito familiar. Ele parecia irradiar um sentimento vibrante de emoção devido ao meu retorno. As paredes e as colunas foram feitas da mesma pedra - tal como lá fora. O teto formava uma abóboda que repousava sobre quatro colunas com luz que irradiava de todas as partes. O chão era mais escuro, como um mármore natural de um verde esmeralda escuro. Havia uma porta fechada a minha direita, um amplo corredor diretamente a minha frente e outra porta fechada à minha esquerda.

Meu guia me levou para o corredor a nossa frente. O corredor tinha cerca de sete metros de comprimento e terminava em uma janela arqueada cujo vidro tinha uma aparência de pérola. Ele parecia ser como um fluído, com cores brancas enevoadas que se mexiam dentro dele. Ao nos aproximarmos ele se tornou transparente, de maneira que eu pude ver por através dele. O grande aposento no outro lado, novamente, me parecia familiar.

Ele olhou para mim e perguntou: "Você conhece este lugar?"

Eu disse com lágrimas de alegria escorrendo pelo meu rosto, "Estou de volta ao meu lar!" Em minha mente eu pensei: *este é o lugar aonde eu costumava morar antes de eu nascer*. Eu sabia que tinha voltado para o mundo espiritual, onde eu cresci como uma criança de espírito. Muitas cenas que eu decidi não mencionar aqui, bem como memórias sagradas da minha infância espiritual passaram pela minha mente. Eu fiquei lá por um bom tempo, sem jamais entrar no quarto, simplesmente observando e lembrando o meu passado.

Meu Quarto

Depois de estar satisfeito e novamente pronto para seguir em frente, meu guia me fez voltar para a entrada e a primeira porta que vi. Ao chegar perto da porta ela se abriu para mim. Reconheci-o como "meu quarto", quase como um quarto para uma criança mortal, mas não havia nenhuma cama. O quarto tinha aproximadamente cinquenta metros quadrados, com um teto alto e plano. As paredes e o chão eram do mesmo material como o corredor de entrada, mas com cores ligeiramente diferentes, mais em direção ao azul e lilás. Eu adorava aquele quarto, e senti como se fosse "meu".

A única mobília no quarto era um grande baú de topo arredondado que ficava no meio do piso. Ele tinha cerca de um metro de largura por um metro e meio de comprimento, com uma tampa arqueada e cantos arredondados. A parte superior era de um lindo vermelho com destaques em laranja queimado. Ele foi feito do mesmo material que o resto da casa, mas era mais fino e com cores brilhantes. As laterais do baú eram de um amarelo bem forte. Eu sabia que tinha escolhido aquelas cores e que as havia mudado muitas vezes para atender a minha imaginação infantil. A tampa podia ser aberta, mas as dobradiças não eram visíveis.

Eu me aproximei do baú e depois de andar ao seu redor olhei para o meu guia com um ar de curiosidade. Ele sorriu e eu levantei lentamente a tampa. A tampa parecia ter sido feita de um material pesado, mas, ao abri-la, ela parecia ser leve como uma pluma. Dentro dele estavam objetos estranhos, que eu nunca tinha visto na mortalidade. Havia utensílios de diferentes tamanhos e formas, roupas brancas e ferramentas que eu tinha usado. Eu sabia exatamente o propósito de cada ferramenta e objeto enquanto estava em espírito, mas não pude reter aquelas informações desde que voltei para a mortalidade.

Eu percebi que eles eram "meus", e que aqueles objetos eram também comuns às nossas experiências pré-mortais. Ainda assim, eu estava conectado a eles como parte de minhas primeiras experiências. Peguei cada um, olhei para eles e me lembrei do seu propósito. Cada objeto no baú foi adquirido através de uma conquista minha. Eles representavam uma realização, um troféu por uma lição aprendida, ordenações que eu havia recebido e estágios de desenvolvimento que eu tinha alcançado. Esses objetos significavam minha dignidade e preparação para participar na lição — não apenas neste mundo, mas no mundo dos mortais também. Eles eram como certificados - autorizando-me a realmente executar essas coisas. Cada habilidade e autoridade foram adquiridas por um longo processo de qualificação para ganhar essa autoridade.

Eu tinha recebido aqueles objetos como uma representação de lições aprendidas e das qualificações que eu havia alcançado. Alguns dos objetos eram ferramentas da "verdade" que iriam me ajudar naquilo que eu tinha que realizar. De acordo com minha memória, eles pareciam ser um tipo de "tecnologia divina", objetos dotados do poder de Deus para me permitir e ajudar a realizar alguns serviços ou atos tidos como necessários, tal como a "Liahona" que ajudou a família de Leí ou o "Urim e Tumim" que permitiram videntes a contemplar o futuro. A roupa branca foi cuidadosamente dobrada e era sagrada e cerimonial em sua natureza. Tudo havia sido parte de minha iniciação à maturidade espiritual.

Ao segurá-los, a lição e o processo de aprendizagem e a alegria que senti na consecução de minhas tarefas anteriores voltaram ao meu coração. Eu valorizei cada objeto com todo meu coração e ponderei sobre o seu significado e, em seguida, coloquei-os cuidadosamente de volta de onde os havia tirado. No baú não havia brinquedos ou objetos sem um propósito. Tudo nele tinha um significado profundo e eterno para mim. Cada objeto reconheceu-me e ficou feliz de me ver e de interagir comigo.

Não havia nenhuma razão para pressa. Meu guia estava me observando, sorrindo e desfrutando das minhas descobertas. Era como se eu tivesse uma eternidade para examiná-las. Depois de manuseá-las e entendê-las, lembrei-me da natureza daquele quarto. Eu percebi que eu possuía a habilidade de ajustar o quarto para qualquer situação que eu precisasse. Se eu desejasse ler um livro que pertencesse à mortalidade, como as escrituras ou a um pergaminho escrito por um profeta mortal, eu simplesmente o desejava e o quarto, então, mudava para fornecê-lo para mim. O quarto mudava para o contexto original em que havia sido usado, tal como em um palácio, uma caverna, ou mesmo mostrando a escrivaninha em que foi escrito; Era assim que ele aparecia para mim. Eu podia tocá-lo, pegá-lo e lê-lo. Eu podia até sentir o seu cheiro. O objeto não era real como se houvesse sido retirado de um eterno cofre, mas uma perfeita copia espiritual ou representação dele. Cada objeto era perfeitamente igual ao original, incluindo todas as lembranças e história pertencentes a ele e no qual um ser espiritual poderia ter as mesmas experiências caso tivesse o objeto original.

Se eu quisesse ver algo maior, como o nascimento de Cristo ou a criação da Terra, tal evento surgiria em todo o meu derredor. Eu podia assistir a ele e aprender com ele, interagir com ele e ver os anjos e seres divinos que haviam participado nos eventos originais. Eu podia mover-me dentro da cena e assisti-lo de todos os ângulos, com perfeita clareza e vislumbrar a tudo e a todos os envolvidos no evento original. Em suma, foi magnífico e era a sala de aula mais perfeita na eternidade — e todos os que desejassem poderiam ter um quarto igual ao meu.

Lembrei-me passar eternidades naquele quarto como criança. Mais uma vez, não havia o conceito de tempo naquele mundo e a ideia de uma existência linear era difícil de compreender. A ideia de mudança, envelhecimento, deterioração e oposição eram conceitos difíceis de serem compreendidos – tão difícil quanto se um peixe tentasse entender de automóveis. Até aquele momento, não havia nenhuma experiência comparável na minha infância e lembro-me ponderando sobre todos aqueles conceitos pertencentes à mortalidade.

Dizer que eu passei muito "tempo" naquele quarto seria incorreto. Passei vastas parcelas da eternidade naquele local. Eu nunca mudei. O quarto nunca mudou exceto quando assim o desejei. Eu nunca me senti exausto, com fome ou cansados de aprender. Eu estava encantado com tudo aquilo e não desejava fazer mais nada, a não ser que o Pai ou alguma outra necessidade mais importante me interrompesse. Quando eu tinha uma dúvida, eu não precisava ir ao até o Pai para adquirir uma resposta. Quando a dúvida se formava em minha mente o quarto mudava para fornecer as coisas que eu precisava aprender.

Minha educação não foi aleatória; foi programada, sequencial e designada. Foi a mesma sequência proporcionada a todos os filhos mais avançados do Pai— embora eu estivesse ciente de que nem todas as crianças, meus irmãos e irmãs, fossem curiosos sobre muitas coisas ou buscassem sua educação com tanta devoção e desejo como alguns de nós.

Eu fiquei naquele quarto, como um menino numa loja que oferecia doces de graça, e interagi com aquelas coisas por um bom tempo (falando numa perspectiva mortal) até que meu coração se satisfizesse.

Meu guia esperou por mim, admirando toda minha alegria. Quando eu estava pronto para partir, eu cuidadosamente coloquei tudo de volta exatamente onde estava. Eu lentamente e, reverentemente, fechei o baú e deixei as minhas mãos, por um momento, repousando sobre sua superfície lisa. Foi um longo adeus para mim. Eu senti tanto minha própria alegria como a comunhão daqueles objetos no baú, conjuntamente louvando a Deus e demonstrando seu amor por mim e ansiando pelo meu retorno.

Ao caminhar para a porta de entrada, repentinamente lembrei-me de meus eternos irmãos e irmãs, Mãe e Pai. Não me recordo como sendo um entre bilhões. Lembrei-me dos incontáveis irmãos e irmãs, todos eles sendo amados e retribuindo o amor, mas eu não me lembro de ter compartilhado Pai e Mãe, com eles. Só me lembro de ser individualmente e singularmente amado e valorizado. Lembro-me bem do Pai, Seu poder e Majestade, Seu rosto, Suas mãos, Sua forma, Seu contato físico e doces cuidados.

Até hoje me recordo de estar brincando, passando meus dedos sobre o pelo macio de Seus braços, rindo com Ele, indo para destinos majestosos, provando futuras delícias, desfrutando de coisas novas, observando eventos divinos, galáxias e eternidades sob Seu cuidado. De acordo com minha lembrança, mesmo havendo multidões de nós, somente eu estava presente nesses momentos e cada um de nós foi individualmente criado durante nossa infância. Eu passei a maior parte da minha infância espiritual sob Seus cuidados, nos Seus braços, no colo Dele e em Seu coração.

Enquanto estava no meu lar pré-mortal, eu também me lembrei de minha Mãe. Ela estava presente em todas as minhas lembranças, mas quase nenhuma delas permaneceu comigo na mortalidade. Meu coração se recorda do poderoso amor e atenção que Ela tinha para comigo, mas não se lembra de um único evento com Ela; e a imagem do Seu rosto, até hoje, não permaneceu em minha mente. Não sei a razão disso, mas parece consistente com a proteção e a reverência do Pai para com Ela ao longo de Sua relação com a humanidade. O estranho é que eu me sinto bem em não me lembrar Dela. Mesmo recordando o Seu infinito amor por mim eu me sinto espiritualmente contente de saber somente o que eu sei. De alguma forma, isso me parece certo.

Eu pedi ao meu guia que me mostrasse o resto da casa. Ele concordou alegremente e me levou para um corredor que terminava em uma janela com um vidro enevoado. Caminhamos lado a lado naquele largo corredor até nos aproximarmos do vidro. Ele não era transparente, mas de aspecto leitoso e com cores que mudavam e se moviam como que fumaça dentro de um vidro. Ao observá-lo, tive a sensação de que o vidro se estendia a lugares distantes e inumeráveis. Ele continuou a andar, e eu o segui "vidro adentro". Eu entendi, ao passar por ele, que a janela era um portal que nos conectava a lugares distantes. Parecia que estávamos ainda em minha "casa", mas agora estávamos em um lugar muito distante.

A Biblioteca

Um segundo depois, entramos numa sala cheia de pessoas trabalhando sentadas, cada uma, à sua mesa. Cada mesa tinha uma grande janela à sua frente - ela tinha a mesma finalidade como àquela no meu quarto. Eles estavam estudando as imagens e objetos na tela. Da mesma forma que o meu quarto, eles poderiam lidar com os objetos, movê-los, tocá-los e experimentá-los em todas as formas possíveis.

Os livros que eles desejavam ver não precisavam ser lidos. Bastava tocá-los ou manuseá-los para se receber uma completa informação proveniente deles. Um toque era o suficiente, mas uma exposição mais prolongada era desejável, pois permitia experimentar o livro em maior profundidade, desfrutando tudo sobre o assunto, incluindo a vida do autor e acontecimentos de sua vida. Caso os segurassem por um tempo suficiente, eles poderiam conhecer a cada pessoa e tudo sobre quem os tinha tocado. Lembrei-me de minhas próprias experiências e sabia que houve um ponto em que a informação não foi edificante e o objeto foi, então, retornado à tela.

Acredito que essas pessoas eram como eu - recentemente falecidas, mortais que agora continuavam sua busca por luz e verdade. Eles estavam vestidos em roupas brancas. Seus rostos brilhavam de felicidade.

Havia pessoas carregando objetos através da sala, levando-os para as pessoas sentadas às mesas. Todas aquelas pessoas estavam engajadas e ocupadas, mas não apressadas. Havia um sentimento de eternidade, mas também um desejo agradável de aprender tão rapidamente quanto possível. Eles estavam todos felizes. Isto parecia ser uma biblioteca central de informação para as pessoas aprenderem. Quando eles alcançavam algum nível de aprendizagem, eles recebiam um comprovante referente à sua educação, assim como aqueles que eu tinha encontrado no meu baú. Estes eram os objetos que os instrutores estavam carregando através da sala para apresentar aos alunos.

Enquanto caminhávamos pela sala, havia um foco de luz que precedia à nossa chegada. As pessoas em cada novo lugar sabiam que estávamos chegando, quem éramos, o nosso propósito e necessidades — na verdade, sabiam tudo sobre nós. As informações sobre meu guia foi bloqueada de mim, mas não dos outros na sala. Nunca me deixaram saber quem ele era nem de onde ele veio.

Deus, Tempo e Lei

Foi-me mostrado que Deus não habita em uma realidade limitada pelo tempo ou distância. Ele existe fora do tempo e pode mover-Se através do tempo para frente ou para trás. Ele criou o que chamamos de "tempo" para nossa percepção e progressão, mas Ele mesmo não é sujeito a isso. Ele está presente em Suas criações em qualquer "quando" e "onde". Ele pode e age no passado, presente e futuro e para Ele, diante de Seus olhos, tudo é "agora" e "aqui".

Ele facilmente pode acelerar o tempo para os Seus propósitos ou impedi-lo de progredir, sem que estejamos conscientes disso. Sabendo que Ele também pode ver o resultado do fim eterno de todas as coisas e de todas as pessoas, Ele pode influenciar ou mudar as coisas, em qualquer lugar, e a qualquer momento que Ele desejar abençoar o resultado eterno de nossas vidas.

Todas as coisas que aceitamos como leis mortais - como a gravidade, a física, a luz, o calor ou a velocidade -, são todas criações de Deus. Estamos ligados a elas seja para a vida ou a morte, mas Ele não está. Essas são "leis" que pertencem à ordem Telestial. Elas funcionam por Seu comando e como que por decretos, mas Ele não está contido à ordem Telestial e, portanto, não está sujeito a essas "leis". Quando vi pela primeira vez o Salvador, Ele estava em pé, acima do chão e estava firmemente posicionado. Aquele fato não violava as "leis" da natureza, mas operava acima delas, em obediência a leis Celestiais. O Pai ordenou que o tempo, conforme percebido pelos mortais, andasse somente "para frente", mas Ele próprio não está sujeito a esse decreto.

Conforme relatado mais adiante neste livro, ao nos aproximarmos da Segunda Vinda, depois de termos trabalhado por um longo tempo para servir a Deus e ter adquirido uma medida maior do Seu poder, como esse poder opera durante o Milênio, começaremos a ter a capacidade de trabalhar sem estarmos limitados ao tempo ou distâncias. Essa será a única maneira de realmente terminarmos o trabalho que nos foi atribuído antes de Sua vinda em glória.

Retornando para Visitar o Meu Corpo

A próxima lembrança que tive foi de estar de volta em meu quarto ao pé da minha cama. Meu corpo ainda estava deitado. Eu olhei para o relógio digital na minha mesa de quarto. Exatamente uma hora tinha decorrido, embora eu tivesse a sensação que houvessem passados dias e dias.

Eu sabia que meu corpo estava morto de acordo com os parâmetros humanos, mas fiquei tão emocionado com o que eu tinha acabado de experimentar que queria acordar minha esposa e contar-lhe tudo que tinha aprendido.

Sem falar verbalmente, meu guia me disse que se eu quisesse falar com ela, eu precisaria retornar ao meu corpo, e essa experiência estaria concluída.

Percebi que havia mais coisas que ele queria me mostrar e que não era hora de voltar ao meu corpo, mas, por alguma razão, era necessário visitá-lo — talvez para mantê-lo forte a ligação entre meu espírito e corpo, enquanto ele me conduzia em viagens no espírito.

Eu lhe disse, "se você tem mais para mostrar-me, vamos em frente; Estou pronto!"

Capítulo Seis

ANJOS E DIABOS

Os Espíritos do Mau e as Tentações

Nós não saímos pela porta; eu apenas me dei conta que estava em outro lugar. Estávamos em uma casa, num pequeno escritório. Era tarde da noite. Um homem, ainda jovem, usando apenas suas cuecas, silenciosamente entrou no local olhando cuidadosamente para ver se ninguém o observava. Ele lentamente fechou a porta, sem ligar a luz, e foi até o computador e o ligou. Enquanto esperava o computador ligar, senti uma euforia vindo dele. Eu sabia que sua esposa, os dois filhos bem como sua filha estavam dormindo em outro lugar na casa, e que ele estava ali para ver pornografia. Eu percebí isso só por estar no quarto com ele. Como nas experiências anteriores, eu pude saber tudo sobre ele — sua vida, seus desejos, suas decisões, sua angústia. Percebi que ele era um bom homem, um ex-missionário e atualmente servia na presidência de seu quórum.

Meu guia disse-me: "ele está aqui para ver pornografia."

Eu vi oito espíritos entrarem onde ele estava. Quatro destes espíritos malignos haviam sido mortais, os outros quatro eram espíritos que jamais nasceriam — eram seguidores de Satanás. Os primeiros pareciam humanos e usavam roupas típicas do período em que morreram. Os outros espíritos malignos tinham menos substância e eram geralmente menores, com características disformes, com uma aparência ligeiramente desumana. Eles estavam agitados, ativos, pulando como loucos e incitando o jovem aos autos brados.

Os espíritos desencarnados não falavam muito no inicio. Eles tinham pouca capacidade de serem ouvidos pelo jovem. Eles estavam lá tentando satisfazer as paixões sexuais que haviam adquirido durante suas vidas mortais. Havia espíritos tanto do sexo masculino como feminino. Seu vício sexual os tinha acompanhado ao mundo dos espíritos. Seu vício era contínuo, agonizante e impossível de satisfazer. O vício os perseguia.

Eles estavam constantemente desesperados para tentar satisfazê-lo. Eles estavam contentes de que logo iriam experimentá-lo através daquele jovem. Eles estavam focalizados, vidrados e influenciando àquela pessoa, mesmo sabendo que ele não podia ouví-los. Eles não estavam olhando para a pornografia na tela do computador, mas estavam influenciando e observando ao jovem atentamente, colocando suas faces diante de seu rosto e gritando com ele, zombando dele e o insultando. Eles não se importavam com as imagens; Eles se preocupavam somente em compartilhar a sensação física da satisfação sexual.

Os espíritos malignos, os quais jamais nasceriam estavam lá para prendê-lo, para seduzí-lo, para instilar nele uma ansiedade pela próxima experiência pornográfica. Eles não se importavam nem um pouco em experimentar o seu desejo carnal. Eles nunca tinham tido um corpo e não eram capazes de compreender aquele tipo de emoção. Eles estavam lá para controlá-lo, para fazê-lo obedecer às suas palavras, para mantê-lo envolvido e sob seu "encanto" tanto quanto possível.

Eles se reuniram em torno dele, esperando que, através das imagens, ele ficasse totalmente envolvido no êxtase sexual. Os espíritos malignos lembravam-no de determinados sites, incitando-o a ir lá, sussurrando-lhe o quão emocionante iria ser. Disseram-lhe quais imagens ver e como ele deveria sentir-se sobre elas. Eles lutaram contra a consciência dele, dando-lhe muitas razões para ignorar a sua voz e continuar. Eles colocaram as mãos sobre ele, vez após vez, fazendo com que sentisse emoção após emoção. Eles insistiam que ele clicasse no computador e procurasse por mais emoções, lembrando-o que ele precisava daquilo mais do que qualquer outra coisa. Eles estavam mais interessados em mantê-lo concentrado em seu próprio corpo e em suas próprias emoções, de tal maneira, que não pudesse sentir seu relacionamento com Cristo, nem com o Espírito Santo e nem lembrar-se de sua família. Tudo o que ele deveria pensar era nele mesmo e na satisfação garantida que estava apenas a um clique de distância.

Quanto mais excitado ele ficava, mais frenéticos os espíritos malignos se tornavam. Eles ficaram mais agressivos, pulando nele, batendo nele com as mãos e falando palavrões. Foi uma coisa repugnante de se ver.

Descobri, de uma maneira ainda mais forte do que ter presenciado a tudo aquilo, que todos os vícios são puramente egoístas. Eles garantem a sarisfação instantânea da carne. Os relacionamentos por outro lado não são garantidos, e a gratificação – o retorno positivo da relação deve ser cuidadosamente mantida e trabalhada. Essa é a razão pela qual as pessoas têm vícios, porque eles são instantâneos, requerem pouco esforço e seus resultados são garantidos. É por isso que o mal usa e promove-os cuidadosamente, porque eles separam a vítima bem longe de todos os relacionamentos significativos, especialmente aqueles de natureza divina.

Eu compreendi que ele havia sido despertado por um desses tentadores que estava influenciando seus sonhos, incitando-o a sair da cama em busca de prazer sexual. Assim que ele fez a escolha de se levantar e realmente participar, os outros espíritos se juntaram ao primeiro. Eles foram atraídos a ele como uma mariposa em busca de luz durante a noite. Eles vieram de uma só vez. Ao aceitar a tentação e ao decidir prosseguir com ela, ele deu-lhes permissão para entrarem nele e experimentarem com ele a emoção sexual. Eu vi muitos espíritos competindo para entrar naquela pequena sala. Apenas quatro dos espíritos malignos permaneceram.

Ao tomar a decisão de participar, todas as suas boas intenções e desejos foram imediatamente afogados pela paixão e controle daqueles espíritos. Os bons espíritos que estavam perto dele, enquanto dormia, foram forçados a se afastar até que ele não podia mais ouví-los. Eventualmente, devido a sua escolha, eles o deixaram.

Quando ele alcançou o auge da luxúria em seu corpo, uma abertura como que "uma lágrima negra" apareceu na coroa de sua cabeça. Naquele instante, os espíritos desencarnados começaram a atacar. Pareciam como jogadores de futebol americano pulando sobre o oponente em busca da posse da bola. Eles queriam compartilhar um momento de seus sentimentos físicos e excitação. Eles agiram como que cães famintos sobre a mesma carcaça. Havia uma concorrência feroz, entre eles, para ver quem permanecia mais tempo dentro dele. Eles lutaram entre si para ser o próximo, gritando, xingando, jogando-se de um ao outro lado para poder entrar. Assim que um ou dois espíritos entraram, nenhum mais podia entrar. Os espíritos malignos gritavam e mergulhavam nele repetidamente até que um, já dentro dele e mais fraco, fosse expulso e, assim, eles tomavam o seu lugar. Pareceu-me que aqueles que eram expulsos estavam exaustos, retorcendo-se no chão como se fosse um escravo sexual, imitando as ações do jovem em frente ao computador. Tentei virar meu rosto de tanto nojo, mas não consegui.

A imagem estava diante de mim, não importava para onde eu virasse a cabeça. Os maus rapidamente se recuperaram e, por várias vezes, retornaram à luta.

A luxúria e o vício que estes espíritos haviam trazido sobre si mesmos enquanto viveram na mortalidade ainda os perseguia. Eles não podiam se livrar daquilo tudo, porque eles não buscaram a Jesus Cristo que os poderia ter curado mesmo depois do término de suas vidas mortais. Sem a Sua graça, eles não podiam sobrepujar a poderosa e constante necessidade causada pelo do vício. Eles não podiam escapar. Sem qualquer forma de satisfazer ao vício, aquela situação lhes causava dor e eles buscavam em todo lugar por qualquer oportunidade de experimentar a emoção novamente e, assim, diminuir os seus sofrimentos - ainda que fosse por um breve momento.

Meu guia comunicou-me que quando esses espíritos entravam no corpo das suas vítimas, eles não podiam inteiramente sentir o que ele sentia. A sensação era filtrada, ou abafada, para eles. Ela era satisfatória apenas parcialmente e não durava muito tempo por causa da "competição". Por isso eles atacavam novamente.

Os espíritos desencarnados estavam rodeados pela escuridão e ao entrarem naquele jovem, a escuridão que eles possuíam também adentrava nele. Ele podia sentir como que se fossem ondas escuras de desejo que o instavam a ver imagens pornográficas ainda mais excitantes, mais ofensivas e mais tenebrosas, fazendo com que elas fossem do nível suave até ao violento — até mesmo chegando ao nível do que é perverso e abominável. Ele resistia às vezes e, ao fazê-lo, eles gritavam com ele, se jogando nele numa completa loucura.

Quando o jovem entrou no escritório, eu sabia, devido à luz que o acompanhava, que ele era um bom homem. Eu pude ver a luz que ele possuía sendo diminuída enquanto ele estava ali sentado. Eu vi que havia muito mais alegria nos seguidores de Satanás por ele estar quebrando seus convênios, do que ele estar vendo pornografia. Sua alegria era maior pelo fato dele ser um bom homem - mais do que se ele fosse qualquer pessoa da rua, que teria feito tudo aquilo, sem precisar de muita tentação. Como aquele jovem tinha feito convênios para evitar tais coisas, o prazer daqueles espíritos em seu triunfo foi ainda maior, sua conquista era mais doce, e seu controle sobre ele era mais precioso devido à dor que isso traria à sua esposa e família; e eles saboreavam essa oportunidade de, eventualmente, afligirem à sua esposa com todas as densas emoções que ela sentiria às quais iria separá-la do Espírito Santo.

A última coisa que vi com respeito a esse jovem era ele inclinando-se perto da tela, respirando fortemente enquanto, invisível a ele, os quatro espíritos das trevas gritavam para que ele continuasse, e mais de uma dúzia de outros espíritos se lançavam sobre ele em um frenesi de desejo insaciável. Um dos aspectos mais trágicos desta cena foi que esses espíritos estavam oferecendo-lhe uma sensação de (falso) relacionamento davam-lhe uma sensação de estar satisfeito com aquela experiência. Ele estava começando a aceitar e a gostar desses visitantes invisíveis como se fossem seus companheiros, fazendo-os bem-vindos à sua influência em ajudá-lo a decidir participar, mais uma vez, de seu mundo secreto de imoralidade.

No Clube

A tragédia que assisti ao acompanhar este jovem foi rapidamente retirada de minha mente quando eu encontrei-me do lado de fora de uma boate, olhando para os jovens, em torno de seus vinte anos, enquanto esperavam, numa fila, para entrar. Eu podia ouvir seus pensamentos. Eles estavam ansiosos pela emoção que os esperava. Havia mais espíritos maus ali do que seres humanos. Eles estavam em pé, perto dos mortais, instando-os a continuar esperando, falando sobre os prazeres que os aguardavam.

Em seguida encontrei-me lá dentro. Havia muitas pessoas próximas uma das outras na pista de dança, dançando bem juntas, bebendo e fumando. Eu podia ouvir seus pensamentos que eram um fluxo contínuo de obscenidades, racionalizações e desejos sexuais. Muitos dos seus pensamentos eram mais obscenos e repugnantes do que a maneira como eles se comportavam. Eles pareciam ser jovens normais. Se eles pudessem ouvir os pensamentos uns dos outros, não haveria nenhuma restrição, apenas uma cena contínua de atos bestiais.

Fiquei ao mesmo tempo intrigado e com repulsa. Eu não queria experimentar aquelas trevas. Nunca frequentei tal lugar e achei essa experiência desagradável e perturbadora. Meu guia espiritual permaneceu ao meu lado e eu me senti confortado pelo fato de que ele não parecia ser afetado por essa cena.

Na fila de fora havia mais espíritos maus do que mortais. Assim como com o jovem que estava vendo pornografia, os espíritos malignos estavam centralizados em pessoas específicas, aquelas que tinham pensamentos mais eróticos. Eles se tornavam cada vez mais agressivos tentando-os a ter pensamentos mais tenebrosos e desejos carnais mais fortes.

Os espíritos estavam esperando pelo surgimento de sentimentos específicos nos humanos. Alguns buscavam pela fantasia sexual, intoxicação, pela euforia induzida por drogas, violência e sensação de poder. Quando os humanos chegavam a certo estado de embriaguez, ou quando eles se entregavam à vontade dos maus espíritos, uma abertura irrompia perto da coroa de suas cabeças. Depois de aberta, ela se parecia como uma lágrima escura em seu espírito, semelhante ao que se sucedera ao jovem à em frente ao computador. O espírito mais próximo corria para eles e entrava como se fosse uma névoa sendo sugada por um aspirador.

Os outros espíritos se apressavam à frente, empurrando e lutando para serem os próximos. Quando um espírito maligno entrava em um ser humano, ele só permanecia ali por alguns segundos ou alguns minutos no máximo — dependendo da habilidade do espírito. Quando eles finalmente eram expulsos, eles pareciam saltar em certos pontos para do corpo. Ao saírem, eles estavam exaustos, mas satisfeitos. Eles saiam de forma violenta, imitando os gestos do ser humano. Quando eles percebiam que tinham sidos expulsos, eles gritavam e saltavam imediatamente de volta à batalha espiritual na tentativa de serem os próximos.

Uma vez que conseguiam entrar, sentiam-se não apenas uma parte limitada do que sentia seu hospedeiro, mas eles podiam ser ouvidos. Sua paixão sombria adicionava-se ao que estava acontecendo. Eles insistiam que seus hospedeiros fizessem certas coisas para piorar a situação - coisas mais agressivas que pudessem aumentar as emoções.

Eu vi outros espíritos desencarnados, às voltas por aquele local. Eles faziam uma pausa para ouvir conversas, observando o comportamento das pessoas, tentando encontrar alguém mais influenciável para que alimentassem suas necessidades. A mim era evidente que não poderiam ler os pensamentos das pessoas, mas eles eram mestres em julgar e ler a intenções das pessoas. Eles também escutavam aos espíritos malignos e a o que eles estavam pedindo. Se alguém não dava atenção às sugestões do mal, eles seguiam em frente. Se alguém estava prestes a "ceder", muitos dos espíritos convergiam sobre eles.

Esses espíritos estavam esperando os mortais serem derrotados pelos outros espíritos do mal. Eles estavam trabalhando juntos. Os espíritos malignos queriam destruir espiritualmente seus alvos para que eles pudessem obter controle permanente sobre eles e não se preocupavam com a experiência dos mortais. Os outros espíritos se deleitavam nas sensações físicas dos mortais, mas não tinha nenhum desejo de dominar, apenas ema prolongar suas experiências.

Na perspectiva dos espíritos malignos, ter um mortal que cedesse às suas tentações dava-lhes poder sobre aquela pessoa. Se eles sugerissem um ato e o mortal fizesse exatamente aquilo, eles lançavam os seus anzóis um pouco mais a fundo. Eles não estavam atrás de emoção; eles estavam atrás do domínio da alma e, eventualmente, do controle total ao longo da vida. Eles sabiam que se tentassem com bastante esperteza e artimanha a ponto do ser humano ceder àquelas tentações — eles ganhariam um pouco mais de controle. Este era o seu método, mas seu verdadeiro objetivo era obter suficiente domínio para que eles pudessem manter o Espírito Santo longe de ter qualquer influência na vida daquela pessoa. Eles não estavam apenas tentando controlar o comportamento - eles estavam tentando prendê-las com as correntes do inferno.

Eu vi que as pessoas que já tinham sido aprisionadas por eles dificilmente podiam ouvir seus próprios pensamentos. A voz dos seres malignos tornava-se ainda mais forte do que sua própria mente. O indivíduo faria qualquer coisa que seus dominadores dissessem pensando que estivesse seguindo suas próprias ideias e desejos. Uma vez que esses espíritos malignos adquiriam total controle sobre aquele indivíduo, eles então desejavam que essa pessoa fosse retirada da mortalidade o mais rápido possível, para que sua posse fosse permanente. Eles posteriormente inspiravam a comportamentos arriscados, atos de violência e até mesmo o suicídio para apressar o dia da sua morte física.

Os outros espíritos desencarnados não estavam tentando prejudicar os seres humanos, apenas queriam compartilhar suas emoções físicas e vícios. Vi muitas vezes espíritos viciados no fumo tentarem arrancar o cigarro fora das mãos dos mortais, como se não entendessem que não poderiam realmente segurá-lo.

Através de toda essa experiência, eu podia não apenas ver o que os espíritos malignos e os desencarnados estavam fazendo, mas eu também sabia o que estavam pensando, tanto os espíritos quanto os mortais. Isso era mais do que eu podia suportar, e a cena, então, mudou.

Na Corrida de Cavalos

Encontrei-me em seguida num hipódromo. Eu nunca tinha ido a uma corrida de cavalos, e não sabia como era. Assim que chegamos, todos os pensamentos, emoções e experiências de todas as pessoas passaram pela minha mente com perfeita clareza.

O local consistia de uma grande pista com grandes arquibancadas e milhares de pessoas. Havia uma emoção e entusiasmo no ar que, rapidamente, percebi estar sendo promovida por dezenas de milhares de espíritos malignos.

O que acontecia aqui era quase a mesma coisa que acontecera no bar. Os espíritos malignos estavam trabalhando para aumentar seu controle sobre os mortais, criando essa grande distração. Mesmo que as corridas fossem menos sombrias e promovessem menos desejos e sexualidade comparados ao ambiente do bar, ainda assim elas criavam um ambiente ideal para os maus espíritos levarem os mortais a altas paixões, desejos e temores, com aceleradas emoções e derrotas esmagadoras que os mantinham afastados do Espírito Santo de Deus. Os anjos bons eram poucos naquele local, tendo sido afastados pelos mortais que concederam sua vontade aos espíritos do mal.

Muitas das pessoas no hipódromo estavam lá pelas emoções das corridas as quais eram promovidas pelos seres malignos. Muitas delas tinham mentido ou simplesmente enganado a alguém para poderem estar lá, fato esse que os deixava vulneráveis à influência do mal. Alguns estavam lá para beber, para enganar e para satisfazer seu vício no jogo. Essas pessoas estavam cercadas por espíritos malignos, que os encorajavam e diziam o que sentir, instando-os a apostar em certos cavalos, dando-lhes um sentimento de vitória, que também garantia uma derrota esmagadora. Quando eles ganhavam ou perdiam, os espíritos desencarnados aproveitavam para compartilhar a experiência.

No hipódromo havia uma maior oportunidade para os anjos bons intervirem. Nas duas experiências anteriores, as pessoas eram totalmente mergulhadas no mal do momento. Aqui, algumas delas estavam orando. Alguns estavam orando para ganhar, alguns para ter ajudar contra o seu vício, alguns oravam por ajuda para saber como explicar para sua esposa ou marido o fato de terem perdido tanto dinheiro. Até mesmo um pensamento a respeito de Deus, uma oração, um pedido, uma intenção de fazer o bem, um ato de arrependimento ou bondade, trazia os anjos bons para perto. Eles podiam, então, cercar a pessoa, protegendo-a contra os espíritos do mal, contanto que essa atitude persistisse.

Para que os bons espíritos se aproximassem, o indivíduo sendo tentando no momento deveria usar o seu livre-arbítrio espontaneamente. Às vezes os anjos de luz sussurravam "Saia deste lugar." Às vezes era uma sugestão como: "você precisa ligar para sua esposa." Às vezes eles traziam uma lembrança - talvez de uma promessa ou de um evento da vida da pessoa que os encorajava a fazer boas escolhas.

Depois, tudo passava a depender do indivíduo. Se ele decidisse seguir à inspiração, os seguidores de Satanás iam, então, atrás de outra pessoa, a luz começava a ficar mais brilhante ao redor dele e os anjos bons falavam palavras de incentivo. Dessa maneira, eles tinham a oportunidade de pensar claramente e escapar.

Entretenimento

A cena mudou, novamente, mostrando seres mortais buscando vários tipos de entretenimentos. Eu pude ver dentro dos cinemas e das casas aonde as pessoas assistiam à TV. Eu vi cenas de parques de diversões, cassinos e de grandes eventos desportivos. Eu vi as pessoas ouvindo música através de aparelhos de som e fones de ouvido. Eu as vi rindo em festas e com seus amigos. Eu pensei que esses eram eventos cotidianos sem nenhum significado espiritual. "Por que você está me mostrando essas coisas?" perguntei eu. "Qual é o significado disso?"

Ele respondeu que todas essas formas de entretenimento eram maneiras das pessoas inconscientemente se afastarem do Espírito do Senhor. Em cada uma dessas cenas, percebi que os bons anjos estavam ausentes ou afastados à alguma distância. As pessoas nessas cenas estavam tão envolvidas no entretenimento que eles não davam ouvidos ao Espírito Santo. Elas não estavam fazendo nada de mal, mas não estavam tão pouco ouvindo a Deus, e este era o propósito pelo qual os espíritos malignos trabalharam tanto e essas pessoas se afastavam, voluntariamente, com a ajuda do mal.

Vi também que os espíritos malignos estavam incitando-os para assistir algo com conteúdo mais violento ou sexual. Eles tentavam as pessoas a ouvirem música e a ficarem cativados por ela, a fim de dançarem e agitarem-se a fim de sentirem estímulos sexuais ou físicos, com o propósito de se concentrarem em seus corpos e beleza física — tudo, exceto Deus.

Eu vi pessoas obcecadas com comer, não comer, dietas, como agir, dança ou apresentações, moda ou beleza, esportes, namoro ou com a escola — nenhum dos quais eram intrinsecamente mal. O problema era que eles estavam tão focados nessas coisas que a voz do Espírito Santo, como eu vi ser repassada pelos anjos bons, era afastada deles.

Já que nós, como mortais, muitas vezes não conseguimos ver o mundo dos espíritos bons ou maus, nós somos verdadeiramente ignorantes a respeito de muito do que está se sucedendo ao nosso redor.

É necessário algum discernimento espiritual, geralmente adquirido por experiências negativas e de alto-custo, para perceber como a vida funciona. A mortalidade é apenas uma vaga realidade. Os anjos vivem em um reino eterno, que é uma realidade mais brilhante e mais verdadeira. A vida mortal vai acabar; suas vidas não vão. Eles sabem o quão incrivelmente importante é esse pouco tempo da mortalidade, - porque eles nos amam e estão a serviço do seu Deus, eles trabalham para chamar a nossa atenção e nos conduzir a uma vida que se concluirá em glória.

Dons Espirituais

Foi-me mostrado como funcionam os dons espirituais. Existem bons e maus dons. Nós escolhemos os bons dons quando obedecemos ao Espírito Santo. Esses são dádivas de amor, alegria, paz, fé, curas, profecia e muitos outros. Quando escolhemos repetidamente a obediência ao que é bom, nós criamos um elo espiritual com Jesus Cristo. Ele nos transforma à Sua semelhança espiritual, e nós crescemos mais brilhante e mais brilhante nesse processo até que nos tornamos filhos da luz, e recebemos nossa a recompensa de nosso Salvador.

Nós escolhemos maus dons obedecendo às tentações dos maus espíritos, que é a mesma coisa que ceder a uma tentação de Satanás. Nós escolhemos más dádivas obedecendo a um desejo de obter algum prazer físico. Quando cedemos a qualquer porção do mal, estamos criando uma corrente espiritual, como que acoplando-se vagões de trem; e quando nós permitimos que isso aconteça mais e mais, nós somos modificados, perdemos luz e somos arrastados para baixo, até nos tornarmos servos da escuridão, e recebermos nossos salários do mestre das trevas.

Observei que existem muitas pessoas que são regidas pela voz de Jesus Cristo, são como que lanternas que seguem através da escuridão. Quando elas chegam, elas "empurram" a escuridão para bem longe, e os anjos das trevas devem partir. Os seres malignos são impotentes para penetrá-las e são obrigados a afastar-se.

O mesmo é verdade para as pessoas que são governadas pelo mal. Elas tornam-se lâmpadas de escuridão e repelem a luz. Elas se tornam uma força das trevas, mesmo enquanto caminham em meio ao brilho do dia espiritual. Todos os que se associam a elas são escurecidas por elas, e os anjos bons são impotentes para penetrá-las — até que essa pessoa, através de um ato espontâneo no uso do seu livre-arbítrio peça ajuda ou ore por orientação.

As Correntes do Inferno

Eu vi que, quando qualquer pessoa manifesta até mesmo a menor partícula de fé, um pensamento ou uma ideia — qualquer coisa que a leve em direção à esperança, a obediência à verdade e a fé em Jesus Cristo — a escuridão é penetrada por um pequeno faicho de luz, e os anjos, mais uma vez, de forma mansa e suave, falam as palavras de Cristo. Se as pessoas escolhem atender positivamente a essa voz, a escuridão começa a se dissipar. Haverá ainda um longo caminho à frente e mais escolhas corretas a fazer, mas o processo já fôra iniciado.

As "correntes do inferno" existem quando as pessoas se tornam tão "encantadas" com suas vidas nas trevas que já nem sequer podem ouvir a Voz Mansa e Suave dos anjos clamando a verdade de longe – de onde eles foram afastados. Quando elas se entregam a esse grau, elas perdem a sua bússola moral e já não podem distinguir a diferença entre o bem e mal, o certo e o errado, o amor e a luxúria e, eventualmente, a misericórdia e o assassinato. A única coisa "boa" que elas reconhecem é aquilo que lhes traz uma satisfação imediata de suas paixões e vícios e, para isso, são capazes de pagar qualquer preço.

O Ministério dos Anjos

Eu vi os anjos de luz que nos são designados. Eles são reais. Eles têm acesso direto à orientação de Cristo e estão engajados ansiosamente em nossa existência. Eles permanecem conosco, ao longo da vida, a menos que nós escolhamos a escuridão, por intermédio de nossos pensamentos, atos ou palavras. Sua capacidade de conduzir, influenciar e nos guiar é completamente controlada por nossas escolhas.

Há também anjos de luz mais poderosos que são designados por Cristo para abençoar-nos em certos momentos de necessidade, como quando eu estava morrendo no hospital. Esses anjos vêm para cumprir uma missão e, em harmonia com os anjos a nós designados, repassam as bênçãos que Jesus Cristo deseja que recebamos.

Toda vez que eu tive meus olhos abertos para as coisas do outro lado do véu, havia mais seres espirituais no local do que mortais. A maioria desses anjos parecem ser os nossos antepassados - pessoas de nossa família que nos amam e que foram enviados para nos auxiliar em momentos especiais.

Esses anjos poderosos não estão frequentemente conosco.

Eles vêm em missão especial e nos visitam quando há uma necessidade premente ou uma bênção maior para se conferir. Convidamo-los a nos ajudar ao rejeitarmos uma tentação ou invocando ao nome de Deus e fazendo o que é certo com a mente única na glória de Deus. Esses anjos orientadores nos conhecem bem, porque estamos associados a eles por um longo tempo.

Nossa relação familiar não começou com o nascimento deles nem com o nosso. Eu senti essa conexão eterna enquanto eu estava vendo o meu lar da infância pré-mortal. Nossos relacionamentos são ordenados e eternamente importantes. Eles começaram há muito tempo na casa de Deus, antes do nosso nascimento terreno e antes mesmo da criação do mundo. Nós amamos e servimos de infinitas formas uns aos outros há muito tempo. Provavelmente também é verdade que enquanto eles eram mortais, nós amorosamente também ministramos a eles. E, agora, eles estão ministrando a nós dentro do mesmo chamado.

Tudo o que Deus faz é de acordo com a lei e de acordo com o livre-arbítrio. Deus não nos concede dons para os quais, de alguma forma, não nos qualificamos. Isso também se aplica aos anjos. Alguns anjos têm maior capacidade por causa de sua maior diligência e maior justiça enquanto eles eram mortais. Alguns estão aprendendo, enquanto outros são completamente talentosos. Alguns têm grande fé, enquanto outros têm menos.

Olhando esse fenômeno sob a perspectiva dos pais, vemos que isso nos dá a capacidade de abençoar a nossos filhos e netos mesmo depois de sairmos da mortalidade. Esse poder e dons espirituais tornam-se a herança dos nossos netos, porque quando eles escolhem a luz, nós estaremos lá esperando ansiosamente para derramar sobre eles os dons que nós mesmos obtivemos na mortalidade.

Esta também é a razão que a embriaguez, o abuso, o crime, as guerras, a máfia e outras características das trevas que podem corromper o poder político, estão sob o controle de certas famílias. Essas tendências sombrias são passadas para as próximas gerações através dos tempos. Quando nossos ancestrais, na próxima vida, encontram-se infelizes como seres espirituais, ainda viciados, como almas miseráveis e cheios de dor, eles procuram fazer com que os outros sejam tão miseráveis como eles próprios. Quando os seus filhos e netos seguem o seu exemplo, os "dons" das trevas são passados para eles através das gerações. Isto explica por que algumas famílias têm estado na realeza por centenas de anos, ricos e opressores desde o início dos tempos ou qualquer outra característica familiar tenebrosa.

Também pode explicar por que profetas e apóstolos tendem a ser da mesma família e que a grandeza também é hereditária. Finalmente eu percebi que essa foi a mensagem de toda essa experiência; ou seja, para ver como a escuridão infesta a mortalidade através de mal "anjos" e como a luz é amplificada em nossas vidas através da obediência a Deus e do ministério de anjos de luz. Comecei, assim, a ter um vislumbre de como as escolhas das pessoas faziam com que isso acontecesse.

A Luz, as Trevas e a Terra

Eu vi que a própria Terra havia sido criada perfeita e que ela está cumprindo a medida de sua criação. Tudo a respeito dela — seu posicionamento no universo; a distância do sol; a vida, frutas e sua beleza — tudo foi criado e mantido pela presença constante da luz de Cristo.

As pessoas instituíram os governos, as falsas religiões, a falsa ciência e falsos ensinamentos. Eles edificam as cidades onde o mal prospera facilmente e fornecem universidades e escolas para promover tais coisas — todas as "filosofias de homens," suas mentiras, suas religiões, suas racionalizações e pecados. À medida que estas construções e corrupções do homem se espalham pelo globo, elas cobrem o mundo com a escuridão, e a Terra responde com agitação, devastações, inundações, fomes, peste e morte.

Tudo isso age como se fosse uma nuvem de escuridão que se espalha por toda a face da Terra, diminuindo a luz de Cristo que cobre a terra. Isso diminui o poder que mantém a Terra em ordem e como uma habitação apta para a humanidade.

Há um processo dado à Terra pelo qual ela se purifica. Quando o mal domina, as convulsões, pragas e desastres naturais começam em locais aleatórios. Quando o mal se torna tão grande que a luz de Cristo é escurecida, o planeta produz erupções, mudanças extremas no clima, tempestades, inundações, terremotos e outros eventos destrutivos. Há uma correlação direta entre as escolhas dos mortais e a condição da Terra. Essa é a razão porque haverá tantas catástrofes naturais e morte causada por esses atos da natureza nos últimos dias — porque a humanidade nessa altura cobriu totalmente a Terra com a escuridão.

Isso não quer dizer que um terremoto ou inundação seja como um míssil apontado em direção ao mal; ou seja, que os lugares onde acontecem catástrofes precisam de mais limpeza.

Toda a humanidade sofre quando a escuridão reina.

Enoque viu a Terra chorar, porque em seus dias, ela estava sobrecarregada e coberta pela iniquidade. Ela queria livrar-se do mal e descansar como se durante o milênio.

Se ela estava cansada e doente nos dias de Enoque, imagine como ela está hoje.

Imediatamente após essa visão da Terra e dos efeitos da luz espiritual e da escuridão, a cena mudou mais uma vez.

Eu comecei a ver a Terra passar pelas destruições profetizadas sobre os últimos dias. A primeira coisa que vi foram os sinais da Segunda Vinda sendo manifestados na Terra. Esses sinais estavam sob a forma de eventos nos céus e na terra. Os mais visíveis desses sinais foram as constantes catástrofes naturais. Outros sinais eram interpretados erroneamente pela humanidade que, de acordo com ela mesma, tinham tais sinais como sendo inesperados, mas mesmo assim não passavam de perturbações normais na terra e de eventos celestiais entre as estrelas e os planetas.

Eu podia ver a maldade aumentar nos corações da humanidade. Eu vi que a Terra estava em grandes apuros. Estava sofrendo, morrendo, perdendo sua capacidade de sustentar a vida na sua superfície. Foi como uma flor tropical que tinha sido movida para um porão desprovido de toda a luz e estava morrendo na escuridão. Ela não podia viver sem a luz que deu vida a tudo e a fez linda e útil ao homem. Cada parte da Terra estava passando por grande tribulação.

Voando Por Sobre a América

Eu comecei a mover-me sobre o mundo, voando como se eu estivesse em um helicóptero veloz, bem perto da terra. Eu podia ver cada detalhe abaixo de mim. Eu não estava numa máquina voadora, é claro, mas observei a Terra sob esse ponto de vista. Meu companheiro espiritual estava comigo e guiava nosso voo. Nós entramos e saímos das cidades na América do Norte.

Eu vi que, independentemente da época que me estivesse sendo mostrada, a estrutura financeira do mundo tinha desmoronado completamente. Todos os bancos tinham fechado e o dinheiro não tinha mais valor. As pessoas estavam aprendendo a negociar e a trocar. As fábricas e as indústrias estavam virtualmente paralisadas. Não havia nenhuma matéria-prima e nem dinheiro para pagar aos trabalhadores. As fábricas e as empresas multinacionais de repente fecharam suas portas.

Todos os serviços de infraestrutura, como os que forneciam a água, a eletricidade e o gás estavam num estado caótico.

As pessoas tentavam manter funcionando tudo o que atendia às necessidades básicas da vida, mas tais serviços eram esporádicos. Havia apagões em toda parte e, alguns deles duravam muitos meses. Quase toda a água não era boa para se beber por causa de atentados de guerra contra este país. O sofrimento era generalizado.

Meu voo sobre a América do Norte começou em Salt Lake City. Havia ocorrido um grande terremoto nessa área no outono daquele ano. Eu tentei descobrir em que ano isso ocorreu enquanto ainda eu estava na visão, mas não consegui. Busquei por um calendário ou data. Olhei os relógios das pessoas para ver se mostravam o ano. Não pude saber quando essas coisas iriam acontecer. Tudo que posso dizer é que Salt Lake City parecia-se muito, naquela visão, como quanto se parece hoje. Havia modelos de automóveis que não reconheci e outras pequenas mudanças, mas posso considerar isso como tendo acontecido em um futuro não muito distante.

A falha na crosta terrestre que passa ao longo das montanhas Wasatch mudou drasticamente, causando grandes danos às cidades alinhadas junto às montanhas. Na terceira parte desta experiência, que eu relatarei no capítulo seguinte, eu voltei a Salt Lake City e encontrei-me em minha própria vida, em meu próprio corpo, passando por esses acontecimentos. Então, eu voltarei a esses eventos quando eu os relatar na terceira parte desta visão.

A Primavera Seguinte

Eu vi que na próxima primavera após a destruição em Utah, houve outra série de terremotos devastadores que ocorreram ao longo da costa oeste da América do Norte e do Sul. A costa oeste da Califórnia, do México até a ponta da América do Sul, foi abalada de tal maneira que muito do que se separou do continente formou uma série de ilhas ao largo da costa. A água do mar encheu os desfiladeiros entre a terra e as ilhas. Grandes cidades foram sacudidas até o seu desmoronamento, com as áreas afastadas da costa sofrendo menos danos. O mesmo tremor continuou da costa do Canadá até o Alasca. Não vi os efeitos dos terremotos ao norte dos Estados Unidos, mas presumo que a destruição alí foi semelhante.

Esse terremoto enviou ondas gigantescas por todo o mundo. Não me foi mostrado o que ocorreu na América do Sul, Europa, Ásia ou África, mas presumo que se tratou de uma catástrofe mundial.

De acordo com os eventos que relatarei no próximo capítulo, eu presumo que Europa não fora tão afetada pelos terremotos como a América do Norte, porque os países europeus enviaram grandes quantidades de ajuda humanitária e suprimentos para a América após os terremotos.

Dois Meses Mais Tarde

Cerca de dois meses depois, outro terremoto abriu um desfiladeiro, nas proximidades de onde o rio Mississippi está agora - embora tenha se desviado para o leste mais para aonde o Mississippi atualmente funde-se com o rio Ohio. Ele seguiu o rio Ohio até a área dos Grandes Lagos. O rio Ohio e o restante do rio Mississippi mudaram de curso para fazer parte desse desfiladeiro. Ele criou um novo e enorme sistema de lagos e rios nas cercanias de onde o Rio de Mississippi está agora. Este desfiladeiro, basicamente, criou um lado leste e um lado oeste dos Estados Unidos, os quais fariam parte de uma intriga internacional mais tarde.

Eu em seguida "voei" sobre a parte inferior da Califórnia em direção ao Golfo do México. Quase toda a Califórnia estava em ruínas, cuja destruição foi menor na parte mais afastada da costa. Eu vi que uma grande massa de terra tinha emergido do Golfo. Ela se estendia do México para a Flórida e consistia de algumas grandes ilhas que tomaram o lugar da água do Golfo. Não me lembro de ter olhado em direção a Cuba. Em alguns lugares, o novo pedaço de terra uniu-se ao México, Texas e Flórida; mas havia também uma grande hidrovia que separava a América da maior parte das "novas terras".

Não vi de onde vinha a terra. Ou ela ergueu-se do solo submerso do Golfo ou foi empurrado na direção norte pelos terremotos ocorridos na América do Sul. A terra não era totalmente estéril e grande parte dela contavam com árvores e outras vegetações. Algumas partes consistiam apenas em ilhas lamacentas. Fico perdido ao tentar explicar de onde veio àquela nova terra.

Essa grande massa de terra criou uma onda que produziu uma grande devastação na direção norte até Chicago.

Cerca de dois terços do Golfo eram agora uma série de grandes ilhas. Não vi o estrago que isso causou em todo o mundo, mas suponho que tenha sido extenso.

Eu, então, "voei" por toda a parte superior da Flórida e pela costa leste dos Estados Unidos. Os terremotos não tinham chegado ali tão fortemente, assim as infraestruturas estavam mais intactas. Mas tinha havido um ataque biológico, e houve mais mortes nas regiões leste e nordeste do país do que nas áreas atingidas pelos terremotos.

Eu vi corpos empilhados nas praças e nas cidades abandonadas por causa do cheiro causado pela morte. Havia gangues saqueando e roubando as pessoas em todas as grandes cidades. Eles matavam a todos os que encontravam a fim de preservar os recursos restantes. Era como sobreviventes em um bote salva-vidas, jogando o mais fraco entre eles ao mar a fim de deixar comida e água suficiente para os mais fortes. Era uma cena horrível.

A cena era violenta e repugnante. Enquanto esse livro estava sendo escrito, me foi mostrado o texto da visão do Presidente John Taylor acerca de eventos similares, onde a fome e morte estavam por toda parte. Eu fiquei assustado com as semelhanças, embora o sofrimento fosse mais graficamente visto na visão da Presidente Taylor. (Consulte o apêndice A para o texto completo do sonho).

Tropas Estrangeiras

Eu vi as tropas estrangeiras desembarcando nas costas leste e oeste da América. Havia dezenas de milhares delas. Elas vieram em navios de grande porte, alguns deles usados no passado para cruzeiros, com navios da marinha escoltando-os. Elas desembarcaram com milhares de veículos, a maioria deles carregados com suprimentos de primeiros socorros, mas também com grandes tanques e lança-mísseis. As tropas usavam capacetes azuis, e presumi que eram tropas internacionais de resgate. Meu corpo mortal é daltônico, e não sei se eu vi a cor de seus capacetes corretamente na visão. Não vi muitas tropas nas grandes cidades como Boston, Chicago e Nova York, porque não havia quase ninguém lá para socorrer. Aqueles que não morreram caminhavam rumo ao oeste para escapar das cidades.

Na Califórnia, alguns americanos tentaram lutar contra as tropas porque eles os viam como invasores. Houve algumas lutas onde a população local perdeu as batalhas e foram subjugados. As tropas estrangeiras não puniram os sobreviventes; eles só lhes pediam para cooperar, alimentando e libertando-os. Isso fez com que as pessoas os aceitassem. Vi também que as tropas estrangeiras tinham chegado com a expectativa de que eles teriam que matar os locais, mesmo que os americanos estivessem sem condições de resistir.

Capítulo Sete

TRIBULAÇÃO E PLENITUDE

Terremotos e Enchentes

Depois disso, percebi que eu estava em meu corpo, parado na garagem subterrânea do Edifício dos Escritórios da Igreja. O que quero dizer quando digo "no meu corpo" é que eu não estava mais "voando" pela América do Norte, mas eu estava agora participando da visão. Mais uma vez tudo parecia real para mim. Eu estava ciente de todos os meus sentidos e estava experimentando essas coisas em perfeito detalhe. Como na vida cotidiana, eu estava sujeito aos eventos ao meu redor.

Mesmo o que eu ví em seguida ainda não havia ocorrido, mas eu, no entanto, estava lá, vestido em um terno, com minha pasta na mão e andando no estacionamento subterrâneo, tão familiar para mim. Eu tinha estacionado lá muitas vezes durante as reuniões que havia participado, devido ao meu chamado.

Naquela nova situação, lembrei-me que eu estava saindo de uma reunião com um membro do Quórum dos doze. Eu estava me sentindo muito bem, com o Espírito Santo calorosamente sobre mim. Eu tinha acabado de chegar ao meu carro, que era um veículo diferente daquele que atualmente dirijo (em 2011). Eu estava prestes a abrir a porta do carro, quando o chão começou a tremer violentamente.

Eu pensei: *"Esse é um terremoto forte! Não tenho tempo para sair desta garagem com meu carro! O prédio vai cair em cima de mim antes que eu possa sair!"*

Eu estava a apenas a uns sete metros da saída, então eu larguei minha pasta e corri para a rua. O chão estava se mexendo violentamente debaixo dos meus pés. Caí muitas vezes mas, ao me levantar, percebia que não estava ferido. Cheguei até a Rua North Temple, e vi água jorrando de baixo do solo.

Eu tenho que fazer uma pausa na minha narrativa por um momento para explicar que durante toda minha vida eu estive doente, e o fato de correr até mesmo aquela curta distância teria normalmente me esgotado. Mas, nessa visão, eu não estava cansado ou ferido devido às repetidas quedas e também não sentia medo algum. Eu percebi que eu estava diferente; meu corpo tinha, de alguma forma inexplicável, sido renovado. Apesar de tudo isto parecer real, eu sabia que eu estava experimentando uma visão, e me perguntava se o meu novo corpo era um efeito da visão. Eu não entendi, até muito tempo mais tarde, o que estava sendo mostrado.

Agora, de volta à Rua North Temple. O terremoto havia partido as ruas, e nessas rachaduras, a água era lançada em direção ao céu. A água também estava jorrando pelas tampas de esgoto e pelas rachaduras na terra. Ela saía com tanta força que esguichava por todo o lado, molhando-me completamente. Era água doce, surpreendentemente limpa e transparente. Em toda a parte, havia gêiseres de água esguichando no ar com um rugido ensurdecedor. Eu me perguntei, "De onde vem toda essa água?" Só pude adivinhar a resposta a esta pergunta.

Virei-me na direção leste e corri morro acima. A água estava rugindo na Rua North Temple em uma inundação, que crescia mais e mais a cada momento. A água estava agora na altura de minhas canelas, e eu corri contra a correnteza com uma energia surpreendente. O lado leste de Salt Lake City fica a centenas de metros de altitude acima do local aonde fica o templo, e eu estava correndo para um terreno mais alto.

O chão continuou a sacudir e eu caí muitas vezes mas, todas às vezes, eu saia ileso. Eu vi carros com pessoas dentro sendo varridos na rua juntamente com móveis, pedaços de casas, corpos e lixo de todo tipo. Era uma cena chocante. Não havia nada que se pudesse fazer para ajudá-los. Caí mais uma vez e fui arrastado por um redemoinho da inundação. Eu me segurei aos materiais que flutuavam enquanto mantia a cabeça acima da água.

Durante todo esse tempo eu me perguntava sobre de onde estava vindo toda aquela água. A água jorrava a cerca de três metros no ar. Era tudo surpreendente.

Encontrei-me flutuando na direção oeste - rumo à antiga estação de trem Union Pacific. Havia pessoas em pé nas escadaraias, olhando para inundação ao redor do prédio, tentando ajudar a quem quer que passasse por perto. Boiei na direção deles até que alguém me puxou para as escadas e outros me ajudaram a me levantar. Percebi que minhas calças tinha se sido rasgadas completamente. Eu estava sem sapatos. Então ali estava eu: de camisa, gravata, meias e roupa íntima.

O interior da estação de trem foi inundada por cerca de trinta centímetros de água, que caiu para apenas alguns centímetros, como o passar das horas. Os sobreviventes que se encontravam comigo incluíam, mulheres, crianças e homens. Nós assistimos à inundação até o pôr do Sol. Percebemos que íamos passar a noite na estação, e nós tentamos preparar um lugar seco aonde pudéssemos dormir. Nós tentamos colocar a água para fora dos lugares que precisávamos, e colocamos cobertores debaixo das portas para tentar segurar a água que ainda estava escorrendo. Para mim a estação ferroviária parecia como um barco prestes a afundar. Ainda havia alguns centímetros de água correndo sobre os túneis.

Encontramos lugares secos e nos sentamos sobre os bancos de madeira para tentar nos secar. Lembro-me de sentir muito muito frio e de tentar dormir nesses bancos. Em uma das áreas de armazenamento, encontramos alguns cobertores pequenos, provavelmente sobras dos dias dos trens de passageiros. Também encontramos pequenos travesseiros anteriormente usados para dormir no trem. Nós nos amontoamos e tentamos nos cobrir com eles.

Alguém encontrou um local cheio de macacões de trabalhadores. Eles tinham uma cor azul-desbotada, e pareciam com uniformes de faxineiros. Eles estavam limpos, mas não eram novos. Também encontrei um par de sapatos que quase cabiam nos meus pés.

Na manhã seguinte, nós vimos que a água da enchente estava baixando. Havia um monte de poças de água e uma incrível variedade de destroços por todos os lados, incluindo cadáveres e partes de corpos, uma cena bastante perturbadora.

Tentei ajudar aqueles que estavam na estação de trem, buscando por coisas que atendessem às nossas necessidades imediatas. Alguém encontrou uma cozinha e uma espécie de farinha, a qual nós misturamos com água e a comemos fria com os dedos. Todos os serviços de telefonia fixa e de celular haviam caido. Não havia eletricidade nem água corrente e, assim, nós estávamos literalmente "ilhados".

Aproximadamente às duas ou três horas da tarde, eu decidi caminhar até a minha casa. Deveria ter me levado a metade de um dia, em circunstâncias normais, mas minha viagem levou três dias inteiros por causa da devastação, do rompimento de estradas, edifícios e árvores caídas.

Eu tive que fazer muitos desvios. Todas as vezes que encontrava alguém que precisasse de ajuda, eu parava para ajudá-los em seus esforços. Elas me ofereceram comida e assistência no meu caminho em direção à minha casa.

A devastação era incrível e aterrorizante, mas não havia saques ou demonstrações de egoísmo. A cidade tinha mudado; os antigos marcos haviam desaparecido.   Encontrei-me desorientado porque as placas, os prédios e até mesmo as árvores que eu usava para guiar-me por muitos anos rumo a minha residência tinham agora desaparecido. Tive que pedir direção e descobrir quais ruas estavam abertas. Tive que ir em direção ao sul, por uma longa distância, antes que eu pudesse novamente virar para o leste por um tempo e, depois, para o norte aonde se encontrava minha casa. Provavelmente caminhei por uns trinta quilômetros para percorrer um percurso em que, normalmente, teria percorrido em oito.

Olhei para cima e vi que a montanha po detrás da cidade havia des-moronado.   Os topos das montanhas tinham caído sobre as partes superiores da cidade, enterrando a maioria das grandes casas edificadas nas colinas abaixo.

Quando finalmente cheguei ao meu bairro, fui até a rua aonde morava. Eu não podia ver nenhuma vivalma por onde quer que eu olhasse. Todos haviam abandonado seus lares. As casas tinham sido deslocadas dos seus alicerces. Minha casa estava tão retorcida que, da rua, eu podia enxergar o porão. Eu percebi que ela não tinha mais condição de ser habitada e que seria até perigoso entrar nela. Não encontrei minha esposa ou nenhum membro da família. Eu voltei mais tarde e, com a ajuda de outra pessoa, desci até o porão para recuperar algum alimento e coisas pessoais, mas nunca entrei na parte superior da minha casa. Eu simplesmente fui embora.

O terremoto todo durou apenas de seis a oito minutos, mas parece-ram horas. As águas da inundação subiram por cerca de oito horas e em seguida começaram a baixar. Depois disso, a água permaneceu nas ruas concentrando-se durante várias semanas nos lugares mais baixos. As poças de água rapidamente tornaram-se fétidas e sépticas. Parte da água que inundou a cidade de Salt Lake havia vindo da cidade de Bountiful. Eu não sabia se algum reservatório havia se rompido ou qual seria a causa daquilo.   Houve inundação ao sul, próximo deonde corre o rio Jordan e, também, como presumo, ao longo do Lago Utah devido ao rompimento dos reservatórios situados acima da cidade de Provo e outras áreas.

Toda aquela água foi escoada para o grande Lago Salgado, deslocando a água salgada para o deserto a noroeste do lago.

O lago agora tinha pelo menos duas vezes o seu tamanho e havia subido cerca de quatro metros. As casas e chácaras nas áreas mais baixas haviamdesaparecido. Em alguns lugares, a água cobriu a estrada interestadual I-15. A área inteira do aeroporto foi inundada, e levou meses até que os aviões militares pudessem lá pousar. Não creio que os serviços aéreos comerciais foram restaurados.

A maioria dos habitantes da área, em geral, não acreditava que se tratava de um "sinal" da vinda de Cristo. Eles só consideravam aquilo como sendo uma catástrofe natural. Um grupo forte continuou a ouvir ao Espírito Santo e também a acreditar e a interpretar corretamente os "sinais" que estavam vendo. Mas havia muitos, tanto na Igreja como como fora dela, que estavam com raiva, desesperados e com pouca esperança.

A liderança da Igreja foi afetada tão igual e duramente quanto a população em geral e, já que a infraestrutura e toda a comunicação havia sido danificada, levou várias semanas até que pudéssemos receber alguma noticia oficial da Igreja. Os membros dos Doze Apóstolos e de outros quóruns, que estavam viajando, ficaram separados pelo colapso da nossa comunicação com o resto do mundo. A primeira coisa que soubemos da Igreja foi de que alguns dos alimentos que recebemos das tropas estrangeiras tinham o logotipo da Igreja. Isto nos confortou, mas mesmo assim demorou semanas para ter certeza que a liderança da Igreja e de sua organização local e internacional não tivessem completamente desaparecido.

Não sabíamos se o Profeta ou qualquer um dos Doze Apóstolos havia sobrevivido. Isto deixou muitas pessoas assustadas e levou alguns a se erguerem e a tentarem reorganizar a Igreja de acordo com suas próprias ideias.

Aqueles que tinham o Espírito sabiam que os processos de reestruturação da Igreja e de restauração dos quóruns do sacerdócio estava em andamento, mas não sabíamos quase nada dos detalhes. A reorganização da igreja foi prejudicada, inicialmente, por não saber quem tinha sobrevivido em Salt Lake City e em todo o mundo.

Sem a voz do Profeta entre nós, um sentimento de discórdia e contenda cresceu na Igreja. Pessoas ficavam com raiva sobre quase tudo, e alguns eram egoístas com os recursos restantes. No entanto, muitos, através de toda essa discórdia e contenda, eram valentes e fiéis.

As igrejas locais de todas as denominações, incluindo as estacas e alas, responderam às dificuldades daquela ocasião, organizando os esforços de ajuda entre as pessoas como moradia, alimentação, proporcionando conforto e segurança. A Igreja tinha um papel proeminente no esforço de reconstrução, pelo fato dela e de seus membros estarem tão bem preparados, mas todas as outras igrejas se uniam em um único esforço.

Eu estava entre aqueles que iam de porta em porta, desenterrando os vivos e enterrando os mortos. Às vezes fomos inspirados a dar bênçãos do sacerdócio, e aqueles que tinham fé foram salvos, alguns com recuperações miraculosas. Mas, na maioria das vezes, nós enterramos os mortos e trouxemos comida e água para aqueles que necessitavam.

Fiquei realmente impressionado ao saber sobre o número de bons membros da Igreja que tinham pouco ou nenhum armazenamento de alimentos. Não era nosso papel julgá-los. Aqueles que tinham fé, que tinham armazenado comida, compartilharam-na livremente e uniram-se na obra de salvar aqueles que sofriam e na preparação para o inverno que rapidamente se aproximava. Nós corremos para proteger as casas afetadas e para encontrar meios de aquecimento. Usamos os materiais de casas danificadas para reparar aquelas que ainda estavam de pé. Muitas famílias moravam na mesma casa. Foi um esforço extraordinário!

Nessa época, uma grande coluna de veículos militares chegou à cidade. Eles tinham vindo para ajudar. Esse militares usavam capacetes azuis e tinham insígnias internacionais em suas portas, capacetes e uniformes. Nossos líderes cívicos locais tinham tentado organizar os esforços de ajuda, mas esses esforços expiraram quando as tropas estrangeiras assumiram o comando. Somente a Igreja e nossos amigos cristãos mantiveram-se organizados e comprometidos.

As tropas estrangeiras eram de muitas nações. A maioria dos grupos não falava inglês. Houve grupos que pareceram asiáticos. Nós não podíamos distinguí-los pela sua língua ou uniformes, porque estavam todos vestidos iguais. Havia tropas de países europeus também, mas nenhum, até aonde possa me lembrar, era da Inglaterra. Havia também soldados americanos do que restava das forças armadas dos EUA. Dependendo de sua posição, eles eram às vezes os líderes dessas divisões; mas na maioria das vezes eles não eram.

Eles vieram em grandes caminhões, de aparência bem estranha — muito maior do que aqueles presentemente usados pelos nossos militares. Alguns dos caminhões tinham quatro ou cinco eixos e eram demasiado largos para se dirigir numa única faixa de uma rodovia. Eles tinham vindo da costa oeste da Califórnia e fizeram o seu caminho através de uma grande área de devastação. Estes veículos estavam cobertos de lama e mostravam evidência de que haviam sido grandemente usados, mas, pareciam robustos e confiáveis. Os caminhões eram carregados com uma grande quantidade de carga — alimentos, suprimentos médicos, combustível e outras necessidades.

Nós estávamos gratos ao vê-los chegar, mas ao mesmo tempo ficamos preocupados. Eles tomaram conta de várias escolas, transformando-as em sedes de comando, e usaram os ginásios para armazenar seus suprimentos, os quais eram vigiados de perto. Também montaram hospitais com médicos. Eles logo ficaram sobrecarregados com a quantidade de feridos.

Aqueles dentre nós que não estavam machucados se ofereceram para ajudar com o trabalho. Eles ficaram surpreendidos pela grande quantidade de pessoas que vieram ajudar. Eles nos receberam e nos deram luvas e casacos. Eles encontraram maquinário pesado e logo começaram a cavar grandes covas nos pátios das escolas.

Havia muitas pessoas entre nós que tinham sido missionários em terras estrangeiras, e por isso fomos capazes de nos comunicar com estes recém-chegados. Eles nos informaram que grande parte da Europa, Ásia e África havia sido poupada dos principais efeitos dos terremotos e maremotos. A maioria da devastação tinha ocorrido na América do Norte e do Sul. Eles disseram que tinham chegado à Califórnia em centenas de navios e que, imediatamente após sua chegada, haviam trabalhado com essas pessoas para estabilizar a situação; após o quê vieram em direção ao leste. Disseram-nos que uma grande campanha de ajuda tinha chegado à costa leste e estavam dirigindo-se em direção ao oeste. Ficamos sabendo que todas as grandes cidades por onde eles passaram tinham sido devastadas. Eles relataram, tal como eu tinha visto durante a minha visão "sobrevoando" o país, que o litoral da Califórnia tinha se separado em uma série de ilhas.

Também nos disseram que mais tropas e suprimentos de todo o mundo estavam a caminho. Eles disseram: "a América sempre foi generosa na ajuda humanitária, e agora é nossa vez de ajudar." Eles pareciam genuínos no seu desejo, mas eu não podia ver luz em seus rostos, e sinceramente, não confiava em seus objetivos de longo prazo. Acho que a maioria de nós se sentiu assim.

Não muitos dias depois aós sua chegada, eles começaram a limpar as ruas de entulho e carros virados para que os esforços de ajuda pudessem mover-se mais eficientemente para o sul. Eu estava em um dos primeiros grandes caminhões quando nos dirigimos para o sul para ver o quão longe podíamos ir por dentro de Salt Lake City, e que tipo de ajuda era necessária lá.

Inicialmente os estrangeiros e, especialmente, alguns soldados americanos ficaram impressionados com o que a Igreja tinha realizado. Eles disseram que em nenhuma outra cidade por onde eles tinham passado, até aquele momento, tanta coisa tinha sido feito ou estava melhor preparada para um desastre dessa magnitude.

Essas novas tropas foram de grande ajuda para nós em nossos esforços de recuperação.

Eles não levaram muito tempo para começar a se organizar e logo havia equipes de socorro, subindo e descendo as ruas, fornecendo a assistência necessária aos cidadãos. As tropas também deixaram Salt Lake City e continuaram indo para o sul. para a área de Utah Valley, que foi também duramente atingida pelos terremotos mas que tinha experimentado apenas pequenas inundações localizadas – devido aos danos causados nos reservatórios.

As equipes locais de socorro juntaram-se com vários grupos dessas tropas estrangeiras. Nós trabalhamos com eles indo e vindo em seus veículos até às áreas necessitadas. Nós entramos pelas ruas laterais, através das áreas residenciais, próximo ao Immigration Canyon. Nós paramos em cada casa, para ajudar as pessoas, prometendo que outras equipes de resgate estavam caminho, vindo logo atrás de nós. Nós estávamos ainda numa área residencial, a alguns quilômetros do Point of the Mountain, quando percebi que tinha algo errado à nossa frente. Não havia mais árvores ou postes de luz em direção ao sul. Diminuímos e nos aproximamos com cautela. Não acreditamos em nossos olhos. À nossa frente, a terra tinha afundado.

Eu fui até à beira e olhei para o buraco baixo. Suponho que o solo havia caído por uns vinte metros ou mais. A área abaixo estava totalmente submersa na água, com uma destruição total. Nada do que vimos tinha sobrevivido.

Ficamos lá, ponderando por um longo tempo, até que o líder militar nos disse que era hora de irmos embora. Nós nos afastamos e saímos. O Sol estava se pondo da maneira mais linda que eu jamais tinha visto. A atmosfera estava cheia de pó, produzindo os mais profundos e imagináveis vermelhos e laranjas. Estávamos acabando de nos retiraro quando uma hipótese se formou em minha mente.

O epicentro do terremoto não tinha sido no centro de Salt Lake City mas aqui, aonde esta camada de terra havia cedido. Aparentemente aquela região abrangia um enorme lago subterrâneo. Há uma grande falha que corre ao longo da base da montanha e falhas menores perpendiculares àquela. Aparentemente uma dessas fraturas na direção Leste-Oeste tinha cedido fazendo com que esta massa de terra caísse dentro do lago subterrâneo. Sem lugar para ir, a não ser para cima, a água seguiu as fissuras do terremoto e entrou pela tubulação de drenagem jorrando água no centro da cidade. Não sei se isso foi o que realmente aconteceu, mas isso seria uma possível explicação para a água que veio do subsolo.

Esta área que havia cedido finalmente formou um novo lago de água doce que desembocava no rio Jordan e, em seguida, para o grande Salt Lake, que agora estava cheio com água doce.

Levou duas semanas para que a água pudesse escoar para fora da cidade. Seguimos continuamente o recuo da água, trazendo os socorros e enterrando os mortos. Quando finalmente vimos o templo de Salt Lake e o Centro de Conferências, achamos que o templo tinha sido inundado a cerca de oito metros de altura, até as janelas redondas. O templo ainda parecia majestoso e sólido. O antigo Tabernáculo tinha desaparecido. Só os alicerces e parte do madeiramento permaneceram. O Edifício Memorial Joseph Smith e o Edifício dos Escritórios da Igreja ainda estavam de pé, mas houve danos causados pela água nos pisos inferiores.

O Centro de Conferências tinha sobrevivido com danos da inundação nas áreas de estacionamento e salas inferiores. O auditório principal havia sido parcialmente inundado, mas a maior parte foi recuperada facilmente.

A inundação recuou tão rapidamente que ninguém ficou preso nos edifícios mais altos mais do que alguns dias.

Uma Praga Devastadora

Nessa época, uma praga devastadora varreu o país. Ela chegou em três ondas. Cada onda era mais contagiosa, matando pessoas mais saudáveis e mais rapidamente. Ela varreu a América do Norte e do Sul e se espalhou por todo o mundo, matando a bilhões. Mas as tropas que chegaram pareciam ser imunes a ela, embora alguns deles também morressem. Do total da população existente antes do terremoto, eu estimei que 25 por cento morreu devido à praga. Eu sabia, enquanto "sobrevoando" o país, que a peste tinha sido feita pelo homem e que as tropas tinham sido vacinadas contra ela, mas demorou muitos meses antes que os sobreviventes da praga percebessem a sua verdadeira origem. Eu vou falar mais sobre essa praga no próximo capítulo.

A anarquia começou a diminuir à medida que os criminosos foram capturados e imediatamente executados pelas tropas. Eles não tinham qualquer respeito por direitos civis ou, até mesmo, pelos direitos humanos. Eles tinham uma tarefa a executar e eles o fizeram recorrendo à força-bruta e à pouca empatia que, pelo menos no início, poderia realmente ter sido necessária naquela situação.

Quando as tropas chegaram à área de Salt Lake City, eles elogiaram a Igreja e demonstraram surpresa com o progresso do socorro prestado e com os esforços de restauração do local.

Mas ao longo das semanas, eles se tornaram cada vez menos tolerantes. Eles começaram a se aproveitar de qualquer caos existente. Por causa do colapso da autoridade civil, a Igreja tornou-se o único grupo organizado de pessoas. A Igreja tinha assumido o comando de reconstrução e de reorganização e não parou só porque os esforços de socorro haviam chegado. Esta foi a primeira cidade em que as tropas tinham entrado onde o controle dos assuntos civis não lhes foram entregues.

A organização da Igreja parecia frustrar seus planos de estar no controle. Em pouco tempo tornou-se aparente que seu objetivo principal era estabelecer seu próprio governo no lugar de governos estaduais e locais. Ao encontrarem a Igreja organizada e funcionando como um governo, isso frustrou seus planos, e também criou uma divisão em sua organização, em grande parte, pela nacionalidade de seus integrantes.

As poucas tropas dos EUA que estavam entre eles recusaram-se a agir contra a Igreja, assim como muitos da Europa. Um bom número das tropas que resistiram eram compostas de membros da Igreja. As tropas da Ásia não foram dissuadidas e, posteriormente, decidiram que a Igreja era um inimigo que tinha que ser retirado ou destruído. Mas eles não poderiam proceder com essa destruição devido às tropas que deles discordavam , ou devido ao fato de que quase toda a população restante era feita de membros da Igreja, ou pelo débito que tinham para com ela por suas vidas e bem-estar.

Uma quantidade considerável de propaganda impressa começou a aparecer do que parecia ser o que sobrou do nosso Governo Federal. Eles proclamaram com grande ênfase que este era o início de uma "nova ordem mundial." Eles alegaram que tudo tinha mudado no mundo. Pela primeira vez na história, os Estados Unidos já não eram capazes de satisfazer suas próprias necessidades básicas, e o resto do mundo nos dava as boas-vindas a este novo mundo. A lógica que eles usaram foi, "por que eles estariam aqui com comida e medicamentos, em vez de com armas e bombas." Nosso governo parecia estar pedindo a todos os cidadãos dos EUA a se submeter e aceitar as mudanças na autoridade civil.

Não demorou muito tempo para que a maioria das pessoas chegasse à conclusão de que nosso Governo Federal já não existia e que essa propaganda era proveniente das tropas estrangeiras.

A atitude de quase toda a gente mudou quanto à sua percepção das tropas estrangeiras - de vê-la como uma fonte de ajuda para vê-la como uma força de invasão.

Houve um enorme crescimento local de resistência e desconfiança. Especialmente na área de Utah, aonde as pessoas os observavam como tendo vindo para destruir nossas liberdades e nossa Igreja — o que findou por ser verdade. Algumas pessoas começaram a desobedecer calmamente suas novas "leis". No entanto, aqueles que estavam em sintonia com o Espírito Santo percebiam que resistir a essas tropas não era a vontade do Senhor. Ele tinha sua própria agenda, e aqueles que obedeciam a Ele observavam e esperavam por instruções do Senhor.

Primeiramente as tropas estrangeiras empreenderam uma campanha de propaganda, tentando destruir a confiança do povo na Igreja. Isso foi feito através da publicação de mentiras e acusações. Eles se infiltravam nas reuniões locais ou pagavam pessoas para obter informações sobre o que estava acontecendo nas alas e estacas locais. Então, eles criavam algum tipo de tumulto, só para ver quem era leal à Igreja e quem era fiel às autoridades estrangeiras.

Eles aprovaram leis declarando que a Igreja não tinha autoridade em assuntos civis. Eles, então, falsamente acusaram e prenderam os principais líderes por se envolverem em assuntos cívicos. Aqueles eram crimes contra as novas leis. Alguns desses líderes foram publicamente executados, fato esse que degradou dramaticamente os sentimentos das pessoas em relação às tropas. Em um curto período de tempo, eles efetivamente afastaram a Igreja de todos os assuntos públicos. Sendo que eles não podiam distinguir um "Mórmon" de outra pessoa somente pela aparência, eles tornaram um crime que qualquer americano tivesse uma posição de autoridade em assuntos civis.

Algumas pessoas se tornaram rebeldes e, juntamente com as tropas que tinham desertado das forças estrangeiras, se mudaram de suas casas até às montanhas. Eles levaram armas e provisões com eles e, periodicamente, atacavam aquelas tropas. Seus esforços não foram inspirados e eles logo foram mortos, capturados ou retornaram e se misturaram com o resto da população. O restante do povo silenciosamente voltou sua atenção para a oração e fé, e eles deram ouvidos a liderança da Igreja. A Igreja começou a operar em silêncio para cumprir a missão do Senhor e não temia as tropas, mas também não os provocava.

Eu nunca vi um grupo oficial de soldados dos EUA ou da Guarda Nacional. Mais tarde descobri que armas atômicas tinham sido implantadas para destruir as principais instalações de defesa em por toda a nação e mesmo em Utah. O primeiro ataque contra os Estados Unidos veio sem provocação.

Nessa época, a mesma praga que havia devastado a costa leste chegou a Utah, à medida que se espalhava por toda a nação. As tropas estrangeiras tinham trazido equipamento contra ameaças biológicas, como se eles estivessem aguardando uma praga, e poucos deles ficaram doentes. Como eu disse antes, nós descobrimos mais tarde que a praga foi feita pelo homem, e as tropas tinham sido inoculadas contra o patógeno que causou a peste.

As tropas estrangeiras estavam preparadas de outras maneiras. Eles tinham imprimido pôsteres[1] que deveriam ser fixados na porta da frente de todas as residências. O sinal consistia de um círculo preto com uma linha diagonal através dele, dentro de uma coroa de flores. O sinal tinha a

---

1 Quando Spencer descreveu este cartaz da Praga para mim, eu não podia imaginá-lo em minha mente. Pedi-lhe que fizesse um esboço dele e percebi que ele estava desenhando a grinalda das Nações Unidas, e o círculo com a linha diagonal era um símbolo internacional para "não". Eu desenhei a imagem e mostrei a Spencer. Ele disse "Onde você encontrou isso?" Eu perguntei, "Está correto?" Ele respondeu: "é exatamente como me lembro! Onde você achou?" Como o desenho foi aparentemente preciso, pensei que seria de valor incluí-lo no livro. É também de grande interesse que, na visão de John Taylor, registrado no Apêndice A, no final deste livro, ele descreve ver emblemas ou sinais de luto em cada porta, "em toda a terra e em todos os lugares."

palavra "Praga" em letras vermelhas impressas atrás da linha preta. Havia uma linha de adesivos brancos, numerados na parte inferior do cartaz. Havia instruções no cartaz.

Devíamos colocar um adesivo no lado esquerdo do cartaz, na linha preta, indicando quantas pessoas estavam vivas na casa. Quando alguém morresse, deveriam colocar o número de mortos no lado direito do cartaz, e em seguida, alterar o número dos vivos. Os adesivos poderiam ser reutilizados, conforme necessário. Foi um momento terrível de pesar, quando alguém precisava trocar seus adesivos. As pessoas, muitas vezes, ficavam na porta da frente, chorando e orando, simplesmente pare ter coragem para mover os adesivos.

Quando as tropas se aproximavam, eles passavam por cada casa e apontavam uma arma de leitura para o cartaz. Ela estava conectada a um computador portátil que registrava cada casa por sua posição de GPS. Caso os números tivessem mudados, indicando outra morte, eles paravam naquela casa.

Nós recebemos sacos para cadáveres e fomos instruídos a colocar nossos mortos na varanda ou no quintal, e eles vinham recolhê-los à noite. Quando a praga esteve na sua fase mais extrema, levou dias, ou mesmo semanas, para os caminhões chegarem às ruas mais distantes. Eles estavam mais preocupados com o controle do centro da cidade e, só saíam daquela área, quando todos os mortos tivessem sido recolhidos.

Quando uma pessoa contraia a peste, ela tinha muitas marcas de varíola em sua pele, semelhante a espinhas. Elas cresciam em tamanho e quantidade até que quase todo o seu corpo fosse coberto por elas. As pessoas rapidamente ficavam muito doentes. A coceira e a dor eram severas. Pouco antes de morrer, a varíola irrompia e escorria. Este fluido era extremamente contagioso. Todos os que nele tocassem ficavam doentes.

Aprendemos tudo isso por experiências muito tristes. Muitas pessoas que sabiam que iam morrer entravam e se zipavam nos sacos antes que a varíola irrompesse, para poupar seus entes queridos, ter que lidar com seus corpos. Estes foram momentos tristes. Os mais jovens e mais idosos morriam primeiro. Aqueles que estavam tentando ajudar os outros e se contaminavam por tocar o flúido, foram os próximos a morrer.

A peste, por fim, matou mais de metade daqueles que foram expostos a ela. Algumas pessoas sobreviveram por alguma imunidade natural ou intervenção divina. Uma vez que os sintomas apareciam, a pessoa morria cerca de doze horas mais tarde. A peste chegou em três ondas, cada uma levando o próximo grupo de pessoas mais fraco. Se você ficasse doente e, de alguma forma sobrevivesse, você tornava-se imune.

Os soldados que transportavam os mortos estavam vestidos em macacões brancos anti-contaminantes.

Eles levaram os corpos dos mortos para os parques ou estádios, onde eles haviam cavado grandes valas. Os mortos foram então encharcados com combustível e cremados. As tropas, sendo que a maioria deles não falava inglês, não falavam conosco. Eles eram frios e não se importavam com nossos sentimentos. Eles tinham um trabalho desagradável para fazer, e estavam determinados a realizá-lo sem se contaminarem ou ficarem mentalmente perturbados com tanta morte. Eles também não nos incomodavam. Foi tudo impessoal.

Quando eu, mais cedo, vi essas cenas enquanto "voava" através dos lugares, vi cidade após cidade e por toda a nação aonde esses cartazes foram colocados nas portas. Eu não entendia o seu significado até ter visto esta última parte da visão, onde eu estava na terra experimentando-a pessoalmente. Fiquei com a impressão de que entre o terremoto e a praga, mais da metade da população tinha sido morta — mais ao longo da costa do que no interior.

Com o passar do tempo, a cena tornou-se cada vez mais horrenda. Havia esperança em Utah e noutros lugares onde as pessoas tinham dado ouvidos aos conselhos de armazenar alimentos e a se prepararem espiritualmente. Em outros lugares, as pessoas tinham perdido a esperança. Algumas pessoas se contaminaram intencionalmente depois de ver seus entes queridos morrerem, e se contaminavam com a praga. Em lugares onde as pessoas não tinham esperança, aconteceram coisas horríveis que eu acho não ser apropriado entrar em detalhes. É suficiente dizer que crimes aterrorizantes eram comuns.

Em áreas densamente povoadas, a fome e a sede, levaram as pessoas a fazer o impensável, cumprindo muitas profecias destes tempos às quais Cristo havia se referido como a "Abominação da Desolação." A civilização ficou completamente paralisada aguardando o fim de toda a vida, e as pessoas estavam desesperadamente clamando e dizendo que Jesus Cristo estava atrasando sua vinda até que toda vida na Terra fosse destruída.

Em qualquer lugar, aonde a Igreja fosse predominante, as pessoas estavam numa situação bem melhor, devido aos preparativos do povo e da Igreja. Comida e água ainda estavam disponíveis. Grandes refeições foram preparadas e servidas em locais públicos, geralmente nas Igrejas. As pessoas tinham pelo menos uma boa refeição por dia. Muitos trouxeram mais comida do que eles mesmos comeram ajudando, desta maneira, o esforço de socorrer e acalmar o temor das pessoas. Ninguém era mandado embora. Dividimos o que tínhamos com todos. Enquanto a Igreja não tomasse parte nas decisões cívicas, as tropas estrangeiras permitiram esses esforços e contribuíram com a comida que foi servida.

Igrejas — Mórmons e outras — foram divididas em alojamentos familiares. As tropas trouxeram água em grandes caminhões-tanque. A água era racionada, mas abundante. A comida era simples. Não vi muita carne; havia principalmente alimentos armazenados da população local e da Igreja.

Se alguém ficasse doente, havia um protocolo onde um médico local ou enfermeira certificavam-se de que ela não estava contaminada com a praga e, depois, as tropas estrangeiras levavam aquela pessoa para os hospitais maiores.

As tropas continuavam a exercer um controle cada vez maior, incluindo a instituição da lei marcial e suspenção de nossas liberdades civis. A aplicação dessas novas leis era feita de duas maneiras: recusando-se a dar comida ou serviços para a família, ou por execução. Não havia prisões nos casos prescritos por aquelas leis.

Foi nessa época que a peste atingiu a Europa, a Ásia e a África. Não acredito que a intenção fosse de que a praga atingisse esses continentes, mas ela ficou fora de controle e cruzou os oceanos. A devastação alí foi muito mais grave do que nas Américas. O resultado ao longo do tempo foi um colapso completo da sociedade. Também ouvimos de grandes catástrofes naturais agora acontecendo em todos os lugares ao redor do mundo. Tornados, furacões, inundações, terremotos e doenças. Isto aconteceu no mesmo período de tempo onde uma massa de terra surgiu no Golfo, e a onda causada varreu o norte dos Estados Unidos.

Inicialmente, a América tinha sido mais afligida por tudo isso, mas quando as destruições atingiram aquelas nações que tinham lançado a praga e as armas nucleares, a destruição foi muito maior para eles. Seus governos, instituições financeiras e economias entraram num colapso total. Eles experimentaram terremotos poderosos, movimento da massa continental, tumultos e guerras que foram muito mais devastadores do que aqueles vividos na América. As pessoas estavam tentando deixar os continentes em grandes grupos. Conforme explicarei posteriormente, e em mais detalhes, anjos e seres transladados ministravam aos mais dignos e fiéis e os protegiam, à medida que iniciavam sua jornada para Sião.

A Marca da Besta

Em todas as minhas visões, eu nunca vi uma marca ser colocada nas pessoas, ou ouvi pessoas falando em serem forçadas a receber uma marca ou microchip a fim de poderem comprar e vender.

Já era verdade o fato de que cada um de nós tinha um número anexado ao nosso nome, e que esse número era necessário para qualquer transação significativa, como comprar uma casa ou obter crédito. Isso poderia ter sido parte da marca.

Mas o que eu vi foi que tínhamos, espiritualmente, marcado a nós mesmos. Esta marcação começou talvez trinta anos antes das tribulações, quando a contracultura do "politicamente correto" começou junto com os ataques às tradições e valores cristãos. No início era tudo tão inofensivo que parecia ridículo, como uma doença à qual estávamos todos imunes. Logo, no entanto, isso foi colorido novamente como igualdade, justiça, aceitação, tolerância e compaixão por igualdade. A partir daí essa onda evoluiu para um poder que tinha a capacidade de pegar qualquer verdade e repintá-la como uma mentira, e pegar qualquer mentira e reclassificá-la como verdade. Ao aceitarmos esse pensamento, perdemos a sintonia do Espírito Santo e nos marcamos com escuridão. Era uma marca que colocamos em nossa própria alma. Não era visível para outro ser humano, mas aqueles que se marcaram dessa forma não podiam discernir o Espírito Santo, e encontravam-se completamente dependentes das tropas estrangeiras que, na verdade, não tinham qualquer interesse de longo prazo em sua sobrevivência.

Quando as tribulações começaram, era quase impossível para aqueles que receberam a marca da besta ver a mão de Deus tentando conduzi-los em segurança. Eles estavam cegos para a única coisa que poderia resgatá-los, e muitos eventualmente se perderam.

Sinais da Segunda Vinda

O inverno que chegou não foi muito forte. O céu estava carregado de cinzas, fumaça e cerração. O sol ainda parecia tão quente como antes, mas o tempo estava ameno. Os amanheceres e entardeceres eram impressionantes. Nós, muitas vezes, olhávamos para eles querendo descobrir o seu significado. A neve não veio naquele inverno, o que foi uma causa de grande alívio e de maior sobrevivência. A maioria das pessoas não tinha nenhum meio eficaz de ter qualquer aquecimento nos locais aonde estavam amontoados.

A atmosfera da terra, a partir daí parecia diferente. Havia um processo de limpeza que estava ocorrendo. Mesmo que experimentássemos uma grande devastação, a água nos rios e lagos parecia mais clara e mais limpa. Você podia enxergar a uma grande distância de profundidade nos lagos. A terra estava, aparentemente, sendo limpa e purificada.

Muitas pessoas comentavam e ponderavam sobre os grandes "sinais e maravilhas" que se manifestavam na terra e no céu. Vimos diferenças nas constelações, o que nos fez pensar se a terra estava sendo tirada de sua órbita normal. Quando isto foi primeiro observado, causou um pânico mundial, mas não havia tanto temor entre os membros da Igreja. Sabíamos que a mão de Deus estava sobre nós e que estes eram os "Sinais da Segunda Vinda" na qual o mundo por tanto tempo tinha esperado para ver.

Levantando um Menino da Morte

Uma das minhas memórias favoritas, desse tempo na visão, foi de estar no porão de uma antiga capela da Igreja em Salt Lake City. Estávamos cantando ao redor de um piano quando a esposa do Bispo entrou no local e pediu a mim e alguns outros para subir e dar uma benção no seu bebê, que estava doente. Eu corri e examinei o menino sem tocá-lo. Não ví os sinais da, agora familiar, praga. Ele tinha cerca de dois anos de idade, com cabelo louro e macio. Seus olhos azuis estavam abertos, olhando fixamente. Seu corpo era magrinho, devido à má alimentação. Seu rosto estava manchado, com as veias aparecendo claramente no seu rosto, como se tivesse sufocado. Ele não respirava e estava sem pulso.

Nós ungimos a criança com óleo consagrado. Sua mãe pediu-me para pronunciar a bênção. Vários outros irmãos se uniram a mim. Após uma breve pausa para ter certeza eu estava ouvindo o Espírito Santo corretamente, e para dar à minha coragem um momento para que ficasse à altura da minha fé, eu disse, "Tommy, em nome de Jesus Cristo, ordeno-te que sejas curado. Em nome de Jesus Cristo, Amém. " Foi uma benção curta, apenas essas palavras. O menino imediatamente despertou da morte, respirou fundo e começou a chorar. A mãe dele chorou de alegria e tentou consolar ao seu filho. Sua aparência rapidamente tornou-se normal, e em pouco tempo ele voltou a brincar.

A Plenitude do Sacerdócio

Nós, os irmãos que havíamos participado daquele milagre conversamos um longo tempo sobre o que tinha acontecido. Tínhamos dado bênçãos do sacerdócio, centenas de vezes desde que as catástrofes começaram, e achamos que nós não tínhamos o poder para deter a praga e, apenas ocasionalmente, opoder para levantar os mortos.

Tivemos um certo sucesso ao lidar com as aflições das pessoas, mas nunca experimentamos um milagre como este. O Espírito nos forjou de tal maneira que percebemos que tínhamos a plenitude do sacerdócio. Aquilo trouxe em nós uma grande alegria e rapidamente começamos a ir de pessoa em pessoa na Igreja e na comunidade, curando a maioria deles. Alguns não podiam ser curados, porque essa não era a vontade do Senhor. Nós não nos questionávamos do por quê disso, mas pronunciamos as bênçãos tais como eram ditadas pelo Espírito, e seguíamos adiante. O Espírito Santo nos inspirava para onde ir e a quem curar. A partir daí, 100 por cento das pessoas a quem nós administramos as bênçãos foram curadas ou levantadas dentre os mortos. Palavras não podem descrever o alívio e a alegria que sentimos ao irmos de porta-em-porta. Nós tínhamos confiança em nossos novos dons, e nossa fé em Jesus Cristo era profunda. Sabíamos que podíamos fazer, e fizemos. Trabalhamos dia e noite administrando o povo, advertindo ao mesmo tempo todas as pessoas envolvidas para que evitassem revelar essas mudanças para as tropas estrangeiras.

Outros grupos de portadores do sacerdócio descobriram a mesma bênção, e surgiu rapidamente uma grande restauração da saúde física e emocional nas pessoas. Este novo poder deu grande esperança e coragem entre os membros da Igreja.

Este era um evento poderosamente unificador entre nós. Isso fez-nos fortemente coesos — unidos — unos de coração. Nossa coragem e a fé não só foi restaurada, mas foi amplificada e acima de tudo visível. Sabíamos que não teríamos sobrevivido se não fosse através de um milagre de Deus. O dia dos milagres havia começado.

Neste momento, tivemos também um aumento no trabalho missionário. Aqueles de outras religiões podiam ver, com os olhos abertos pelo Espírito Santo, que milagres estavam acontecendo. Nós curamos muitos deles e a seus filhos. Eles queriam saber o que tínhamos que nos fazia diferentes. Ensinamos-lhes, e muitos com gratidão se juntaram a nós e começaram seu próprio ministério miraculoso nos últimos dias.

Começamos a receber atualizações e instruções regulares da Igreja. Foi publicada uma lista de falecidos entre a nossa liderança e lamentamos a perda substancial dos nossos amados líderes da Igreja. Lembro a maioria dos nomes dos mortos e dos sobreviventes, pois os repetimos várias vezes em nossas orações por suas família.

Mas optei por não revelar seus nomes.

A vida alcançou certo equilíbrio. Em nossa parte do mundo a praga estava quase no fim, embora que ainda se desenrolasse em outros lugares. A sociedade tinha, de certa forma, sido restaurada, e possuíamos agora um maior poder no sacerdócio. Nossos corações viraram-se para a reconstrução, especialmente da Praça do Templo. Andei por lá centenas de vezes para ajudar na limpeza. O templo tinha sido inundado, cerca de oito metros de altura, conforme eu mencionei, e somente pessoas dignas de entrar nele foram autorizadas a trabalhar naquele sagrado edifício. Meu trabalho dentro do templo foi um doce prazer para minha alma.

Havia um senso de unidade e propósito que eu nunca havia sentido antes dentre aqueles que se reuniram para reparar e recuperar os alicerces do templo. Não houve nenhum desespero, opiniões, argumentos, pelo contrário — somente solidariedade e amor fraternal entre irmãos e irmãs. Aqueles, cujas vozes estavam cheias de raiva, não se juntaram a nós nesta parte de reconstrução.

Agora havia se passado vários meses desde a enchente e, por volta do dia primeiro de outubro, ainda não estava frio. O céu estava tão cheio de detritos que fez com a temperatura não baixasse. Suponho que aquilo foi uma verdadeira manifestação do aquecimento global. E isso provavelmente salvou nossas vidas. Trabalhamos todo o dia na lama e dentro de edifícios encharcados de água e, ainda assim, não estávamos sofrendo pelo frio.

Notei que eu tinha uma enorme reserva de energia e força física, mais do que eu tive em toda a minha vida. Cuidei para não exibir essas forças abertamente, e continuei trabalhandode forma constante. Enquanto os outros ajudavam a remover madeiras ou estruturas caídas, eu era capaz de fazer muito mais do que os outros podiam. Notei que muitos em nossos grupos tinham habilidades semelhantes. Pelo menos metade destas pessoas eram mulheres. Rapidamente aprendemos a reconhecer outras pessoas que estavam começando a ser mudadas. Não havia nenhuma luz ou sinais exteriores, mas havia uma essência ou aparência que outros como nós podiam ver. Não falamos uns com os outros sobre o que estávamos experimentando, porque nenhum de nós realmente o compreendia.

Conferência Geral

Perto do final do ano, a Igreja anunciou que haveria uma Conferência Geral e um serviço de funeral, no primeiro domingo de outubro, no Centro de Conferências, para todos os mortos e também para as Autoridades

Gerais que haviam falecido. Todos nos alegramos, mas também ficamos tristes pela perda de nossos entes queridos.

Todos os meus filhos haviam se mudado para outras partes do país, antes das tribulações terem começado, e eu não tinha ideia sobre o bem-estar deles. Nunca mais vi a minha esposa.

Representantes da Igreja passaram pelos que trabalhavam na Praça do Templo e, em seguida, de rua em rua, distribuindo ingressos para a próxima conferência. Haveria quatro sessões da conferência. Os convites consistiam de tiras de papel. As sessões foram distinguidas por bilhetes brancos, azuis, verdes e vermelhos. Recebi um bilhete vermelho, significando a última sessão do dia.

No dia da conferência, antes de me dirigir à última sessão, subi as escadas para o piso superior do Edifício Memorial Joseph Smith e encontrei um assento, à janela de onde agora se acha o restaurante. Eu estava olhando diretamente para a estátua do anjo Moroni, acima da torre central do templo, e para o terreno abaixo. Cada metro quadrado possível estava cheio de gente. Elas tentaram vestir-se em trajes de domingo, mas a água era escassa para lavar roupa e as pessoas tinham uma aparência não tão limpa. Essa foi a primeira vez, desde a enchente, que eu me encontrava dentro de um edifício mais alto, e fiquei chocado com a grandeza da destruição que era ainda evidente à vista.

A igreja tinha colocado telões ao lado do templo, e em outros edifícios, para que as pessoas pudessem assistir e escutar qualquer sessão da conferência que desejassem. Não havia lugares suficientes para que todos se sentassem, mesmo com quatro sessões. O povo se estendia pelas ruas. Todo mundo podia ouvir a transmissão em grandes alto-falantes e a maioria podia ver os telões.

Grandes áreas foram organizadas para a preparação e serviço de alimento, uma vez que quase tudo era feito comunitariamente. As tropas estrangeiras desocuparam a área para disponibilizar mais lugar. Não havia nenhuma necessidade para policiamento porque a harmonia e a unidade era tão fortes, que até mesmo eles podiam sentir.

Não havia carros nas ruas. Tudo estava parado.

A eletricidade não tinha sido restaurada ainda, mas pude ouvir geradores funcionando perto das telas de projeção e além do Centro de Conferências. O edifício em que eu estava tinha eletricidade, mas a maioria das salas estavam escuras. O dia amanheceu claro e quente. As pessoas abaixo usavam apenas blusas e casacos.

A primeira sessão da conferência foi um serviço funeral. Foram lidos todos os nomes das Autoridades Gerais que se tinha conhecimento de seu falecimento. Fiquei chocado com a quantidade de nomes familiares que tinham perecido; alguns deles eram meus conhecidos e amigos. No Centro de Conferências havia dezoito caixões vazios, logo abaixo e imediatamente à frente do púlpito, representando os muitos que tinham sido sepultados nas semanas ou meses anteriores.

Havia um sentimento quase elétrico do Espírito Santo entre nós. Choramos pelos fiéis que haviam sido mortos, mas também sentimos que algo maravilhoso iria acontecer naquela conferência. Não havia temor, ou desacordos, apenas um senso de antecipação e poderosa unidade.

Quando terminou a primeira sessão, o próximo grupo de fiéis entrou no Centro de Conferências, para uma sessão que foi ligeiramente diferente. Os mortos foram mencionados, mas não honrados. Por meio de alto-falantesm, aprendemos poderosos princípios do Evangelho e recebemos instruções sobre planos para reconstruir e reagrupar.

A terceira sessão foi no final da tarde. Ela também foi diferente das sessões anteriores e versou sobre o futuro da Igreja e o futuro do mundo. Eles anunciaram que a sessão final não iria ser transmitida; e também instruiram aqueles reunidos no lado de fora a retornarem aos seus lares.

Quando os membros saíram do Centro de Conferências após o término da terceira sessão, o sol estava se pondo. Eu entrei no elevador e desci até o estacionamento. Atravessei o túnel e saí bem perto da entrada do batistério no templo. Entrei pela porta que leva ao mastro da bandeira entre o templo e onde o Tabernáculo costumava estar. Encontrei muitos outros com bilhetes vermelhos, atravessando a rua. Não havia nenhum tráfego, então nós caminhamos como a onda de um exército. Estávamos vestidos com roupas de domingo, mas a maioria estava ainda um pouco suja por falta de água e das condições nas ruas.

Eu caminhei para o Centro de Conferências e mostrei meu bilhete. Os irmãos que estavam nas portas, deixaram-me entrar para a sessão e dirigiram-me ao andar principal. Fiquei satisfeito em ocupar um lugar mais próximo à frente. O Centro de Conferências cheirava a umidade, mas não estava mofado.

O chão estava seco, mas danos causados pela água ficavam evidentes ao olhar-se para as marcas nas paredes – a cerca de três metros de altura.

As Autoridades Gerais já estavam ao púlpito. Apenas um irmão sentou-se no local reservado para a Primeira Presidência. Reconheci todos dos Doze que haviam sobrevivido.

Continuei olhando os lugares à direita do púlpito reconhecendo outros dos Doze, com muitas poltronas vagas. A esquerda do púlpito sentou-se um número de irmãos, que eu não reconheci imediatamente. Eu continuei a observá-los cuidadosamente. Eu podia sentir o Espírito cada vez mais forte dentro de mim, e de repente eu percebi que uma daquelas pessoas era Joseph Smith Jr., o profeta da restauração. Talvez meus olhos o reconheceram mais cedo porque ele estava vestindo um terno de linho, camisa branca e uma gravata cor de linho. Todos os outros usavam ternos escuros. Ele parecia completamente diferente das pinturas e estátuas que vi dele, mas sua identidade veio a mim como um flash de calorosa revelação. Eu simplesmente sabia quem ele era. Ele sentou-se, e admirava o público reunido diante dele.

Eu pensei ter reconhecido a John Taylor e Brigham Young, mas eu não tinha certeza, porque pareciam mais novos do que nas pinturas. Tornou-se evidente para mim que alguns dos outros sentados ao púlpito eram seres ressuscitados, embora eu não pudesse nomeá-los.

A conferência começou como de costume. O Apóstolo sênior sobrevivente levantou-se e nos deu as boas vindas e anunciou a primeira parte da reunião. Sentados em seus assentos vermelhos habituais estava aproximadamente metade do Coro do Tabernáculo. Em vez de se agruparem para frente, eles se sentaram em seus lugares habituais, deixando lacunas óbvias entre eles em homenagem aos que haviam falecido. Eles se levantaram e cantaram. Após a primeira oração, o coro cantou novamente. A eletricidade caiu várias vezes durante a apresentação do coro, o qual fazia suas vozes diminuir, aumentar e diminuir novamente.

Depois disso, os novos Apóstolos que preencheriam as vagas dos Doze foram nomeados. Eu reconheci alguns destes irmãos, mas não todos eles. Eles anunciaram a nova Primeira Presidência, e os novos irmãos chamados tomaram seus lugares. Foi-nos pedido para apoiá-los nesses chamados o que foi demonstrado por todos com os braços erguidos e com uma exclamação de "Sim!" coisa que eu nunca tinha antes ouvido na conferência, mas foi espontâneo e cheio de alegria.

A primeira pessoa que falou foi meu amigo dos Doze que havia estado morto há muitos anos. Fiquei muito emocionado em vê-lo novamente, e eu chorei, não apenas porque eu o amava e o tinha perdido, mas também por causa dele estar ali, falando naquela conferência, com outras autoridades dos tempos antigos.

Foi um sinal poderoso desta grande época, agora em seu despertar.

Ele falou do cumprimento de tudo o que os profetas tinham predito. Ele testemunhou de Cristo, em termos tão poderosos que eu sabia — todos sabiam — que ele tinha visto Cristo e tinha estado em Seus braços. Ele leu escrituras sobre o cumprimento das dispensações, mas ele mudou algumas palavras para que, em vez de falar de coisas futuras, elas testemunhassem das coisas presentes.

Joseph Smith Jr.

A autoridade que dirigia a conferência, em seguida, anunciou que tínhamos uma pessoa especial que iria nos falar. Ele então apresentou a Joseph Smith Jr., que se levantou e caminhou em direção ao púlpito. Ele era mais alto e tinha os ombros mais largos do que eu imaginava. Ele ficou em silêncio por um momento, olhando para todos, naquela vasta congregação.

Quando ele falou, sua voz era suave, pura e inabalável. Sua voz tinha o poder do conhecimento absoluto. Entendemos que a sua fé e conhecimento eram perfeitos. Ele tinha um uso primoroso da língua e foi capaz de falar com eloquência e um poder de descrição que poucas pessoas possuem. Juntamente com o fato de nós estarmos cheios do Espírito Santo, podíamos entender por que estávamos tão maravilhados com ele. Ele teceu as declarações proféticas das escrituras e seu próprio testemunho, com tal eloquência, que ninguém poderia duvidar ou negar a sua verdade e poder. Também tenho certeza de que cada alma presente se encheu com luz e verdade, e seu testemunho brilhantemente iluminou nosso entendimento e nos deu um motivo adicional para nos alegrar. Tudo estava em tamanho silencio que se podia ouvir alguém respirar. Eles sequer queriam que o som de seu coração os impedisse de ouvir a uma única palavra. Todos os olhos estavam centralizados nele. Havia um brilho de Justiça sobre ele.

Ele nos deu as boas-vindas e prestou seu testemunho do Salvador. Ele virou-se e reconheceu as autoridades vivas e chamou-as, a cada uma delas, pelo nome. Ele afirmou que eles tinham sido chamados por Deus e que ele não estava lá para assumir a liderança, ou para ser o profeta atual. Ele disse que tinha sua própria missão sobre a edificação de Sião, que iria nos ajudar na grande tarefa diante de nós, e que ele iria trabalhar por intermédio do Profeta chamado e não por conta própria.

Adão-ondi-Amã

Joseph disse, "Eu gostaria de falar de um evento que aconteceu há algumas semanas no vale de Adão-ondi-Amã". Ele virou-se para o

141

profeta recém-ordenado e acenou com a cabeça, como que buscando a sua aprovação. O profeta acenou de volta. Joseph então falou por cerca de noventa minutos, contando-nos sobre a grande reunião que teve lugar em Adão-ondi-Amã. Ele relatou tais eventos em grande detalhe. Ele descreveu como uma plataforma temporária foi erigida, e o único sentado sobre ela era Adão. O grupo era pequeno, e não havia nenhuma necessidade para um sistema de alto-falantes. Ele nomeou o cabeça de cada dispensação, como ele era, o que disse e o que havia relatado.

Nunca, em toda a minha vida, entre os homens nascidos, eu tinha ouvido um testemunho mais poderoso.

Joseph disse então que Adão havia recebido um relatório de todos os profetas, então Joseph, por último, deu o seu relato. Ele descreveu com grande emoção que ele virou-se para Adão e testificou em nome de Jesus Cristo, que seu trabalho tinha sido realizado, não totalmente concluído, mas o que lhe havia sido designado tinha sido realizado.

Naquele momento da reunião, Joseph relatou que Jesus Cristo, então, apareceu em glória ao lado de Adão. Adão se ajoelhou e relatou a Jesus Cristo que o trabalho tinha sido cumprido. Jesus Cristo aceitou seu relatório e pronunciou-o como bem feito e elogiou a todos por sua fidelidade.

Então Joseph, falou sobre a coligação dos Santos nestes tempos. Ele disse que uma coligação estava acontecendo em Salt Lake City, e, por causa dos recentes eventos, alguns dos fiéis ao redor do mundo iriam ser inspirados para vir para este lugar. Ele disse que aqueles que aqui chegariam viriam sob o estandarte de Deus, e que deveríamos recebê-los e cuidar deles.

Ele nos informou que muitos outros lugares em todo o mundo se tornariam "cidades de Sião", lugares de refúgio e de coligação para os Santos. Ele disse que o "Local Central de Sião" conhecido como Missouri, atrairia aqueles que fossem ordenados para lá se reunirem e, quando todos estivessem nesses lugares de proteção, então a obra do Milênio começaria.

Ele disse que, quando todos os eleitos fossem reunidos em segurança em Sião, Jesus Cristo pessoalmente viria a governar e reinar sobre a Terra.

Ao falar estas palavras, um brado espontâneo de "Hosana!" saiu de nossos corações e lábios.

Joseph mencionou sobre a restauração de todas as coisas, que todas as bênçãos e poderes que sempre existiram, desde o início dos tempos, se encontravam agora restaurados em sua plenitude. Ele enfatizou que todos os dons pertinentes à plenitude do sacerdócio, incluindo o poder de transladação, haviam agora sido restaurados de uma forma ainda maior e como nunca antes nesta Terra. Ele afirmou que os milagres que estávamos começando a experimentar entre nós hoje pareceriam pequenos comparados com o que ainda estavam por vir. Isso, ele disse, é o significado do que foi dito que seria a "plenitude dos tempos".

Todos estavam espantados porque pensávamos como é que poderão acontecer coisas maiores do que estas? Aqui estávamos nós ouvindo um profeta ressuscitado e olhando no púlpito profetas ressuscitados. Já tínhamos a plenitude do sacerdócio, embora reconhecendo que não sabíamos o que aquilo significa exatamente. Participamos diariamente de milagres. Todos haviam visto anjos e estávamos em vias de mudar fisicamente — não podíamos imaginar nada maior. Mas isso não significava que não acreditávamos em suas palavras; simplesmente não podíamos imaginar algo maior. O poder de sua afirmação ardeu brilhantemente em nossas almas, iluminando nossas mentes e elevando nossas esperanças além da capacidade humana.

Todos no local estavam em lágrimas. Todos choravam de alegria e com muita esperança, como crianças. Eu estava chorando profundamente porque percebi, naquele momento, que tudo o que eu tinha visto e tudo o que me tinha sido prometido antes estava, naquele momento, sendo cumprido. As promessas acabavam de ser cumpridas. Estava tudo consumado. Eu pensava que o propósito da minha jornada, o qual havia sido modificado em minha alma, tinha sido o de me conduzir até aquele momento — mas na verdade, a minha jornada estava apenas começando. Os dias e anos da minha infância espiritual tinham acabado, e eu estava agora preparado. O martelo de forja com o fogo "refinador" havia caído sobre mim, até que todas as impurezas foram finalmente retiradas.

Eu não podia conter minhas lágrimas de alívio e surpresa, porque ali estava eu, de roupas sujas, sentado, em um edifício danificado, com luzes piscando, em um mundo devastado, aonde nada da sociedade havia permanecido.

E apesar de tudo, eu finalmente tinha chegado ao início do caminho que esteve no meu coração por tanto tempo, mas que até aquele momento, estava além da minha capacidade de reivindicar. Agora, naquele momento inesperado, sentado diante de seres ressuscitados de dispensações passadas, eu tinha finalmente chegado ao início da minha missão dos últimos dias.

Joseph pausou, até que houve um silêncio absoluto. Ele parecia estar lutando contra as suas emoções e ficava olhando para sua direita. Finalmente, ele moveu sua mão em direção a pessoa sentada à direita da nova Primeira Presidência e limpou a garganta.

Eu não fazia ideia de quem era aquela pessoa. Ele estava vestido com um terno preto simples, camisa branca e uma gravata vermelha - que ele podia ter comprado em qualquer loja antes da enchente. Sua roupa estava tão amarrotada e manchada quanto a nossa. Achei que ele fosse um dos cabeças de uma antiga dispensação. Eu sabia que ele era um ser ressurreto, e também sabia que sua aparência naquele momento se devia ao trabalho de resgate e de reconstrução no qual ele tinha auxiliado.

O Filho de Deus

Joseph disse, com uma voz embargada de emoção: "É meu grande privilégio apresentar a vocês Jesus Cristo, o Filho de Deus".

O homem que ele indicou levantou e começou a brilhar. Seu semblante, assim como cada parte da Sua pessoa irradiava luz. Sua roupa começou a ficar branca à medida que Sua glória dominou todas as cores perto Dele.

Ele tinha permanecido sentado lá toda a reunião, que agora ia além de três horas, e eu não O reconheci. Eu tinha visto o Seu rosto e fui abraçado por Ele várias vezes, mas eu não O reconheci até que Joseph falou o Seu nome. Foi como se um véu tivesse sido levantado e eu O reconheci imediatamente e quase saltei do meu lugar correndo para e Ele, mas não o fiz. Eu só fiquei emocionado e maravilhado, juntamente com todos os presentes.

Ele não foi até o púlpito, mas apenas ficou ali enquanto todos os olhos estavam fitos Nele. Ele se tornou o centro do universo, e o fato de ir ao púlpito não mudaria isso. A luz que veio dele aumentou em intensidade até que Centro de Conferência ficou inteiramente iluminado. Era tão brilhante que não havia sombra alguma.

Percebi, mais tarde, que o que tinha acontecido durante aquele longo instante, enquanto presenciávamos o aumento de Sua glória, era que não era a Sua glória que estava mudando, era a nossa.

Nós estávamos sendo transfigurados pelo Espírito Santo a fim de sermos capazes de vê-Lo em Sua glória sem sermos consumidos por Ele.

Toda preocupação foi tirada do meu coração e substituída com esperança, alegria, caridade, amor, certeza e conhecimento puro. Finalmente, eu sabia que esta vida mortal havia acabado.

Quando Cristo se levantou e foi transfigurado em toda a Sua glória, toda a experiência de estarmos naquele local, na presença do Cristo, começou a nos transformar. Sabíamos que estávamos sendo transfigurados e, alguns de nós, transladados.

Eu tive uma clara lembrança em minha mente de uma experiência sagrada, ainda não relatada, de quando o Salvador prometeu que, se eu continuasse verdadeiro e fiel no presente chamado, tempo viria onde eu seria mudado, como os antigos habitantes da Sião de Enoque, em um tipo de vida e corpo que não poderia morrer.

Quando o Salvador Salvador falou, a primeira palavra que saiu de Seus lábios foi o meu nome! Fiquei extremamente espantado até que percebi que cada pessoa presente tinha ouvido o seu próprio nome. Enquanto Ele falava, eu não só podia ouvir e compreender plenamente as palavras que Ele estava dizendo para mim, como também estava tendo uma visão de Sua descrição sobre minha futura missão. Vi toda a minha vida daquele momento em diante, tudo o que eu faria, todos os lugares aonde eu iria, todas as pessoas a quem eu ministraria e tudo mais conforme aconteceria. Ao falar mais tarde com todos os que presenciaram aquele glorioso evento - provavelmente várias centenas de pessoas -, entendi que todos tinham ouvido o seu nome próprio e tido uma visão de sua própria vida.

Meu primeiro sentimento foi que tudo o que eu tinha visto ao longo dos muitos anos, minhas viagens além da morte e muitas coisas que eu tinha visto, eram verdade. Sempre acreditei que elas fossem reais, mas que talvez fossem mais uma metáfora do que uma visão dos verdadeiros acontecimentos futuros. Eu nunca neguei esse conhecimento, mas agora eu sabia que me tinham sido mostrados eventos reais no meu futuro. Eu sabia e não tinha nenhuma duvida, e me alegrei. As visões que eu tinha experimentado anos antes eram para guiar-me até este momento. As visões de agora concluíram a minha preparação e me deram todas as peças que faltavam.

Como eu já disse muitas vezes, eu não entendi a maioria do que eu tinha visto, mas agora tudo era doce e claro.

A visão se encerrou e Jesus Cristo fez uma pausa. Em tempo real, acho que poucos minutos tinham decorrido desde que Ele havia Se levantado, mas as visões estenderam-se por anos.

Jesus Cristo então nos disse que Ele tinha ido ao Pai e informado sobre a obra que a família de Adão tinha realizado. O Pai havia aceitado o trabalho. Ele então virou lentamente da esquerda para a direita, silenciosamente, abençoando todos na congregação. Ele falou ao coração de cada indivíduo, ao mesmo tempo. Suas palavras penetraram completamente cada coração e mente, de forma íntima e individual. Eu sabia, e todos sabiam que Ele falou com cada um de nós pessoalmente.

Estar no Centro de Conferências e ver o cumprimento de tudo aquilo que tínhamos esperado, acreditado e desejado transformou nossa esperança em realidade e nossa fé em certeza. Nosso conhecimento de tudo o que os profetas tinham dito por gerações veio ao pleno cumprimento. Foi acima da nossa capacidade de entender, dando-nos certeza e poder.

Vimos o há muito esperado Salvador diante de nós falando as palavras que antes só tínhamos lido. Suas palavras brotavam dentro de nós e fixaram-se profundamente dentro de nossos corações e mentes. Sabíamos com a maior certeza de que tudo o que Ele já tinha falado sobre estes dias e tempos, tudo o que tinha sido dito por Seus profetas durante milênios, havia chegado e tudo seria cumprido em nossas vidas, diante dos nossos olhos. Ele era nossa única realidade. Nós O vimos! Nós o ouvimos! Presenciamos as visões e choramos! Nós sabíamos! Estávamos unidos - unidos pelos laços mais profundos do Seu amor -, para nunca mais sermos separados Dele.

Encerramos a reunião, cantamos "Eu Sei Que Vive Meu Senhor." As palavras tornaram-se poderosamente pessoais e imediatamente cumpridas em nós.

> *Eu sei que vive meu Senhor!*
> *O meu sublime Salvador!*
> *Que vive e reina sobre nós*
> *A todos chama sua voz*
> *Que roga sempre ante Deus*
> *Velando pelos filhos seus;*
> *Que vive para me amparar*
> *E minha alma acalentar.*
>
> *Eu sei que vive meu Senhor!*
> *E que por mim tem grande amor!*
> *Enquanto viva cantarei:*
> *"Ó Redentor, Senhor e Rei!"*
> *Por ele a vida eu darei*
> *A morte eu conquistarei;*
> *Vou preparar o meu lugar,*
> *No céu, que é meu eterno lar.*

Que vive, oh, louvores dai!
E sempre a Cristo exaltai!
Clamemos, hoje, com fervor:
"Eu sei que vive meu Senhor!"
Que vive para me alentar
A minha angústia sossegar;
Meu turvo coração calmar
E novo alento inspirar.

Que tem conselhos para mim
E manda sua paz sem fim;
Que vive para consolar
E com ternura me guiar!
Que vive, oh, louvores dai!
E sempre a Cristo exaltai;
Do mundo é o Redentor.
Eu sei que vive meu Senhor.

(Texto por Samuel Medley, 1835)

Ao cantarmos com Ele, lágrimas escorriam por nossas faces e também pela Dele. Ele estava celebrando conosco o fato de que Sua missão, como nosso Salvador, havia finalmente chegado a esse momento sublime.

Anos depois, aqueles que tiveram o privilégio de estar nessa inesquecível reunião dos Santos falaram sobre sua visão de Cristo, de cantarem com Ele, de trabalharem lado-a-lado com Ele sem saber que era Ele que estava alí. Falamos sobre sentirmos nossos corações arderem dentro de nós quando Ele desceu para nos abençoar e curar em nosso momento de grande necessidade nesta gloriosa Dispensação da Plenitude dos Tempos.

Modificado!

A bênção que Ele concedeu a cada um de nós foi a capacidade e a força para completar essa nova fase da nossa vida com honra e justiça. Aquelas promessas poderosas voltaram à minha lembrança, tanto as que eu tinha visto em visões, ao longo dos anos, quanto aquelas que eu tinha recebido no templo. Estas e mil outras realizações e verdades passaram pela minha alma. Eu sabia que eu estava sendo mudado, ali mesmo, em cumprimento daquelas promessas. Devido à emoção e atenção de estarmos reunidos lá, num poderoso espírito de silêncio e reverência, a realização de que nós estávamos ouvindo Cristo falar conosco e nos abençoando individualmente, me fez saber que todos estavam experimentando a mesma coisa. Nós estávamos sendo habilitados a completar as nossas missões, mas acredito que apenas uma pequena percentagem daqueles lá reunidos experimentou essa alteração adicional para o estado transladado.

Cheguei a esta conclusão numa visão posterior de Sião, a qual relatarei mais tarde. Eu acredito que todos os Doze Apóstolos foram, da mesma forma, modificados, porque eles posteriormente fizeram coisas maravilhosas que nenhum mortal poderia ter feito. Por exemplo, após este evento, eu viajei durante quase um ano para chegar ao nosso próximo destino, e quando chegamos lá, membros dos Doze Apóstolos já estavam lá antes de nós. Fomos os primeiros a chegar e não havia estradas, trens ou qualquer forma de transporte aéreo. Eles simplesmente iam e vinham pelo poder de Deus. Eis porque eu acredito que eles também foram mudados.

Ainda me levaria anos para eu compreender a totalidade daquela mudança e de como usá-la para abençoar aos outros; mas a mudança estava completa em mim — naquele momento. Meu treinamento em como usá-la, entretanto, estava apenas começando.

CAPÍTULO OITO

O INÍCIO DA JORNADA

Preparando Nossa Companhia

No início da primavera seguinte, fizemos os preparativos para sairmos nas designações que tínhamos recebido enquanto participávamos na última grande conferência. Tínhamos visto quem faria parte da nossa companhia, aonde nos reuniríamos, aonde iríamos e os detalhes mais amplos do que faríamos ao longo do caminho. Não vimos os detalhes de como iríamos executar tudo aquilo, mas tínhamos plena confiança, nada duvidando, que Deus iria dirigir e tornar possível nosso sucesso porque tínhamos visto isso. Durante o inverno, todos haviam sido designados pelas autoridades da Igreja para cumprir essa grande missão da vinda de Cristo nos últimos dias. Tudo ocorreu sob a direção da Igreja. Apesar de termos vistos tudo, ainda assim, tivemos que ser chamados e autorizados a administrar em nome de Cristo.

Reuni-me com aqueles chamados para estarem na nossa companhia. Nós nos apresentamos uns aos outros e estávamos ansiosos por, finalmente, estarmos juntos e reunir os suprimentos necessários para a jornada. Fui designado a um grupo de cerca de 150 Santos constituído por homens e mulheres, sem contar os adolescentes, jovens, crianças e bebês. Fomos designados para irmos ao norte, para Cardston no Canadá, a um local de encontro perto do templo.

Nosso líder era um homem local, a quem o Senhor tinha escolhido na visão e que a Igreja tinha chamado e designado para esta jornada. De acordo com o padrão que nos tinha sido mostrado, ele chamou dois conselheiros e um conselho de doze e outros para liderança, composta por homens e mulheres.

Essas doze pessoas eram chamadas entre nós de "O Conselho". Cada um desses indivíduos tinha responsabilidades específicas que não eram alteradas. Conforme inspirados, alguns deles chamaram conselhos adicionais que consistia de três a sete homens e mulheres. Alguns adolescentes faziam também parte desses conselhos. Essas pessoas serviram como conselheiros para um dos doze e como trabalhadores e organizadores das várias tarefas.

Não fui chamado para estar no Conselho. Nessa altura, eu era um homem bem mais idoso e me pediram para ser um conselheiro espiritual para todo o grupo, como um patriarca, ou talvez um bispo, mas eu não tinha nenhum título e nenhuma autoridade. Nesta capacidade, passei a maior parte do meu tempo em reuniões do conselho e aconselhando a indivíduos. Eu estava em uma posição onde eu só compartilhava a minha opinião sobre alguma coisa depois de ter sido inspirado pelo Espírito Santo e minha opinião ter sido requisitada. Até então, eu não me engajava nesses assuntos.

Nossa companhia operava meio de decisões unânimes. Nossos líderes consideravam o problema e a necessidade e, depois, debatiam sobre o assunto até que chegassem a um consenso. Então eles oravam até que a vontade do Senhor fosse manifestada. Eu esparava que me pedissem para participar desse processo antes de eu poder oferecer a minha contribuição. Eu respondia de acordo com a inspiração do Espírito Santo ou não dava nenhuma opinião. Após este processo, os líderes apresentavam a decisão ao grupo, e pediam o voto de apoio. O Conselho e seus comitês depois disso saiam a trabalhar para realizar suas tarefas.

No início, estas decisões eram longas e desafiadoras. Às vezes era difícil alinhar nosso pensamento mortal com a vontade do Senhor e, em muitas ocasiões, tivemos que começar tudo de novo. Ganhamos experiência neste processo, tornando-o mais eficiente. Ao prepararmos nosso plano aprendemos a ouvir mais de perto à voz da revelação e, assim, o processo de confirmação já se tinha realizado. Sentíamo-nos prontamente inspirados e as pessoas sentiam a mesma inspiração ao apoiar o plano e, então, eram inspirados na execução do mesmo.

No início da nossa jornada, percebi que eu era uma das duas pessoas de nossa companhia que tinha sido transladada; e eu era apenas um dos vinte e poucos que tinha estado na grande conferência aonde vimos e ouvimos a Jesus Cristo e vislumbramos a nossa missão.

Eu percebi que eu tinha uma visão muito mais clara do que precisávamos fazer e um ouvido e coração mais sensível à palavra do Senhor. Esse processo, essa jornada, essa organização de conselhos e apoios foi projetada para refinar-nos e elevar-nos para melhor conhecer nosso dever sem a necessidade de discutir ou projetar estratégias e planos.

Mas por agora, no início da jornada, esse era um plano inspirado, e todos nós assumimos nosso lugar estando ansiosos por iniciá-la.

Outras Companhias

Havia cerca de cinquenta companhias formadas em várias partes da cidade. Algumas foram para o México, outras para a Califórnia e na direção de quase todos os pontos cardeais. Depois de cerca de um ano, outros grupos foram enviados para outros continentes mas, por agora, não havia nenhum transporte comercial e assim, ficamos restritos ao que restou do nosso mundo.

Cada companhia tinha a mesma tarefa: a de encontrar aqueles a quem Deus nos havia mostrado e a ajudá-los em suas necessidades, ensiná-los, fortalecê-los e prepará-los para o que deveriam realizar nos últimos dias. Na maioria dos casos, esse trabalho era o de edificar cidades de Sião em seus próprios locais, para que não viajassem para a Nova Jerusalém. Demorou muitos anos e muito ensino e testemunho antes que a população da Igreja em geral internalizasse essa verdade. Podíamos entender a razão de todos quererem estar, assim como eu, entre os "Santos" que finalmente estavam marchando para Sião.

Nossa companhia reuniu tudo o que eles sentiram que deveriam levar: roupas, roupas de cama, comida e suprimentos médicos. Algumas pessoas trouxeram armas e munições - o que nossos líderes pediram para deixar para trás.

Nosso Grande Caminhão

Dois dos nossos irmãos apareceram com um enorme veículo militar e muitos tambores de combustível na parte de trás. Era um daqueles grandes veículos que as tropas estrangeiras trouxeram com eles. Tinha uma cabine grande o suficiente para levar quatro soldados bem equipados, ou seis pessoas normais. Tinha uma carroceria plana com cerca de oito metros de comprimento, com uma lona que podia ser montada em cima de arcos de aço - parecia um mamute coberto! Ele tinha quatro eixos e pneus grandes, altos e especializados para atravessar áreas alagadas.

Os dois eixos da frente eram direcionais e os dois de trás eram fixos. O volante estava no lado direito da cabine. Acho que foi fabricado na Ásia, mas não me lembro de quaisquer insígnias no caminhão em si.

Uma característica interessante dele era que ele tinha um grande painel solar no teto da cabine. O painel solar podia recarregar a bateria ou a bateria de outro veículo. Tinha também um inversor que produzia eletricidade normal, a qual era usada para cozinhar, iluminar o acampamento, ou qualquer outro dispositivo elétrico. Quando o caminhão estava funcionando, podia-se usar grande gerador para produzir eletricidade durante a noite, mas nós optamos por não usá-lo muito a fim de economizar combustível.

Quando atingimos o fim da nossa jornada em Sião, esse caminhão havia nos servido profundamente e salvou muitas vidas. Realmente esse foi um veículo usado para facilitar a sobrevivência. Foi construído para lidar com qualquer terreno. O caminhão em si foi feito de algum tipo de fibra de carbono, tornando-o leve e mais forte que o aço normal. As rodas foram desenhadas para que sempre permanecessem no chão, mesmo ao cruzar um obstáculo alto, pedra ou árvore caída. O caminhão era flexível e parecia se torcer ao passar por barreiras, mas a carroceria permanecia sempre plana e nivelada.

Os nossos dirigentes decidiram levá-lo, em grande parte, porque ele veio com seu próprio combustível e tinha a capacidade para transportar quase todo os nossos suprimentos. Nós nem sequer perguntamos como eles tinham adquirido aquele caminhão e simplesmente aceitamo-lo como um presente de Deus. Ao longo da nossa jornada, ele foi uma parte muito importante do sucesso de nossa viagem. Olhando para trás e tudo o que aconteceu, ele foi o único veículo que não ficou irremediavelmente parado pelo menos uma vez e o único que não quebrou. Descobrimos que ele usava quase qualquer coisa como combustível, de petróleo bruto, óleo ou gordura de cozinha e até vodca - embora não encontrássemos muito desse último produto. Usamos esse veículo o máximo possível. Ele foi um dos poucos veículos que deixaram Salt Lake City e chegaram ao Canadá e que percorreram a maior parte do caminho para o Missouri. Todos os outros ou quebraram ou foram descartados a fim de economizar-se combustível ao longo do caminho.

Também descobrimos que havia um equipamento para purificação de água construída no próprio caminhão. Nós podíamos derramar a água suja de uma poça, ou até mesmo líquido de um radiador de carro naquele equipamento e el3 os transformaria em água potável para nós bebermos. Isso foi uma grande bênção para a nossa viagem. Lembro-me de quando descobrimos esse recurso. O sistema estava perto do motor e ele não foi por nós imediatamente descoberto.

Por não estar escrito em inglês, nós não sabíamos o que aquilo era ou o que fazia. Eu assisti um dos irmãos despejar água suja no funil quadrado. Eu fiquei ali duvidando do propósito daquilo, ou se o resultado seria água limpa. Cerca de vinte minutos mais tarde, a água mais pura e refrescante começou a correr em um recipiente plástico no fundo do caminhão. A água suja era drenada para o chão. Eu me lembro de, maravilhado, tomar daquela água. Eu nunca fui bom em lidar com coisas mecânicas, então aquilo parecia ser um milagre para mim. Não foi até eu estar trabalhando neste livro que aprendi que existem filtros com essa capacidade. Eu era como uma criança assistindo a algo que parecia milagroso, embora de fácil entendimento para outros do nosso grupo.

Também usamos um certo número de pequenos veículos de quatro rodas – aqueles em que de duas a quatro pessoas poderiam andar. Muitos deles eram usados para puxar reboques. Deixamos para trás os menores veículos. Havia também algumas camionetes com tração nas quatro rodas puxando grandes reboques dos tipos usados para transportar cavalos, o que nos permitia mover rapidamente os animais caso e necessário. Às vezes, os reboques de cavalos serviam como abrigo da chuva e da tempestade. Saímos com cerca de uma dúzia de cavalos e numerosos cães e cabras. Não trouxemos vacas, galinhas ou outros animais porque o Espírito nos inspirou a deixa-los para trás.

Trouxemos uma grande quantidade de comida e outras coisas, como implementos agrícolas, peças e outros itens inspirados. Todas estas coisas nos deram a habilidade de trocar ou negociar ao longo do caminho. Tudo isto foi para nosso aprendizado, para nos ensinar a confiar totalmente e somente em Cristo. Essa foi uma lição difícil de aprender, porque nós tivemos que aprender e reaprender isso em níveis mais elevados. Partimos de Salt Lake City no final de março em uma linda manhã de primavera. As flores estavam apenas começando a brotar. Estava mais quente do que o esperado, e a grama era verde, aonde quer que você olhasse. A primavera tinha sido muito chuvosa, e as plantas pareciam explodir com flores e vegetação.

Partimos pela Estrada Interestadual -15 indo em direção ao norte. Andávamos num ritmo lento, porque a maioria dos de nossa companhia estava a pé. Não estávamos com pressa. Antes de sairmos naquela manhã, nos reunimos em conselho e, depois de falarmos e orarmos, combinamos nossa rota e a distância de viagem. Não estávamos apenas indo para Cardston — nós éramos o acampamento do Senhor, e estávamos felizes de ir aonde quer que Ele nos enviasse, demorasse o quanto demorasse.

Logo percebemos que o caminhão e as camionetes não podem viajar em um ritmo lento e economicamente. Eles foram à frente, e cuidadosamente calculamos a melhor velocidade, a qual foi usada no restante da jornada. Encontramo-nos com eles todas as noites aonde o acampamento já estava pronto a nos esperar. Eu estava a pé e muitas vezes eu ajudei a carregar crianças ou qualquer outra coisa necessária. Estávamos cheios de esperança e, como diz a nossa canção pioneira, "com fé caminhai."

Muitas vezes deixamos a estrada principal para viajar pelas estradas vicinais porque o terremoto havia destruído longos trechos da estrada principal, ou aberto grandes valas nela. Às vezes o nosso tráfego a pé alcançava os caminhões e seu pessoal que estavam parados pensando em como atravessar um obstáculo à frente. Muitos desses obstáculos eram naturais, mas também havia barricadas feitas e defendidas por pessoas, bem como outras caravanas ao longo do caminho.

A primeira parte da nossa viagem se passou sem preocupações, exceto pelo fato de que o Senhor havia nos enviado próximo a uma área que havia sido atingida por uma bomba nuclear. Essa explosão não ocorreu por causa de um ataque aéreo, mas por sabotagem de uma arma nuclear armazenada no terreno subterrâneo daquele lugar. Acredito que muitas das explosões nucleares em todo o país tinham sido resultado de sabotagens ao invés de ataques de mísseis. Poucos dias depois de havermos cruzado o estado de Idaho, deixamos de usar as estradas e saímos pelos campos. O estado de Idaho tinha sido abalado por várias bombas atômicas, todas elas em instalações militares, provavelmente também devido à atos de sabotagem. Estávamos completamente sensíveis à voz do Senhor e fomos, assim, conduzidos pelo derredor dessas áreas.

Aprendemos com a experiência que as rodovias e estradas eram os locais aonde surgia a maioria dos nossos problemas. Se algum grupo armado abordasse a caravanas e as roubasse, isso aconteceria nas estradas. Se havia danos intransponíveis, eles se encontravam nas estradas. Nosso caminhão era perfeito para o campo. Ele passava por cima de tudo, incluindo cercas, deixando para trás um grande rastro no terreno para os veículos menores e aqueles que caminhavam. Quanto mais nós andávamos, mais valor nós dávamos ao nosso gigante sobre rodas.

Também não estávamos em um curso direto ao Canadá. Todas as manhãs o conselho se reunia e em espírito de oração e planejava o dia. Em alguns casos nos era dado o nome de uma família, de uma pessoa, ou às vezes de uma congregação ou cidade para ministrar. Às vezes era apenas uma impressão de ir em direção a uma fazenda ou cidade. Nós determinávamos pelo Espírito quantos deveriam ir e, assim, eles saiam pela manhã, levando com eles aquilo que o Espírito os inspirasse a levar. Às vezes levávamos itens que as pessoas que encontramos necessitavam desesperadamente, e podíamos trocá-los por mais combustível, carne fresca ou vegetais.

Os Dons do Espírito

O poder do sacerdócio era muitas vezes manifestado em curas e outros milagres. Nem todos tinham os mesmos dons. Nós achávamos que alguns tinham grande fé para curar e outros para profetizar. Até mesmo as crianças e adolescentes tinham seus dons, e nós aceitamos tudo o que vinha de Deus. Havia aqueles entre nós que tinham uma habilidade que não tinha sido vista antes, que era a capacidade de falar e ensinar com tanto poder que até mesmo os nossos inimigos eram pacificados, e seus corações suaviazados para o nosso benefício. Esse dom de convencer a outros não vinha pela habilidade de falar poderosamente. Suas palavras eram ditas simplesmente de maneira suave, sem eloquência, mas o que eles falavam, através da manifestação do Espírito, não podia ser desacreditado. Descobrimos que esse dom era um dom poderoso e o reservamos apenas para aqueles momentos aonde o Senhor permitiu o seu uso, geralmente quando nós estávamos numa situação do tipo "sem-saída" e sem nenhuma maneira de continuar nossa jornada.

Meus dons cresceram juntamente com a maioria dos de nosso grupo. Muitos de nós desenvolvemos a habilidade de conhecer os corações dos homens. Muitas vezes encontrávámos outras caravanas ou pequenos grupos de pessoas indo em todas as direções. Eles se aproximavam com grande cautela por causa de nosso caminhão militar. Participei muitas vezes do grupo que ía ao seu encontro. Ao olharmos para eles sabíamos de suas intenções e necessidades. Também sabíamos como reagir quando eles mentiam para nós.

Quando saíamos para negociar com eles, muitas vezes éramos alertados pelo Espírito sobre o que levar para ser negociado com eles. Como estávamos em Idaho, muitos deles eram bons membros da Igreja tentando fazer a sua jornada para Salt Lake City ou algum outro lugar. Muitas vezes seguiam para encontrar-se com suas famílias em outras partes do país, ou mesmo tentando viajar para o Missouri.

Nós os alimentávamos e compartilhávamos com eles as nossas provisões e, em certas ocasiões, os convidávamos a se unirem a nós. Às vezes, nós os exortávamos a regressar às suas casas e a edificar Sião aonde eles estavam. Eles raramente seguiam ao nosso conselho, e não sei o que se sucedeu a eles. Na maioria das vezes esses encontros não eram com pessoas a quem havíamos sido guiados com o propósito de reuní-los. Nós éramos enviados somente aqueles a quem deveríamos reunir. Sob a orientação de Deus, nós íamos até as suas casas, às suas cidades e às suas fazendas. Nós íamos até eles.

Edificar Sião Aonde Você Estiver

Ao adentrarmos pela primeira vez em uma cidade, nós íamos até os líderes locais da Igreja. Muitas vezes, eles pediam que falássemos ao seu povo e relatássemos o que estava acontecendo. Nós nos reuníamos com as pessoas nos arredores da cidade em volta de uma grande fogueira. Nós lhes contávamos o que havia acontecido desde o terremoto em Salt Lake e como o Senhor estava avançando a Sua obra. Todos estavam curiosos, devido aos rumores que circulavam a respeito de coisas tanto horríveis como gloriosas em relação ao tinha acontecido em Salt Lake City. Ficamos satisfeitos por poder dar-lhes uma visão atualizada do trabalho e da força do Reino dos últimos dias e, assim, dar-lhes uma visão correta desses tempos.

Se o Espírito desse Sua aprovação, nós dizíamos quem éramos e qual era a nossa missão. O poder convencedor de Deus inspirou a alguns deles a unir-se a nós, e os fazíamos bem-vindos. No entanto, na maioria das vezes, nós lhes ensinávamosa levar adiante a edificação de Sião aonde eles estavam e para se prepararem espiritualmente para receber ao Senhor, quando Ele retornasse.

Não quero dar a impressão de que todas as pessoas que eram dignas estavam sendo reunidas em nossa companhia. Esse não era o caso. Nós tínhamos sido autorizados pelos líderes a representar a Igreja, e onde quer fôssemos, na maioria das vezes, o Espírito nos levava a aconselhá-los a permanecer aonde estavam.

A maioria dos líderes locais que nós conhecemos já compreendiam que eles deviam se reunir e tornar sagrado aquele local. Seu lugar de reunião seria ali ou em algum lugar nas proximidades. Geralmente encontrávamos aos Santos animados e com fortes esperanças e muitas vezes, mas não sempre, portando a plenitude do sacerdócio, da mesma forma que nós.

Caso fosse necessário, nós os aconselhamos e os advertíamos a se arrependerem e a viverem de acordo com seu potencial. Quase sem exceção, eles recebiam nossas palavras com humildade e gratidão e iniciavam, sem temor, sua jornada espiritual para Sião.

O povo da Igreja do Senhor não era um grupo de famintos, desesperançados e escondidos nos porões. Aqueles que sobreviveram foram escolhidos antes da criação do mundo para viver nestes tempos e eles se ergueram com muita fé e disposição para edificar a obra do Senhor. Eles não estavam perdidos, eles estavam como que em casa. Às vezes tudo que precisávamos fazer era salientar isso com o poder convincente do Espírito.

Também havia uma coligação de pessoas que não eram membros da Igreja que estavam cheias do Espírito, fazendo a obra do Senhor, aumentando sua fé e vivendo sem temor. Às vezes éramos levados até eles. Quando isso acontecia, nós os abençoávamos e os inspirávamos deixando-os nas mãos de Deus para continuar sua obra. Tínhamos total esperança de um dia vê-los em Sião. Mas, primeiramente, tínhamos que trilhar nossa jornada e edificar a Sião — esse era o foco de nossos corações e mentes.

Nós sempre trocávamos o que necessitávamos enquanto estámos entre os Santos. Ocasionalmente, tínhamos exatamente o que eles precisavam e eles aquilo de que necessitávamos. Uma das coisas que constantemente buscávamos era combustível, e encontramos pessoas dispostas a fazer trocas de combustível porque não se pode comê-lo e não havia estradas em que dirigir. Descobrimos que podíamos conseguir óleo de motor e de cozinha usado por quase nada, no entanto, nosso grande caminhão poderia queimar de tudo. O interessante é que a fumaça do escapamento tinha o cheiro de batatas fritas. Nós sempre continuamos em nossa jornada com o suficiente para nossas necessidades. Não me lembro de nunca ter usado dinheiro, ouro ou prata. Esses eram, relativamente, sem nenhum valor. O que importava eram a comida e coisas básicas.

Durante essa etapa de nossa jornada, não me lembro de jamais ter visto um milagre para criar pães, peixes ou combustível. Tínhamos a ideia pré-concebida de que o Senhor esperava que trabalhássemos para obter as nossas necessidades, e que Ele nos conduziria até elas. Desenvolvemos a plena fé neste processo. Nós aprendemos muito mais tarde, no entanto, que a fé se tratava de uma lei menor, e que nós realmente estávamos sendo conduzidos para uma fé maior que nos permitiria confiar em tudo através Dele. De certa forma, aprendemos isso ao continuarmos nossa jornada para Sião. Aprendemos esse princípio de tantas maneiras até que ele se tornou uma verdade perfeita e poderosa — até que simplesmente não tínhamos nada além Dele mesmo, e isso era o suficiente.

Mudanças na Terra

A Terra havia mudado dramaticamente. A paisagem já não era a mesma. As montanhas tinham sido abatidas. Os vales tinham se elevado. Os rios tinham mudado de curso e criado novos lagos. As estradas que costumavam conduzir rumo a uma cidade agora levavam a um desfiladeiro ou a um lago. A maior parte das estradas não era mais transitável e, por essa razão, grande parte dos carros e caminhões havia sido abandonada. Os cavalos tornaram-se o meio mais valioso de transporte. Nas áreas devastadas, se você tivesse um cavalo, um lugar de aquecido e algo para comer, você era considerado rico.

Mas havia também áreas na região onde passamos que pareciam não terem sido afetadas. Havia cidades e comunidades, em lugares mais para o interior, que não tinham sido devastadas, e onde a infraestrutura não tinha sido grandemente abalada. Às vezes éramos convidados a nos abrigar em suas casas ou em sedes de estaca para tomar banho ou comer. As cidades menores, ao contrário das cidades maiores, tiveram um sucesso mais rápido em restabelecer a lei e a ordem. Todos chegaram ao ponto de proteger os limites das cidades dia e noite para garantir a paz. Não tivemos muitos problemas para convencer aos guardas a fim de que nos permitissem entrar. Eles nos recebiam, e nós os abençoávamos, ensinávamos, compartilhávamos o que estava acontecendo afora e comíamos do seu alimento também. Depois partíamos deixando-os entregues, sem temor, nas mãos do Senhor.

Achei interessante que muitas das pontes estavam ainda intactas. As estradas que levam até elas estavam em péssimo estado, mas muitas das pontes, de alguma forma, resistiram. Nós dispendemos cerca de 40 por cento do nosso tempo nas antigas estradas e o restante do tempo pelos campos. Descobrimos que as áreas abertas eram mais fáceis de percorrer e com menos interferência humana.

Nosso costume era o de estabelecer um acampamento nos arredores de uma vila ou cidade e de enviar um pequeno grupo desarmado para fazer trocas ou para reunir pessoas. Prosseguíamos com cautela e não nos aproximávamos até termos obtido a aprovação do Senhor. As cidades de maior porte eram muito mais perigosas de aproximar-se ou de se entrar.

Nossos grupos sempre retornavam com o que precisávamos. Muitas vezes voltavam também com histórias miraculosas de intervenções em que o Senhor os tinha preservado e cumprido o objetivo daquela missão. Às vezes eles retornavam com histórias de curas maravilhosas e de outras bênçãos que haviam deixado sobre o povo por terem sido gentis e receptíveis.

Quando as pontes estavam destruídas, era necessário desviar-se a uma longa distância até onde a descida já não era tão íngreme. Naquele ponto podíamos, então, descer até o vale, cruzar o rio e, em seguida, marchar até o topo. Houve momentos em que alguns dos nossos veículos ficaram presos ou atolados nos rios. Às vezes nós os puxamos com nosso grande caminhão, outras vezes os deixávamos para trás. Se um veículo quebrasse, nossos mecânicos podiam concertá-lo usando as peças de reserva que tínhamos, caso contrário, ele ficava para trás.

Passamos por muitos veículos abandonados. Havia pouco combustível e quase metade da população de antes, então encontramos veículos de todo tipo em perfeito estado parados por falta de combustível. Em algumas ocasiões, deixamos um de nossos veículos danificados para trás e pegamos os melhores que encontramos abandonados nas estradas e campos.

Ocasionalmente quando nos aproximávamos de cidades maiores, nós nos encontrávamos com as tropas estrangeiras. Nós parávamos e deixávamos que se aproximassem. Na maioria das vezes nós sabíamos de antemão, antes de iniciar a jornada daquele dia, que iríamos encontrá-los. Nós agíamos como se fôssemos um bando de pessoas sem um rumo preciso, vagando em direção ao norte. Nós, na verdade, não éramos uma ameaça para eles, e fazíamos o possível para que isso fosse óbvio. Agir daquela maneira não era difícil para nós. De fato, parecíamos uma caravana com apenas alguns líderes a liderar crianças chorando e mulheres cansadas, adolescentes que viviam reclamando e idosos que mal podiam caminhar para um novo lar ainda indeterminado. Na verdade, a pequena diferença quanto a esse aparente cenário é de que sabíamos muito bem aonde estávamos indo. O resto era tudo verdade.

O estranho foi que eles nunca questionaram onde havíamos conseguido nosso caminhão. Eles o vasculhavam ocasionalmente, mas nunca pareciam realmente perceber que era um de seus próprios veículos. Ele parecia quase invisível para eles. As tropas estrangeiras verificavam nossas identidades em busca de armas de alto calibre. Eles eram ásperos e autoritários, mas não hostís nesse ponto. Eles não se importavam para onde estávamos indo, desde que não quebrássemos suas novas leis.

Tínhamos alguns rifles de caça, e nunca os escondemos. As tropas não se importavam com essas coisas.

Devo mencionar que nunca disparamos contra nenhuma pessoa. Se fôssemos abordados por um grupo hostil, às vezes nós exibíamos as nossas armas como uma demonstração de força para que nos deixassem em paz. Mas eu não me lembro de jamais ter atirado, exceto para conseguir comida.

Com o passar do tempo, nós deixamos de matar animais para comer porque isso já não era mais necessário.

Atravessamos Idaho numa rota em ziguezague, seguindo a voz do Espírito e reunindo aqueles que nos eram mostrados. Nosso grupo foi crescendo em tamanho e tínhamos, assim, mais bocas para alimentar. Mas nosso maior desafio era ensinar aqueles que se juntavam a nós. Essas novas pessoas logo pegavam o espírito do nosso acampamento e tornavam-se um bem considerável para nossa companhia. Todos tinham alguma responsabilidade, e todos trabalhavam desinteressadamente. Mesmo os adolescentes e jovens trabalhavam duro, às vezes depois de reclamar um pouco, mas nós apenas sorríamos para eles, orando silenciosamente e, depois disso, eles se uniam ao trabalho sem reclamação.

As folhas estavam apenas começando a mudar de cor quando adentramos no estado de Montana. Houve muitos danos causados às cidades daquela área, mais do que os que tínhamos visto em Idaho. Havia também muita anarquia e caos. Várias gangues defendiam e tomaram posse de regiões das cidades, não deixando ninguém entrar ou sair sem sua permissão, o que geralmente acontecia depois de pagar-se um tributo. As estradas que conduziam às várias partes da cidade eram muito bem guardadas. Havia um tipo de comércio naquela área, e alguns serviços básicos tinham sido restaurados. Esses bandos ou gangues viviam às custas das pessoas que partilhavam de sua comida em troca de proteção contra outras gangues.

Exercemos o devido cuidado para evitar conflito com esses grupos. Estávamos constantemente em guarda contra aqueles que fingiam amizade ou necessidade, com o simples intuito de nos roubar. Usávamos o sacerdócio e dependíamos do Senhor para nos guiar em segurança. Tínhamos vigias à noite que trocavam de escala a cada 4 horas.

Ao determinarmos, através de nossos dons espirituais, que as pessoas vinham em paz, nós os alimentávamos e compartilhávamos nossos suprimentos básicos com eles. Raramente mencionamos quem nós éramos ou qual era o nosso destino final. Todos esses grupos tinham seu próprio destino e partiam dentro de alguns dias. Oferecemos a eles o que precisavam e, se eles tivessem fé, nós os curávamos usando o sacerdócio. Se um grupo fosse de membros da Igreja, e o Espírito o aprovasse, nós divulgávamos quem nós éramos e aonde íamos e os convidávamos a se unirem a nós. Mas, na maioria das vezes, eles seguiram seu próprio caminho.

Todos os dias nós cozinhávamos em grandes quantidades e comíamos juntos.

O alimento era básico, bem simples e muitas vezes sem carne, mas nós prosperávaamos porque estávamos sendo modificados, mesmo que a maioria da nossa companhia não pudesse ainda entender em que estávamos sendo transformados.

Sião no Canadá

Levamos todo o verão e o outono para chegar a Cardston, no Canadá. Lembre-se que mesmo que eu estivesse passando por isso "ao vivo", aquilo ainda era uma visão. Eu não estava realmente lá. Meu corpo se encontrava deitado na minha cama esperando meu espírito retornar. Meu espírito estava observando aquelas coisas em uma visão. A razão pela qual estou mencionando isso é que o tempo foi comprimido para mim. A princípio, eu vi todos os dias e contemplei cada passo da nossa jornada mas, quanto mais perto nos aproximávamos do Canadá, mais eu via apenas eventos e lugares importantes. A visão começou a pular para a frente, saltando alguns períodos de tempo. Isso me deixou sem um conceito claro de quanto tempo havia decorrido. A passagem do tempo ficou ainda mais confusa quando finalmente chegamos a Sião, mas vou guardar esses detalhes para o devido lugar na história.

Encontramos um grande grupo de Santos em Cardston, não muito longe do templo. Calculo que havia 20.000 pessoas lá, e mais estavam chegando diariamente. Eles tinham erguido uma pequena cidade em um grande terreno a uma curta distância do templo. Era tudo organizado e ordenado. Havia muitas pessoas locais que estavam nos esperando e que tinham se preparado para receber-nos. O local que escolhemos para nos estabelecer tinha alguns prédios dispersos tais como celeiros, armazéns e algumas casas. Estes se tornaram partes da cidade nova, lojas e locais de reunião.

Este assentamento não tinha sido criado com o objetivo de ser uma cidade temporária, embora houvesse no início muitas barracas juntamente com trailers e todo o tipo de outros abrigos imagináveis. Os líderes tinham um plano em mente, a construção de casas e outras estruturas permanentes. Havia lugares espaçosos para se guardar comida e água. Um rio bem limpo corria ao leste do nosso acampamento fornecendo água. A cidade era iluminada por eletricidade, com postes e luzes nas barracas e trailers. Eu sabia que a eletricidade estava sendo produzida em algum lugar no campo, mas não me lembro de ter ouvido o ruído de geradores. Não sei de onde vinha, e eu não me lembro de ter observado oscilação ou falta de energia. Havia hospitais, escolas, lanchonetes e todos os outros serviços necessários.

Estávamos chegando quase um ano após o inicio daquela coligação e as coisas estavam mais permanentes e ordenadas do que haviam sido há um ano atrás. A igreja tinha assumido o comando e a cidade, de tendas, rapidamente evoluiu para um lugar seguro e organizado com necessidades básicas disponíveis. Homens e mulheres foram colocados para trabalhar na edificação de uma cidade permanente.

Não havia dinheiro — eles tinham tudo em comum, e estavam felizes. As pessoas nos acolheram sem suspeições. Eles estavam esperando nossa chegada por dias. Fomos os primeiros a chegar, mas outros grupos que tinham deixado Salt Lake City, simultaneamente mas com outras designações, começaram a chegar todos os dias. Eles tinham partido com centenas e haviam chegado como milhares. Alguns haviam chegado da Califórnia, Oregon e Washington e tinham histórias inspiradoras e interessantes para contar sobre sua viagem. Nós os cumprimentamos quase como Alma e os filhos de Mosias. Nós nos abraçamos e nos regozijamos rendendo graças na obra que nosso Deus tinha realizado através de suas mãos.

O acampamento era fechado por uma cerca, mas não havia uma barricada ou fortificação tal como havíamos visto nas cidades em Montana. Aqui, havia paz e segurança. Os guardas no portão não carregavam armas. Se a defesa fosse necessária, ela seria feita por intervenção divina.

Eu estava ciente de que havia outros lugares de reunião como esse em todos os Estados Unidos, Europa, América do Sul, ou em qualquer lugar onde as estacas de Sião haviam sido organizadas antes dos terremotos. O poder de Deus tinha inspirado a Igreja, que tinha mundialmente se erguido em sua plena capacidade. Ela tinha um sistema de comunicação estabelecido em todo o mundo e eles nos guiavam com conselhos inspirados e nos mantiveram informados acerca dos acontecimentos globais.

Foi-nos mostrado onde acampar e recebemos alimento e um lugar para dormir. Nós não ficamos juntos como companhia, mas fomos espalhados por toda a cidade com várias atribuições de acordo com os nossos talentos e habilidades. Fui convidado a acompanhar os nossos "doze", para relatar aos irmãos em Cardston. Nós andamos uma pequena distância para chegar até o templo, onde a liderança da Igreja tinha seus escritórios. Ficamos surpresos, sem razão, quando nos encontramos com dois membros do Quórum dos Doze Apóstolos lá nos escritórios da Igreja no Canadá. O que mais nos surpreendeu foi que eles não tinham viajado com nenhuma das companhias, e não havia nenhuma nada como transporte comercial nem qualquer sistema viário que nos conectasse. Eles haviam chegado meses antes de nós.

Como eles tinham conseguido chegar aqui era desconhecido a todos. Nunca nos foi explicado como eles haviam chegado lá antes de nós — apesar de que, anos mais tarde, quando finalmente chegamos a Sião, tais coisas se tornaram comuns e não mais surpreendentes.

Nós relatamos a nossa jornada a eles. Nós mantivemos um registro sobre todas as cidades em que ministramos e sobre cada pessoa que saiu, que uniu-se a nós eque faleceu durante a jornada bem como sobre os que haviam chegado conosco. Eles nos agradeceram com a mais calorosa gratidão e, como nos foi relatado sobre Adão-ondi-Amã, eles aceitaram nosso relatório e nos disseram, "Bem feito".

A Conferência em Cardston

No final daquele outono, cada companhia esperada tinha chegado. Os líderes em Cardston anunciaram que haveria uma conferência em outubro. Uma grande parte de um campo numa leve colina foi identificada como o local para a conferência. Uma plataforma temporária e iluminada foi erguida juntamente com um adequado sistema de alto-falantes. Como havia poucas cadeiras, a maioria das pessoas ficou de pé. Elas trouxeram cobertores para sentar-se sobre a encosta ou ficaram de pé. Pareceu-nos um sublime privilégio estar lá e não ouvi ninguém reclamar.

Quando chegamos ao Canadá, estávamos alegres como grupo e como amigos reunidos. Agora, estávamos alegres como cidade. Imagino que havia aproximadamente 30.000 pessoas reunidas naquele campo e o espírito de unidade e alegria era poderoso. Muitos choravam pela perda de seus entes queridos durante os terremotos e dos sacrifícios durante a jornada até essa parte de Sião. Mas as nossas mentes estavam centralizadas na alegria daquele momento que havia sido tão aguardado, observado em visão e registrado nas escrituras. Nossos corações estavam unidos em pensamento: "finalmente ocorreu! Finalmente aconteceu! Nós sobrevivemos! Nós sobrevivemos à purificação! Nós sobrevivemos à jornada e estamos aqui!"

Todos nos sentimos ansiosos por deixar Cardston em direção a Missouri a fim de edificar Sião, inaugurar o milênio e receber a Cristo quando Ele chegasse. Grande parte da conversa e especulações antes da conferência era sobre quem sairia primeiro, como e quando. Muitos esperavam que esse acampamento em Cardston fosse temporário. Acho que todos esperavam continuar caminhando para a Nova Jerusalém.

A conferência começou com um grande coral cantando os hinos de Sião.

O membro sênior dos Doze, que estava em Cardston, conduziu a reunião. A primeira coisa que ele falou foi ensinar-nos que poucos de nós realmente iriam para Missouri, e que esse lugar se tornaria numa cidade tão gloriosa e grande quanto o Centro de Sião. Isto causou certa decepção para algumas pessoas que perceberam que não seriam enviadas a Sião. Soubemos, mais tarde, que alguns grupos haviam sido enviados para a Ásia, Europa e outros lugares distantes para fortalecer aos Santos e para construir cidades de Sião em todo o mundo.

Foi-nos dito nesta conferência, que já havia um grupo que tinha chegado a Sião, bem como alguns membros dos Doze Apóstolos, e que a construção do templo lá já tinha começado.

Um dos Apóstolos levantou-se e relatou sobre a grande conferência em Salt Lake City e sobre as mudanças no mundo. Ele falou sobre o dever de edificar, embelezar e manter essas várias novas "cidades de Sião" que naquele momento estavam sendo construídas.

Havia vários grupos que tinham chegado da América do Sul. Eles se levantaram e relataram sua jornada. Eles não falavam inglês, mas todos entenderam e compreenderam embora eles insistissem que estavam falando e ouvindo a sua própria língua, da mesma forma que nós estávamos ouvindo e falando inglês. A partir desse momento, já não pensamos sobre diferentes idiomas da mesma forma. Nós aceitamos essa mudança como um dos milagres vitais dos últimos dias para nossas missões de reunir todo o mundo em Sião.

Os grupos que vieram através da Califórnia e por outros caminhos relataram brevemente sua jornada e falaram dos milagres de fé que eles tinham desfrutado. Eles também mencionaram as grandes mudanças na paisagem e as transformações avassaladoras na sociedade. Não houve menção sobre as tropas estrangeiras ou o que elas estavam fazendo porque isso era inconsequente - pois tudo estava sujeito aos planos de Deus, e não aos deles.

A conferência durou todo o dia. Era aproximadamente outubro, mas não estava frio. O tempo estava ameno e, às vezes, o simples fato de se usar uma roupa de mangas compridas dava a sensação de era excessivamente quente. Até mesmo o entardecer e as noites eram amenas. Todos prestaram atenção e questionaram essas mudanças.

Os Santos se sentiram fortalecidos após a conferência. Ela nos deu uma visão muito mais ampla sobre o que estava acontecendo e sobre o que deveríamos fazer a seguir. A diferença era semelhante a ler as histórias sobre o êxodo dos Filhos de Israel e, então, ouvir a mesma história de alguém que realmente passou por aquilo.

Cada pessoa alí presente teve uma visualização daqueles dias sendo como o fim dos tempos, e não somente com um terremoto global.

Esperando em Cardston

Houve muita conversa sobre quando seria a Segunda Vinda. Havia tantas mudanças visíveis na Terra, no sacerdócio e nossos corpos, que as pessoas tinham dificuldades de perceber aonde estávamos no esquema global das coisas. Havia muitas opiniões sobre o desenrolar dos acontecimentos que era difícil compará-las com nossas circunstâncias presentes. Como eu disse antes, eu fui forçado na maior parte a não mencionar datas, de acordo com meu entendimento dos acontecimentos, porque não era o meu papel "revelar" tais coisas para outras pessoas.

Não tínhamos acesso às informações como temos agora. Já não havia computadores, televisões ou rádios. A Internet tinha desaparecido. Nós não só desejávamos ter conhecimento sobre esse assunto, mas também saber o que estava acontecendo no resto do mundo. Todos nós conhecíamos alguém, em algum lugar, que tinha desaparecido. A maioria de nós queria saber se os Estados Unidos tinha sobrevivido como uma nação e o que as tropas estrangeiras realmente estavam fazendo.

As pessoas juntavam as peças desse quebra-cabeça, mas não necessariamente em perfeita ordem. Algumas pensavam que a Segunda Vinda já tinha acontecido em Salt Lake City, quando Cristo apareceu naquela conferência. Dependendo do quanto uma pessoa tinha estudado e compreendido a doutrina do sacerdócio, e dependendo de quão poderosamente o Espírito tinha trabalhado sobre eles nos anos anteriores aqueles dias, alguns do nosso grupo eram como bebês em sua compreensão. Suas ideias não causavam discórdia, mas tornaram mais difícil para eles entenderem a sua missão no futuro.

Houve muitos sermões e reuniões especiais dedicadas a esses assuntos. Nossos líderes pediram-nos para não nos preocuparmos com datas, eventos mundiais, intriga nacional ou guerras, mas para termos esperança no Senhor e seguirmos em frente.

Muitas coisas significativas tinham acontecido no ano anterior, então não havia nenhuma dúvida de que estávamos muito perto da Segunda Vinda. Sabíamos que os tempos estavam avançando rapidamente.

Recebemos as nossas designações durante a conferência, e mais uma vez fomos divididos em companhias. Estávamos ansiosos para prosseguir e terminar as nossas tarefas com o propósito de criar a nossa Sião, para que a Segunda Vinda pudesse ocorrer. Tínhamos recebido nossas ordens, pelo menos por agora, para nos prepararmos para nossa jornada, e partir assim que obtivéssemos a ordem final.

As autoridades cívicas no Canadá e as tropas estrangeiras estavam inicialmente satisfeitas por tomarmos conta de nós mesmos e assim não drenarmos seus recursos. No entanto, quando nossos números começaram a aumentar, eles ficaram preocupados que não daríamos conta de alimentar a tantas pessoas e que começaríamos a pedir por alimentos e outros recursos. O Canadá tinha sofrido em algumas áreas, especialmente ao longo das costas, mas em Cardston, havia muito menos danos. O templo sofreu apenas pequenos danos.

Considerávamos Cardston como um local permanente, mas os moradores nos consideravam de forma transitória. Começou a haver alguns conflitos onde pessoas locais tentaram roubar comida ou iniciar brigas. Nossos líderes soltavam-nas depois de dar-lhes comida e um convite para retornar a qualquer momento para obter mais. Consideramos a possibilidade de que essas contendas tinham sido arranjadas com o propósito de dar razão para que as tropas estrangeiras pudessem se infiltrar na nossa pequena cidade, estabelecer a lei marcial e também assumir o controle dos nossos armazéns de comida. Eles queriam que nós nos dispersássemos, e isso seria mais fácil se não tivéssemos comida.

No entanto, eles nunca conseguiram encontrar uma razão contra nós. Nossos líderes foram inspirados em cada reação e tinham planejando esse dia há décadas. Nós plantamos árvores frutíferas e grãos em grandes extensões de terra e com a criação de animais podíamos ter leite e queijo.

Tivemos uma enorme força de trabalho e podíamos realizar qualquer coisa numa questão de dias ou semanas. Muitos prédios estavam sendo edificados. Esses prédios não eram estruturas fracas, mas construções permanentes de fino acabamento feito de madeira, tijolo e pedra.

Durante uma das reuniões, os líderes nos mostraram uma série de grandes mapas que tinham sido desenhados há muito tempo. Eles mostravam Sião no Missouri como o centro de um alvo, com dezenas de anéis concêntricos, saindo daquele ponto. Em toda a América do Norte havia cidades indicadas ao longo destas linhas e anéis desenhados ao redor dessas cidades, indicando seu tamanho planejado. O resultado final era o de que todo o continente estava coberto com cidades uniformemente espaçadas fluindo para fora do local central de Sião.

A face de todo o continente estava mais plana, com as montanhas restantes parecendo mais como grandes colinas do que grandes obstáculos ao homem. Havia apenas pequenas estradas para conectar todas as cidades umas as outras e até Sião, mas não havia rodovias ou trilhos. A planta da cidade incluía fazendas, comércio, templos e todas as outras necessidades para uma sociedade de Sião. De acordo com esse plano, cada cidade poderia viver de forma independente.

Eu estava interessado no fato de que não havia quase nenhuma indicação de indústrias no mapa e poucas estradas. Ao invés de se ser uma "omissão", como eu havia pensado inicialmente, eu pude mais tarde entender que esse plano foi desenvolvido para quando Cristo retornasse e que não haveria nenhuma necessidade de indústrias ou estradas porque o mundo inteiro estaria vivendo em um estado milenar. Não haveria morte, doença e nenhuma necessidade que não pudesse ser atendida pela fabricação caseira ou invocando-se o poder de Deus.

Uma Sociedade em Constante Evolução

A sociedade estava mudando; pelo menos aqui na "Cidade de Sião" de Cardston. O mundo lá fora ainda estava passando por grande caos. Em todos os lugares aonde os governos haviam se recuperado, eles começaram a exercer controle, geralmente na forma de lei marcial, o que levou a conflitos e guerras civís. Em todo o mundo, as guerras começavam por qualquer razão imaginável. O ódio ainda ardia entre pessoas de diferentes raças, e os tratados e antigas fronteiras tinham deixado de existir. Mesmo com mais da metade da população mundial morta, essas guerras fora de Sião, por fim, eliminaram novamente o restante da população humana pela metade.

Aqui em nossa pequena parte de Sião, nossos corações estavam mudando, nossos corpos estavam mudando e nosso "coeficiente de inteligência" espiritual estava mudando. Ainda tínhamos a plenitude do sacerdócio, conforme descobrimos pouco antes da primeira grande conferência, e nós estávamos aprendendo todos os dias sobre o que isso significava. Levamos anos para entender que nós tínhamos que evoluir para Sião e não apenas caminhar até ela. Era um processo que envolvia despir-se de tudo o que pertence ao mundo e substituí-los pela total confiança em Deus. Tivemos que aprender que nós não precisávamos de nada do mundo telestial. Tudo o que precisávamos era completa fé em Cristo. Foi uma transição difícil de se fazer, mas essa foi uma das razões pelas quais nossa viagem para Sião levou tantos anos — não para cobrir a distância, mas para evoluir espiritualmente, para que quando lá chegássemos pudéssemos ser dignos de estar em Sião.

Como ilustração, lembro-me de um evento que nos ensinou uma grande lição. Na primeira etapa da nossa viagem, um dos irmãos do conselho era diabético desde a infância. Ele foi capaz de trazer consigo uma grande quantidade de remédios. Mas depois de alguns meses, eles acabaram. Ele piorou dia após dia até que seu corpo não mais reagia e só podia comer pequenas quantidades ou o açúcar no seu sangue subia perigosamente. Ele perdeu peso drasticamente e sofreu por meses. Todos nós pensávamos que ele em breve morreria.

Ele pediu e, claro, recebeu várias bênçãos do sacerdócio, mas mesmo assim ele não melhoravau. Nossa capacidade de curar tinha sido manifestada quase 100% das vezes que nós pedimos a Deus. Nós tínhamos visto muitos milagres do sacerdócio e não conseguíamos entender por que este irmão fiel, a quem sabíamos ser justo, não se recuperava imediatamente. Nós vimos que ele mesmo realizara milagres e por isso sabíamos que era digno das bênçãos que estávamos pedindo, mas ele não se recuperava.

Então, certa manhã, ele se levantou da cama e anunciou que não precisava mais de medicação. Ele tomou um desjejum normal e depois disso nunca mais teve problemas. Perguntamos-lhe o que tinha mudado — porque agora estava curado.

Ele respondeu: "enquanto estava morrendo, tudo o que pude pensar foi 'Por que o Senhor não me conduziu a lugares onde pudesse obter mais remédio para que eu continuasse com a minha missão para Ele?' Eu tive que chegar muito perto da morte para perceber que eu estava pedindo a bênção errada. Estive no Centro de Conferências, quando Jesus Cristo nos mostrou na visão todas as nossas futuras obras, e eu sabia que eu chegaria a Sião com esta companhia. Mas estava tentando fazer com que o Senhor me fizesse chegar a minha maneira — a base de remédios. Eu me humilhei e disse a Ele que gostaria de ir a qualquer lugar que Ele quisesse, para Sião ou para o céu, e que eu iria de acordo com a Sua vontade."

Ele continuou: "Entendi no meu coração aquilo que eu já sabia, de que eu chegaria a Sião, e que se o Senhor não tinha arranjado remédios para mim, é porque obviamente eu não precisava mais deles. Eu sabia que era verdade. Senti a vitalidade voltar ao meu corpo e levantei-me da cama. O poder de Deus e do seu sacerdócio estão se manifestando em mim, e agora estou perfeitamente bem. Só tive que aprender que o Senhor é a minha salvação, não um frasco de remédio."

Tínhamos o poder do sacerdócio, mas não a maturidade espiritual e a compreensão de usá-lo com perfeição. Como esse bom irmão, foi necessário aprender como ter uma fé perfeita e como soltar as nossas mãos das "coisas" que pensávamos ser nossa salvação.

Houve outras lições que tivemos que aprender antes de chegarmos a Sião. Se tivéssemos compreendido o que estava ao nosso alcance, poderíamos ter apenas "viajado" a Sião num piscar de olhos pelo poder de Deus. Aquele conhecimento não nos foi revelado porque tivemos que andar até lá e neste processo tivemos que nos despojar de tudo o que tínhamos exceto alguns trapos de roupa, antes de aprendermos a confiar totalmente em Deus e usar o Seu sacerdócio para fornecer as coisas que nós, anteriormente, tínhamos recebido da sociedade ou trabalhado para obter. A lei dada através da frase "pelo suor do teu rosto" tinha sido alterada, mas nos levaria anos para que esse doce conhecimento crescesse.

Nossa sociedade também foi evoluindo no sentido de que não havia necessidade de rodovias, aeroportos ou trens porque, com o passar do tempo, os Santos seriam ensinados como viajar de um lugar para outro, pelo poder de Deus. Sabíamos que essa era a maneira como alguns dos Apóstolos e outros líderes tinham vindo para o Canadá para a última conferência, mas ainda não sabíamos como acessar essa bênção por nós mesmos.

Também não havia plano para infraestrutura permanente porque as cidades de Sião seriam iluminadas pelo poder de Deus; a comunicação e a informação seriam implementados através de um Urim e Tumim que cada pessoa possuiria e os corpos milenares não teriam sede, fome ou produziriam resíduos — portanto, não haveria necessidade para sistemas de esgoto.

A sociedade também íai evoluindo para uma era quase pré-industrial, porque com o tempo, muito tempo, na verdade, eventualmente aprendemos que nós não tínhamos que fabricar nada. Em nossa evolução para Sião em Cardston, construímos clínicas médicas e serrarias e muitas outras pequenas indústrias para as nossas presentes necessidades, fato que alguns de nós sabíamos que, eventualmente, não teria nenhum uso prático. Relatarei sobre isso mais adiante.

Entretanto, nós estávamos esperando para que fosse di to que estava na hora de deixar Cardston. Eu esperei muito, servindo no templo ou em qualquer outro lugar aonde o Senhor me chamasse. Esse era um tempo maravilhoso para mim. Tendo estado doente toda a minha vida, e agora com o poder de Deus e a alteração no meu corpo me dando interminável saúde e energia, eu me sentia como uma criança aprendendo a andar.

Foi uma época de grandes descobertas para mim, e eu adorava cada minuto. Mais do que isso, eu amava ao Senhor e desenvolvi um profundo relacionamento com aqueles com quem eu servia.

Nós permanecemos naquele local todo o inverno, ou talvez fossem vários invernos. Não tenho a certeza. Repetindo, meu ponto de vista a respeito dessas coisas começou a pular à frente mais frequentemente no tempo. Enquanto eu estava naquela visão, eu entendia a tudo claramente, mas quando voltei para minha identidade mortal, a quantidade de informação era muito mais do que minha mente mortal poderia conter, e perdi muito dos detalhes.

O inverno foi ameno, com uma média de 18 graus e nunca abaixo de zero. A maioria das pessoas passava o tempo construindo e trabalhando para o nosso bem-estar comum. Todo o trabalho era organizado, e as pessoas faziam uma rotação de tarefas de tempos em tempos a não ser os que tinham uma especialidade, como medicina ou outra ciência. Sendo que minha experiência tinha sido como um oficiante no templo, eu servi na Casa do Senhor dia e noite, trabalhando para completar milhares de ordenanças em favor dos que chegaram e foram ensinados e que estavam agora prontos.

Também houve muita conversa e especulação sobre quando e onde ocorreria o retorno das dez tribos "perdidas". Sabíamos que algumas companhias haviam sido enviadas para outros países, e deduzimos que eles estavam coligando esses grupos perdidos. Quando nos reunimos para conferência ou outras reuniões, estávamos com sede de saber o que estava acontecendo com essas outras companhias. Com toda essa admiração e deliciosa especulação, não havia dúvidas de que tudo aconteceria conforme profetizado. Só queríamos saber até que ponto as coisas haviam progredido.

Muitos grupos pequenos chegaram durante esse inverno. Havia companhias da Europa e Ásia e um grande grupo que veio através de uma ponte natural que se estendia da Rússia até o Alasca e, daí, desceram por através do Alasca e do Canadá até Cardston. Eles talvez não soubessem quem eram, mas suas bênçãos patriarcais revelaram-lhes como sendo de uma das então chamadas tribos "perdidas" de Israel. Eles não estavam realmente perdidos – apenas não sabiam quem eram até a sua chegada.

As pessoas que os haviam conduzido a Cardston eram, literalmente, anjos. Para os refugiados, esses anjos eram apenas pessoas que vieram, reuniram, ensinaram, batizaram e ordenaram aquelas pessoas durante seus anos do êxodo. Apenas alguns líderes justos verdadeiramente entendiam quem os estava conduzindo. Aos meus olhos, eles eram seres transladados — alguns de milhares de anos atrás, outros daquela época.

Essas pessoas, ao chegarem, tinham passado por um "fogo refinador" semelhante ao que experimentamos em nossas viagens. Eles começaram em caminhões e chegaram em trapos, mas eles literalmente brilhavam devido à sua fé e retidão.

Embora eu estivesse contemplando isso em uma visão, afirmo que esses foram tempos que eu jamais esquecerei. Eu estava lá, no corpo ou fora dele, não importa, e foi magnífico.

Por volta do primeiro de abril, foi realizada uma nova conferência. Recebemos nossas designações e destinos para várias "cidades de Sião." Nós recebemos um relatório detalhado sobre a Nova Jerusalém. Estávamos espantados de quanto trabalho já tinha sido realizado em Sião e por quanto tempo à liderança da Igreja já vinha planejando e se preparando para construir o que costumávamos chamar de Missouri.

Muitos ficaram surpresos com as suas designações e havia um crescente espírito de vontade e retidão entre nós. Uma das dificuldades era que o conceito de "caminhar até Sião" em Missouri tinha sido por tanto tempo uma tamanha parte da cultura Mórmon, que agora era difícil de se imaginar irmos para outro lugar. Não ouvi ninguém recusar seu chamado ou reclamar sobre as suas novas missões. Eles estavam preparados e prontos para continuar.

Por eu ter estado na grande conferência em Salt Lake City e ter visto, em visão, a minha futura missão, assim como outros, eu sabia muito mais sobre a nossa viagem, além do Canadá, do que aqueles que não haviam tido aquela experiência profética. Ao ser inspirado pelo Espírito, eu compartilhei o meu conhecimento mas, na maioria das vezes, eu ficava em silêncio.

Eu estava constantemente observando e ouvindo a fim de encontrar alguém que tivesse estado naquela conferência. Durante as muitas conversas que tive com essas abençoadas pessoas, descobri que todos tinham tido uma visão de seu futuro. Nossas visões foram individuais, personalizadas e diferentes umas das outras. Compartilhamos nossas histórias e comparamos nossos variados pontos de vista e, por isso, fomos capazes de ter um quadro bem mais amplo do que aconteceria, e isso foi algo literalmente deslumbrante de se contemplar.

Aqueles de nós que tinham experimentado a mudança física e real da transladação eram um pouco diferentes dos demais. Nós tínhamos uma percepção mais clara das coisas e dons espirituais maiores. A menos que estivéssemos falando com outra alma transladada, nós mantínhamos nosso status e conhecimento para nós mesmos, conforme exigido pelo Espírito.

Estávamos aprendendo que as pessoas transladadas não se cansavam como as pessoas normais. Tudo tomava menos esforço e era menos cansativo. Recuperávamo-nos rapidamente, podíamos trabalhar arduamente e estar bem em poucos minutos. Ainda comíamos e dormíamos mas, ao falarmos entre nós, questionávamos se comer e dormir ainda era algo necessário. Após um grande dia de trabalho, eu estava com fome e cansado, mas muito menos do que na minha vida anterior. Comer era uma decisão e parecia ser, agora, diferente. Eu precisava de menos alimento, dormia menos e, melhor ainda, me sentia total e extraordinariamente bem. Eu podia despertar em um segundo, mesmo depois de apenas alguns minutos de sono e me sentia perfeitamente revigorado e pronto para seguir adiante. No final do dia, eu não estava mais cansado do que quando havia dormido toda a noite. Descobri que lesões, cortes e arranhões curavam tão rápido quanto eu quisesse. Eu não sentia dor, apenas tinha uma percepção sobre a existência do machucado. Se eu o ignorasse, ele sarava em dias em vez de semanas. Se eu desejasse ficar curado eu orava ao Pai, e ficava bem em questão de minutos. Eu sabia que, com o tempo, eu seria imune a lesões, mas não naquele momento.

Eu estava me tornando fisicamente mais forte dia a dia. Minha mente ficava era mais clara e mais ativa. Coisas que antes levariam muito tempo para estudar agora vinham para mim como que em lampejos de entendimento. Aumentei a minha capacidade de compreender situações complexas, e eu imediatamente podia vir com respostas complicadas que eram completamente corretas e inspiradas. Minha audição foi sintonizada com a palavra do Senhor. A revelação tornou-se constante e interminável. Já não tinha tentações de qualquer tipo. Já não caminhava pela névoa de escuridão. Não precisava mais segurar a barra de ferro, porque ela tornara-se parte de mim, parte da minha alma, parte de quem eu era.

Minha capacidade de amar foi profundamente aprimorada, fazendo com que conhecer as pessoas fosse ainda mais doce e a separação mais difícil. Se alguma coisa tinha o poder de trazer dor a uma alma transladada, era esta infusão de caridade, porque meu coração queria que todos fossem abençoados, edificados e que suas necessidades fossem supridas. Isso nem sempre foi possível e as pessoas a quem eu tanto amava às vezes escolheram transgredir, e isso causava-me profunda tristeza.

Cada novo dom que eu tinha estava centralizado em nossa nova missão. A companhia constante do Espírito Santo era uma realidade sempre presente, e nós conhecíamos a mente e a vontade do Senhor. Não havia mais suposições nem temores.

A ciência, a matemática e até mesmo minha formação profissional pareciam tornar-se menos importantes. Não havia nenhuma razão em buscar-se as ciências dos mortais quando a resposta, que levaria cinco engenheiros com supercomputadores, entrava em sua mente através de revelação . Já se tinha a resposta. Essa nova forma de pensar não foi uma atualização do nosso Coeficiente de Inteligência - era o véu sendo retirado para revelar o que já existia. Alguns de nós tínhamos participado na criação de mundos antes de nascermos, e as ciências divinas compreendidas por nós estavam lentamente perfurando o véu mortal, substituindo o conhecimento humano.

Era fascinante ver nossa sociedade progredindo tão rapidamente, embora de maneira mais simples, menos industrial e não comercial e com nenhuma ideia pré-concebida de consumismo .

Nós viríamos a descobrir a verdade de todas estas questões ao longo do tempo. Por agora, parecia como se estivéssemos desembrulhando lentamente presentes na manhã de Natal — procurando desfrutar do processo de descoberta, tanto quanto dos presentes em si.

Aos meus olhos espirituais, existia algo diferente sobre as pessoas transladadas. Eu podia discerní-las de longe. Então, ao ter a oportunidade de falar com outra pessoa recentemente transladada, podíamos ocasionalmente aproveitar o tempo para discutir o seu significado e quais experiências e novos dons do sacerdócio nós tínhamos experimentado. Nós comparávamos as experiências que ocorreram desde a grande conferência e tentávamos montar uma perspectiva maior. Quanto mais eu aprendia, mais percebia que mesmo com esse belo panorama da minha vida, eu conhecia apenas uma pequena parte doconjunto total. Essa foi uma revelação forte e ao mesmo tempo humilde para mim.

Também sabíamos que, apesar do dom da transladação ter-nos sido totalmente dado, ainda assim estávamos no processo de nos "tornarmos" transladados, de aprender sobre nossos deveres e nossas capacidades de aprendizado e de quando seria apropriado usá-los.

Quando eu encontrava um ser que havia sido transladado há muito tempo, percebia uma energia e uma serenidade da retidão que eu ainda não possuía. Ver e experimentar seu estado altamente desenvolvido motivava-me a ceder a qualquer processo que precisava suportar para tornar-me totalmente evoluído em meu novo status. Eu sabia que estava mudando. Eu também sabia que levaria anos para que o processo fosse totalmente implementado.

Havia uma influência direta e constante do Espírito Santo nos acampamentos que não podia ser negado.

Esse era um novo fenômeno entre os Santos que havia começado desde o dia da grande conferência. Todos estavam se adaptando a esse novo nível de poder espiritual. Houve muita conversa sobre se esse era o estado "milenar" ou se era parte do processo de transladação.

Mais ou menos naquela época, as viagens transoceânicas novamente tornaram-se possíveis. As diferentes cidades de Sião ao redor do mundo tinham sido fundadas e fortificadas. Muitos grupos do Canadá foram designados para viajar para essas cidades menores para reunir aos eleitos ao longo do caminho. Companhias também deixaram Salt Lake City e outras cidades de Sião, para prosseguirem e se coligarem. Esse trabalho foi dirigido pelos Apóstolos em Salt Lake City. A Igreja tinha uma rede de telecomunicações que estava em funcionamento antes das tribulações começarem, mas estávamos aprendendo a usar um sistema mais perfeito. Ele começou a funcionar porque o poder de Deus estava sendo manifestado, em maior grau, entre nós. Assim como os dois Apóstolos tinham chegado a Cardston por meios divinos, os sistemas de comunicações artificiais lentamente se tornaram obsoletos.

Deixando Cardston

Preparamo-nos durante todo o inverno para nossa partida. Era março quando saímos de nossas novas casas e dissemos adeus aos nossos amigos. Estávamos indo em direção ao Lugar Central de Sião, anteriormente conhecido como Missouri, e partimos com uma canção em nossos corações. Nossa companhia era menor, talvez com umas trezentas pessoas, incluindo famílias. Levamos nosso grande veículo militar, carregado de suprimentos, bem como algumas camionetes. O combustível não era abundante mas, no Canadá, havia algumas refinarias ainda em funcionamento e trocamos algumas coisas por combustível. Saímos sem o sentimento de temor. Tínhamos visto tantos milagres que não poderíamos imaginar nada mais do que o cuidado constante e a proteção do Senhor sobre nós. Não tínhamos medo de nada, nem de homem, nem de exército, fosse ele visível ou invisível.

Fui chamado e sentei-me com um dos Apóstolos, em Cardston. Ele me cumprimentou muito carinhosamente. Ele era uma alma recém-transladada, e nos saudamos com um forte abraço, como se fôssemos irmãos desde infância. Ele me designou para a minha nova missão no templo na Nova Jerusalém. Esse foi o motivo pelo qual eu estava naquela companhia e não em outro lugar. Eu havia memorizado todas as ordenanças devido ao meu serviço prévio nos templos, antes das tribulações, e enquanto no Canadá.

Eu fui designado a levar esse conhecimento ao Missouri, estabelecer as ordenanças e treinar outras pessoas. Claro... fiquei emocionado! Essa era uma parte da minha jornada que eu não tinha previsto. Eu tinha visto na visão que eu chegaria a Sião, mas não o que eu faria uma vez lá.

Como tínhamos feito na primeira etapa da nossa viagem, começamos com uma reunião do conselho que, rapidamente, resultou em conhecer a mente do Senhor e o destino do nosso primeiro dia de viagem. Apresentamos isso para o nosso acampamento e todos apoiaram. Nós nos ajoelhamos em oração, tomamos o nosso desjejum pela última vez em Cardston e saímos pelo portão sul. Estávamos indo para Montana. Os caminhões andavam um pouco mais rápidos e logo estávamos fora de vista. Nós andamos, caminhamos e ponderamos.

Essa etapa da nossa jornada parecia bem simples. Não fomos designados para reunir a tantos. Não tínhamos muitos mantimentos, somente poucos pertences. Nós estávamos bem além da fase de revelação - "deves estudá-lo bem em tua mente; depois me deves perguntar se está certo". Despertamos todas as manhãs já conhecendo a vontade do Senhor. Sabíamos o que fazer e como fazê-lo bem como os seus resultados. Paramos de cometer erros. Estávamos sempre aonde precisávamos estar, no momento certo, com as palavras certas e o poder para realizar a vontade do Senhor.

Podíamos abordar a um desconhecido e conhecer suas necessidades e circunstâncias. Podíamos dizer, "seu marido está em casa morrendo. Seu filho faleceu ontem à noite, e seu marido pediu para você ir em busca de ajuda. Você está com fome, exausta e aterrorizada. Vamos ajudá-la, mas temos que ir à sua casa, dar-lhe uma bênção e levantar seu filho dentre os mortos. Poderia nos conduzir até sua casa?" Eles sentiam o amor e a fé em nossas vozes e milagres aconteciam.

Depois de passar por esses tipos de milagres, diariamente, aguardávamos cada novo dia com alegria. Nós só pensávamos: "Eis aqui a Majestade do Senhor!" e íamos adiante sem medo ou temor.

Para mim, havia uma dupla realidade. Eu estava naquela companhia, participando nesses dias gloriosos mas, ao mesmo tempo, eu sabia no meu coração que se tratava de uma visão. Minha nossa, eu não queria voltar para meu corpo mortal! Eu queria estar na companhia em direção a Sião. Mesmo sabendo que eu estava assistindo a um evento futuro, ele era tão real que era como se eu estivesse vivenciando tudo aquilo — eu de fato estava lá. Tudo era tão real que era difícil lembrar de minha verdadeira realidade, do meu verdadeiro eu que estava deitado em uma cama em Utah enquanto meu espírito estava vivenciando eventos futuros.

Aqueles de nós que foram transladados logo nos reuníamos e aproveitávamos a oportunidade para falar de nossas bênçãos. Uma outra pessoa de nossa companhia era uma senhora nos seus cinquenta anos. Eu vou chama-la de Rachael. Eu a tinha conhecido desde a sua juventude. Minha relação com ela era como que de pai e filha. Eu tinha estado envolvido em sua juventude como um conselheiro e confidente. Ambos estávamos na primeira grande conferência e tínhamos sido transladados naquele momento. Ela tinha uma atitude bem humilde quantoao seu dom, mas tinha um certa dificuldade em aceitar que ela realmente estivesse pronta ou que ela fôsse a pessoa certa para esses dons. Ela queria ser confortada e receber instrução de mim sobre como progredir, conselho esse que eu não tinha. Estávamos "no mesmo barco", por assim dizer.

Ela acordava toda manhã quase esperando que seu dom tivesse ido embora. Finalmente ela percebeu que essas alterações eram permanentes, e ela deixou de se preocupar com isso.

A partir daí, ela tornou-se inspirada, inteligente e organizada. Ela era a líder das mulheres do nosso grupo, como uma presidente da Sociedade de Socorro. Ela aconselhava-se com as mulheres e distribuía suas tarefas diárias. Ela também era uma líder espiritual. Eu me lembro dos discursos que ela deu para toda a companhia. Havia momentos em que suas palavras uniram o grupo dando a todos a coragem para enfrentar os obstáculos intransponíveis e lembrando-nos a todos a depender inteiramente do Senhor.

Ela era casada e seu marido estava conosco. Ele era um grande homem, um dos membros do nosso conselho. Sua responsabilidade era para com os jovens da companhia. Ele era um homem de fé, mas não transladado como sua esposa. Isso criou algumas dúvidas sobre a sua própria dignidade. Ele não era preguiçoso, infiel ou duvidoso de qualquer forma — ele apenas questionava sua própria capacidade e se perguntava por que ele não podia fazer as coisas que ele queria fazer. Sentia-se como uma pessoa de pouco valor, o que não era verdade. Sua condição e seu chamado eram perfeitos para ele, e tudo havia sido projetado para abençoá-lo e prepará-lo para sua total investidura de poder. Ele veio de um ambiente de sucesso e confiança, e sua jornada era a de conduzí-lo a ser humilde e a acreditar no Senhor. Sua esposa foi criada numa condição humilde, cheia de dúvidas sobre si mesma, e sua jornada levou-a para ver-se através dos olhos de Deus e aceitar o seu próprio valor.

De agora em diante em minha visão, a viagem passou a ser mostrada a mim como uma série de cenas. Eu já não estava participando dos eventos, mas estava observando de longe, como se ela se passasse em uma grande tela.

A visão ainda estava me mostrando coisas que aconteceriam, mas eu já não fazia parte dela, eu agora era um mero espectador. Cada uma das seguintes vinhetas ocorreu conforme narro a seguir.

A Primeira Vinheta

A primeira vinheta mostrou a minha companhia ao norte de Wyoming. Não sei quanto tempo havia decorrido, mas deveriam ter se passado pelo menos alguns meses. A temporada se dava mais tarde no ano.

Eu vi que eles tinham sido atacados várias vezes pelas tropas estrangeiras de capacetes azuis. Eles estavam tentando impedir nossa jornada para o Missouri. Eu não sabia o motivo de tudo aaquilo. Talvez eles tivessem conhecimento do rápido crescimento de uma cidade naquela área e temiam que ela se tornasse uma fonte de solidariedade política que pudesse desafiar seu domínio. Nunca soube o por quê, mas vi que eles nos privaram de alimentos e de combustível, mataram a alguns de nós e tentaram fazer com que retrocedêssemos. Eles tinham explodido pontes para impedir o nosso avanço, e ameaçaram matar a todos se não retrocedêssemos.

Foi nessa época que também fomos atacados por bandidos armados que tentaram nos roubar, mas não tínhamos nada. Em vez disso eles raptaram alguns dos nossos belos e belas jovens. Foi um momento terrível, horrível, mas em vez de intimidar-nos, o resultado foi o oposto.

As tropas estrangeiras estavam tentando assumir o governo da nação e de todos os governos locais. Os Santos eram o maior corpo organizado de pessoas remanescentes da antiga sociedade, e eles nos viam como sendo a maior ameaça mesmo que não dessem nenhuma razão para temer-nos. Sua missão era de se controlarem a todos os grupos organizados, incluindo todas as entidades religiosas. Nossos objetivos não eram políticos, e eles sabiam disso. Nós tínhamos sido instruídos a não participar de qualquer processo político, nem a apoiar qualquer entidade governamental, não importando quem fôsse.

Nossa visão, ou a visão que o Senhor tinha colocado em nossas mentes, era a de que estávamos preparando Sião para o retorno de Jesus Cristo, e que Ele logo iria reinar como Rei dos reis e Senhor dos senhores. Não estávamos tentando reconstruir a nação; Estávamos tentando construir o Reino de Deus. Sabíamos que Ele subjugaria a todos os inimigos "por escabelo de Seus pés" quando Ele retornasse, e nós não precisávamos participar naquele processo no momento.

Para nosso conforto, estávamos unidos no entendimento de que esse era o caso. Estávamos cansados deste mundo e de tudo o que deixamos para trás. Nosso único desejo era o de Cristo vir e por um fim a esse estado telestial que causou tantas lágrimas e tristezas.

As tropas estrangeiras sabia que tínhamos um plano e que o estávamos cumprindo. Eles perceberam que estávamos organizados, com boa liderança e determinados a realizar esse plano. Eles também sabiam que nosso plano tinha algo a ver com Missouri, então eles se posicionaram para nos impedir. Eles não sabiam por que estávamos indo para lá, mas acreditavam que se nos impedissem seríamos destruídos. Eles não perceberam que esse plano não era nosso, mas de Deus, e foram incapazes de conter-nos.

Era desconcertante para mim, ver nossa companhia pular de um grupo alegre e poderoso de Sião para pessoas repentinamente reduzidas a trapos e tentando sobreviver. A mudança tinha acontecido rapidamente. Eu me vi entre o grupo e estava agora assistindo ao que acontecia como se estivesse em uma maquete em três dimensões. Tudo fazia perfeito sentido na visão, mas eraum pouco difícil de se explicar ou mesmo de se entender como um ser mortal.

A agressão das tropas estrangeiras confirmou as nossas suspeitas anteriores de que eles eram na realidade nossos inimigos, e eles nos viam da mesma forma. Tivemos que fazer grandes ajustes para evitá-los ou mesmo interagir com eles. Eles, por outro lado, começaram a nos perseguir. Os atentados aumentaram e iam de assedio e roubo até emboscadas com o intuito de nos destruir completamente.

Além das tropas estrangeiras, havia bandos de criminosos armados. Esses bandidos geralmente eram ou desertores das tropas estrangeiras ou eram bandidos que vinham de todos os lados. Eles tinham bastantes suprimentos e estavam fortemente armados. Eles nos roubaram várias vezes e raptaram a alguns dos nossos jovens.

Estávamos tendo muita dificuldade para continuar a nossa jornada. Ao olhar a minha pequena companhia à distância, como que do alto, em minha visão, eu vi que essa oposição teve o efeito oposto ao que nossos inimigos esperavam. Eu vi nossa força espiritual, nossa coragem em Deus e o sacerdócio crescerem e aumentarem drasticamente.

Eu vi grandes milagres no acampamento. O pouco alimento que tínhamos alimentava a muitas pessoas e eles não diminuíam com o uso. Água era encontrada ou fornecida por meios milagrosos. Éramos levados pelo Senhor a áreas que forneciam exatamente o que precisávamos, de acordo com as necessidades daquele dia em particular. Passamos de corajosos a destemidos, apesar dos obstáculos esmagadores e de todas as perdas que enfrentamos.

Certa manhã, depois de cessarmos de temer, despertamos e nos deparamos com um novo fenômeno. Havia um pilar de luz em frente ao nosso acampamento e outro na parte de trás. A luz tinha a forma de um pilar com cerca de dez metros de altura. Os nossos inimigos também podiam vê-lo. Era uma " luz" num sentido literal, visível tanto de dia como de noite. Ela ia adiante e atrás de nós, e aterrorizava aos nossos inimigos.

A luz não vinha do céu ou da terra. Ela era "autossuficiente", como se a energia da luz viesse da própria luz.

No início, não sabíamos qual era a sua função. Alguns em nossa companhia questionaram se ela nos deixaria mais visível ainda aos nossos inimigos, mas esse medo c esse rapidamente. Podíamos ir até a luz e tocá-la. Ela era reconfortante e terapêutica. Levávamos aqueles que estavam feridos, doentes, famintos e exaustos e os deixávamos cobertos ou perto da luz, e eles rapidamente eram curados. A luz também tirava a tristeza, o medo e a confusão. Antes de a luz ter chegado, muitas vezes nos sentíamos desencorajados ou entristecidos pela perda de alguém. Agora sentíamos um grande alento e paz para poder prosseguir sem temor, como antes.

A luz nos conduzia e já não nos reuníamos no conselho, como anteriormente, para decidir nossa jornada porque sabíamos, em nossas almas, aonde deveríamos ir. Nós não estávamos seguindo a luz, estávamos seguindo a Jesus Cristo. A luz era uma manifestação viva do Seu amor e proteção. Quando ela parava, nós parávamos. Quando ela seguia adiante, nós a seguíamos. A luz nos conduzia por através do deserto de nossas aflições. Nós miraculosamente resgatamos aqueles que tinham sido raptados e os curamos de seus recentes abusos físicos, mentais e espirituais; e nos alegramos com eles. Eles se tornaram alguns dos mais fortes entre nós. Eles nunca falaram sobre o seu cativeiro exceto em termos de gratidão pelas experiências e pela cura total que se sobreveio.

Os pilares de luz eram brilhantes o suficiente para que eles iluminassem todo o acampamento durante a noite. O inverno estava chegando, mas as luzes irradiavam calor suficiente de forma que fogueiras já não eram necessárias. Comíamos a nossa pequena ração e depois dormíamos encobertos pela luz, e nos sentíamos satisfeitos e renovados.

Nunca me esquecerei de um evento que observei logo após os pilares de luz se unirem a nós. Estávamos andando em direção a um vale entre dois montes. Vimos que um grupo de bandidos fortemente armados estava bloqueando o vale através do qual precisávamos passar. Era a mesma gangue que anteriormente havia raptado alguns de nossos jovens. Houve um momento de pânico, particularmente por parte daqueles que tinham sido sequestrados e abusados por eles e, depois, milagrosamente resgatados; mas o temor desapareceu rapidamente.

Conhecíamos muito bem o poder de Deus e nada nos atemorizava e tínhamos consagrado nossas vidas a Cristo, o que significava que não tínhamos medo do que o mundo pudesse fazer como nossas vidas ou de como elas poderiam acabar. Éramos destemidos.

Nosso inimigo podia ver os pilares de luz, mas eles pensavam que elas eram algum "truque" nosso. Os pilares de fogo pararam, e nós nos ajoelhamos em oração. Nossos líderes saíram para falar com eles. Eles disseram que só queriam nossa comida e suprimentos. Nós tentamos negociar com eles, mas não podemos atender às suas demandas. Conhecíamos as suas intenções. Eles pretendiam nos matar e retomar aqueles a quem eles haviam raptado, não importando o que tínhamos a oferecer.

A luz nos levou adiante e eles não se moveram e estavam prontos para disparar em nós e na luz. Assim que a luz se aproximou deles, eles foram dominados por ela. Eles não podiam se mexer ou agir. Ficaram paralisados com um olhar de espanto em seus rostos. Seus olhos nos seguiam, mas não podiam mover nenhuma parte de seus corpos ou disparar suas armas de fogo. Nós simplesmente caminhamos ao redor deles e continuamos nossa viagem. Não sei o que aconteceu com aquelas pessoas más que nos havia ameaçado tantas vezes. Nunca mais os vimos.

Essa experiência novamente solidificou a nossa fé. Sabíamos que os pilares de luz não estavam lá somente para nos guiar, mas também estavam lá para nos proteger. Percebemos também que o poder da luz, a capacidade que ela tinha para nos proteger, era inteiramente baseada em nossa fé e união. Era muito parecido com a Liahona, que operava de acordo com a fé e a diligência do povo de Leí. À medida que nossa fé e nossa confiança em Deus aumentavam, a luz tornava-se mais brilhante, mais alta e mais intensa.

Eu pensava que minha fé não poderia ficar mais forte. Quando começamos a curar pessoas 100% do tempo em Utah, eu pensava que minha fé era perfeita. Quando fomos direcionados a obter o necessário para atender a cada necessidade de nossa jornada, imaginei que minha fé era perfeita e não poderia ficar mais forte. Quando vimos aos milagres que nos salvaram ao longo da viagem, tornei a pensar na minha minha fé como sendo perfeita e que não pudesse ficar mais forte. Quando vimos aos pilares de luz e resgatamos aqueles que se haviam perdido, aquilo foi algo tão poderoso que não podia imaginar como minha fé pudesse ficar ainda mais forte. E, mesmo assim, cada vez que um desafio ou perda despojavam-nos de algo que precisávamos, nossa fé ficava mais forte ainda, tornando aquilo que foi perdido em algo desnecessário.

E ainda assim eu considerava minha fé como sendo perfeita e incapaz de crescer. Mas eu estava enganado com essa suposição.

Juntamente com a proteção dos pilares de luz, nós andávamos à luz da revelação. Não havia mais dúvidas. Até mesmo nossas crianças recebiam revelação como os adultos. Elas falavam as palavras de Cristo e profetizavam.

Naquele momento elas também mudaram fisicamente. Tornaram-se uma bênção para o acampamento em vez de um fardo. Ainda cuidávamos delas como crianças, mas elas tinham uma razão para estar no acampamento, e cumpriam esse seu propósito. Elas muitas vezes, em momentos de desafios e ameaças, cantavam e o som de suas vozes era como o de anjos trazendo aos adultos um acréscimo de fé e de união e, também, aterrorizando aos nossos inimigos. Ao ouvirem as crianças cantando como anjos, eles sabiam que nós não tínhamos medo e que eles não poderiam prevalecer.

A Segunda Vinheta

A minha próxima lembrança era que tinha se passado um longo tempo. Vi que durante a ocasião da intervenção nossa companhia estava quase sem combustível, e tínhamos abandonado os nossos veículos, exceto o caminhão grande. Todos os outros ou tinham sido destruídos pelos nossos inimigos ou tinham quebrado e abandonados devido à falta de combustível. Nosso grande caminhão parecia continuar mesmo com a agulha acima do "v" de vazio. Ele nunca parava. Só continuava andando e andando.

Quase todos caminhavam com mochilas pequenas às costas. Até as crianças tinham as suas com sua própria comida e roupas. Andávamos bem lentamente.

Minha primeira visão foi a de que nós tínhamos entrado por uma passagem por entre as montanhas. Não sei aonde foi. À nossa direita havia altos paredões. A pedra tinha uma coloração escura, com árvores e arbustos crescendo por entre suas ranhuras. Estávamos andando através de uma vegetação alta ao fundo de um penhasco. Podíamos ver, na encosta à nossa esquerda, uma longa fileira de veículos militares. Eles estavam nos esperando em uma emboscada. As tropas ocuparam suas posições em ambas as entradas do desfiladeiro, deixando-nos sem saída. Havia caminhões com metralhadoras, vários tanques enormes do exército e meia dúzia de caminhões com lança-foguetes. Eles estavam zombando de nós e nos ameaçando, dizendo que morreríamos em poucos minutos.

Eles insultaram a Deus e disseram que desta vez, nem mesmo Ele poderia nos salvar, que eles eram mais poderosos que Deus.

Essas tropas eram de quase todas as nações que haviam sobrevivido — Ásia, Rússia, Europa e África. O soldado que estava zombando de nós gritava em inglês falho e com forte sotaque através de um grande megafone.

Eles dispararam e pessoas da nossa companhia começaram a cair.

Rachael, a única mulher transladada, subiu em cima da carroceria do nosso caminhão e gritou com uma voz poderosa que podia ser ouvida além do barulho dos foguetes e das metralhadoras, "Eis a Majestade do Senhor!"

Os pilares de luz cresceram mais brilhantes à medida que o inimigo disparou todas as armas possíveis contra nós. O pilar de luz a nossa frente parecia se estender ao pilar de trás como se fosse um arco. Os foguetes e as balas que eles atiraram começaram a ricochetear contra o inimigo. Uma grande explosão os atingiu em uma bola de fogo e então houve um grande silêncio. Só se via fumaça pela encosta.

O pilar de luz retornou ao seu tamanho normal. Nós fomos até aos nossos mortos e feridos e imediatamente os curamos. Havia apenas duas pessoas que não foram saradas imediatamente. A primeira foi uma mulher de meia-idade que quase foi partida pela metade. Ela estava viva quando chegamos a ela. Deus não nos instruiu para curá-la. Sua jornada havia finalmente acabado, e ela morreu louvando a Deus. A segunda vítima era um jovem cujo quadril tinha sido atingido por uma bala de alto calibre. Ele era filho de Rachael.

Ela correu para seu filho, chorando por sua dor, mas tendo muita fé. Todos do conselho estavam lá, assim como eu mesmo. Eu sabia que poderia curá-lo, mas eu não tinha permissão do Senhor para fazê-lo. Rachael olhou para mim e implorou que eu pedisse ao Senhor para curá-lo e, em seguida, imediatamente percebi pelo mesmo Espírito que eu não era a pessoa certa para receber aquele pedido. Ela olhou para o presidente do nosso conselho. Ele balançou a cabeça e virou-se para o marido de Rachael, o pai do garoto.

Ele o chamou pelo nome, "Irmão Zachary, é a vontade do Senhor que você cure seu filho." Zachary era um bom homem e membro do conselho, mas ele duvidava de seus dons espirituais, principalmente porque, como expliquei anteriormente, ele não era transladado como sua esposa. Ele também sabia que ela tinha maior poder de Deus do que ele para curar seu filho.

No entanto, ele ajoelhou-se e colocou as mãos sobre cabeça de seu filho adolescente. Em poucas palavras, ele invocou o sacerdócio e ordenou, em nome de Jesus Cristo, que seu filho ficasse curado. Ele fez isso com profunda humildade e com uma fé ainda mais profunda. O Espírito irradiou-se sobre nós e sentimos o poder de Deus.

Imediatamente a perna do jovem começou a se levantar. Parecia, aos meus olhos, como que se ela estivesse sendo inflada. Eu dizia em meu pensamento "Louvado seja Deus!" e acho que todos lá disseram o mesmo. Em menos de um minuto, a perna dele estava completamente normal. A cor instantaneamente voltou ao seu rosto, e ele abriu os olhos.

Ele disse "Obrigado, pai,". Em seguida, olhando para o céu, disse, "Obrigado, Pai."

Nós o ajudamos a ficar de pé sobre o seu novo quadril e perna. As calças estavam quase completamente desintegradas pela explosão, mas ele ficou parado olhando para a perna com uma expressão engraçada no rosto.

"Há algo de errado?", perguntou Rachael com uma risada quase cômica mesclada com alegria e grande alívio.

"Mãe, eu sinto a minha perna, mas eu não sei como fazê-la andar." Ele riu e tentou dar um passo. A perna não se firmava e ele foi pego por seus pais e eu.

Depois de muitas tentativas e muita surpresa, ele ainda não conseguia andar, assim foi carregado para o caminhão. Levou várias semanas para que ele aprendesse a usar a perna nova. Não havia dor ou falta de força, ele parecia um bebê aprendendo a engatinhar, andar e eventualmente correr. Seu pai estava constantemente ao seu lado, encorajando-o e apoiando-o enquanto ele aprendia a usar a perna nova.

Rachael e eu falamos em particular sobre este evento singular. Nós nunca tínhamos visto ou ouvido falar de tal coisa. Logo ficou evidente para todos o que estava acontecendo e por que isso tinha ocorrido. O irmão Zachary estava experimentando com seu filho a cura em câmara lenta, dando-lhe semanas para processar o que tinha acontecido ao ver a perna nova do seu filho várias vezes até que ele não tivesse mais dúvidas de que aquilo tinha sido um milagre de profunda importância, e que havia ocorrido por suas próprias mãos e pela graça de Deus. Quando seu filho foi capaz de andar e correr novamente, Zachary passou pela transformação física. Ele já não duvidava de sua posição espiritual para com Deus. Sua fé em sua jornada para Sião tinha alcançado seu corpo.

Alguns de nós subimos até a colina onde se encontravam as tropas estrangeiras. Tudo o que restou foi o chão totalmente carbonizado, do tamanho do bloco de uma cidade. O que sobrou do inimigo foi o metal derretido e um fino pó cinzento que era o que restava dos soldados e das armas.

Saímos daquele pequeno vale e vimos o paredão rochoso à nossa direita desabar sobre o local, enterrando todas as provas da existência do exército. Paramos do outro lado do vale, nos ajoelhamos emgratidão e alegria ao elevar orações aos céus.

A Terceira Vinheta A cena mudou, e encontrei-me novamente olhando para um futuro distante. Nossa companhia estava há cerca de um dia de sua entrada em Sião. Havíamos viajado uma longa distancia. Deixamos Cardston em caminhões, bons suprimentos e confiantes. Chegamos a Sião, a pé e aos farrapos. Todos os nossos veículos foram abandonados e nossas provisões já não mais existiam. Até mesmo os nossos bolsos estavam vazios. Tínhamos sido despojados de tudo do que dependíamos, tudo o que tinha produzido em nós autoconfiança, até mesmo comida e roupas. Esse foi o processo de sacrificar tudo que era de natureza terrena, ensin-ando-nos a acreditar totalmente em Deus, ter total confiança Nele, em vez das "coisas" do mundo. Chegamos com um pilar de fogo a nossa dianteira e um pilar de fogo atrás de nós e não precisávamos de mais nada. Decaímos ao estado mais baixo possível e nesse mesmo processo, fomos elevados à estatura de Sião.

Pude observar que cantávamos de alegria, mas também estávamos cansados — física, emocional e espiritualmente. O júbilo era a única emoção que nos restava.

No dia seguinte, uma companhia saiu de Sião e nos trouxe comida e roupas novas. Nós nos abraçamos, rimos e juntos louvamos a Deus. Levamos algum tempo para nos lavar e vestir as roupas novas. No final da tarde, entramos em Sião em uma longa procissão com um pilar de fogo e anjos liderando o caminho.

Encontramos a Nova Jerusalém em um baixo platô na parte superior de uma curva de um novo rio que tinha se formado durante as tribula-ções. Em todos os lugares que se olhava havia milhares de pessoas felizes e engajadas na edificação de todos os tipos de construções.

Toda a cidade estava sendo construída de acordo com o padrão que Joseph Smith tinha projetado enquanto ele ainda estava vivo em Nauvoo.

Havia cerca de 3.000 pessoas em Sião. Eles pararam para nos receber e expressar seu rico amor por nós. Aqueles projetos de construção não eram comuns. Vimos milagres em todas as direções em que olhávamos. As mulheres carregavam grandes toras de madeiras como se fossem palitos, e os homens escavavam a terra com pás como se fossem tratores. Estávamos certos de que muitos desses trabalhadores, homens e mulheres, eram seres transladados e anjos.

Eles nos levaram até a fundação do novo templo, que já estava levantada até a altura do segundo andar. A estrutura era feita de aço, semelhante a um edifício moderno. Eu não podia distinguir, naquele momento, o seu formato. Não era um edifício típico, retangular. Sua forma parecia circular. Eles estavam usando ferramentas elétricas modernas, mas não havia tratores ou máquinas pesadas. Eu vi um grande guindaste movendo as vigas de metal. Até agora, não havia nenhuma parte feita de pedras ou tijolos.

Nós encontramos pessoas de quase todas as partes do mundo. Eles nos abraçaram e nos beijaram. Eles haviam nos esperado com grande ansiedade e expectativa. Até aquele momento não sabíamos que o Senhor tinha incluído pessoas no nosso grupo com talentos especiais necessários para completar partes do templo nem também, aqueles dentre nós, que tinham autoridade para oficiar nele.

A Quarta Vinheta: O Templo

Esta última vinheta avançou para o tempo onde a estrutura principal do templo já havia sido concluída. Nunca vi edifício igual. Sua forma era circular. A torre central era toda ornamentada e magnífica! Estendendo-se a partir da estrutura central, havia doze passarelas cobertas, cada uma delas ligando aos outros doze templos que se encontravam na parte exterior da circunferência do templo central, como se fosse a roda de uma carroça. Os doze templos exteriores foram dedicados a cada uma das doze tribos de Israel e tinham sido construídos exclusivamente por essas pessoas. Os detalhes do exterior de cada templo eram um pouco diferentes a fim de representar as origens de cada uma dessas tribos. O templo que pertencia a Efraim estava direcionado exatamente para o leste com os outros templos, na sua ordem de herança espiritual, ficando em torno do círculo externo.

Os templos exteriores eram usados como escritórios, capelas e salas de ordenanças. Entre os raios, que conduziam dos templos externos à estrutura central, havia lindos jardins, cada um deles plantados com vegetações representativas de suas terras natais e maravilhosamente bem cuidadas. No edifício central se encontrava o Santo dos Santos aonde Jesus Cristo visitaria quando viesse a Seu templo. Havia uma série de escritórios e salas de ordenanças que davam para o Santo dos Santos. Ao redor desses escritórios havia um corredor circular, com escritórios que davam acesso aos pátios externos. Tudo era excessivamente belo.

A estátua do anjo Moroni estava no topo da torre virada para o leste. Quando tive essa visão pela primeira vez, observei que dois dos doze templos exteriores ainda estavam em construção. Eram estruturas lindas, divinamente inspiradas — únicas, nada podendo a elas se igualar.

A pedra de acabamento tinha sido importada de algum lugar no Canadá. Ela tinha sido trazida pelo poder de Deus de uma pedreira cujo material era branco e que havia sido descoberta apenas pouco antes do início das tribulações. A pedra brilhava como diamantes e resplandecia como madrepérola. Era uma pedra preciosa que anteriormente só tinha sido encontrada em tamanhos suficiente para pequenas joias. Esse veio de pedra, no Canadá, tinha cem metros de largura e quarenta e cinco quilômetros de comprimento. A pedra em si era quase tão dura quanto o diamante, e era feita do material mais lindo a existir sobre a face da Terra. Ele só poderia ser cortado eficientemente pelo poder de Deus.

Encontrei-me sentado no templo já acabado. Devido ao meu chamado, me foi designado um dos escritórios que ficava adjacentes ao Santo dos Santos. O escritório era grande. Na parte menor, ele tinha aproximadamente quatro metros. Seu comprimento era mais ou menos quatorze metros, com a parede de fundo em torno de dez metros. A arquitetura era muito elaborada, com um teto alto arqueado. Tudo, incluindo os pilares que sustentavam o teto, era feito daquela mesma pedra branca, mas a pedra nesse escritório tinha faixas de prata que se moviam lentamente dentro da pedra. Não sei como esse material poderia ter existido em um mundo mortal.

Eu estava de frente a uma janela arqueada, com cerca de cinco metros de altura e um metro e meio de largura. O marco da janela era espesso e muito bem construído, como todas as outras partes daquela sala.

À minha direita estava uma mesa de tamanho normal, feita de uma linda madeira branca. A sua superfície era de um acabamento que refletia tanto quanto o vidro. Não havia nada sobre ela, apenas escrituras de capa branca, abertas.

A janela não era feita de vidro e não era transparente. Se ela fosse cristalina eu estaria olhando para dentro do Santo dos Santos, pois ela se encontrava na parede que dividia o meu escritório daquele local. Ao olhar para ela, a janela tinha a aparência de uma lente, causando um pouco de distorção do reflexo do meu escritório. Eu entendi que era um Urim e Tumim, um "portal" conforme foi chamada. Ela não apenas permitia que a luz entrasse na sala, mas também era indispensável naquele momento para a maior parte do trabalho que o Senhor me atribuiu.

À minha esquerda, ao lado do portal, havia uma porta arqueada branca ornamentada, que conduzia ao Santo dos Santos. Eu nunca tentei abri-la e sabia que eu não poderia abri-la pelo meu lado.

Atrás de mim, encontrava-se uma longa mesa de conferência feita de uma magnífica madeira escura. Parecia ter sido feita de uma única árvore a qual Deus havia pedido que assumisse aquela forma. A superfície da mesa era tão lisa que parecia vidro. Havia quinze cadeiras confortáveis em torno da mesa, três atrás de mim e seis em cada lado. O mesmo tipo de cadeira encontrava-se junto às paredes de ambos os lados da sala. Do outro lado da mesa havia uma grande porta dupla que se abria dando acesso a um corredor circular e através da qual eu podia entrar e sair.

O portal me pertencia e, espiritualmente falando, fazia parte de mim. Depois de aprender a usar seus recursos completamente, eu tornei-me capaz de ver qualquer coisa que eu desejasse. Ele só poderia ser usado para fins inspirados e para cumprir as designações do Senhor.

Ao olhar para a sua superfície eu podia, somente pelo desejo, ver qualquer evento ou lugar. No início, eu só podia ver coisas no seu estado presente, mas com o tempo eu aprendi a usá-lo para ver o passado e o futuro das coisas referentes ao que eu deveria fazer. Eu também poderia entrar em contato com outras pessoas transladadas e vê-las através do portal. Se necessário, poderia falar com elas e elas comigo. Se eu passasse pelo vidro, eu instantaneamente era transportado para aquele local. Eu podia entregar e receber coisas deles sem realmente ter que ir lá em pessoa. Tal como os pilares de luz, que nos haviam protegido na última etapa de nossa jornada, este portal também tinha a propriedade de cura e de rejuvenescimento.

O corpo e alma de alguém que viesse comigo ficaria curado ao aproximar-se dele, ou especialmente ao passar por ele.

Esse portal tinha sido "sintonizado" e só funcionava comigo — embora pudesse mostrar a outras pessoas o que eu estava vendo se eu as incluísse. Caso fosse a vontade do Senhor, eu poderia também trazer comigo através dele outras pessoas e coisas.

Tive a impressão de que estava vivo — uma coisa real, cheia de verdade, entendimento e imenso poder. Não era uma pessoa, ou uma alma, mas estava vivo da mesma maneira que a Terra está viva. Ele continha toda a história da obra de Deus e quando meus pedidos eram justos ele podia mostrar-me tudo.

Eu também sabia que era eterno em sua natureza e que tinha sido parte da minha vida antes ter nascido e que seria uma parte da minha vida posteriormente e eternamente. Ele operava exatamente como aquele que eu tinha visto no meu quarto pré-mortal. Eu podia ver ou aprender qualquer coisa que eu desejasse por simplesmente pensar sobre aquilo em particular. Se eu precisasse lidar com algo sólido ele mostrava uma representação daquela coisa, que eu podia, então, manipular e operar.

Eu compreendia totalmente que ele existia para a obra do Senhor e não para meu entretenimento e que eu não poderia, nem eu nunca o consideraria, como algo divertido ou para satisfazer minha mera curiosidade. A única limitação para o portal era a minha fé e minha compreensão de como usá-lo. Não importa quantas maravilhas e dons de Deus nós obtivermos, é necessário experiência e inspiração para usá-los plenamente. Não me lembro de ter recebido algo de Deus e imediatamente assumido o total comando do mesmo. Era necessários diligência pessoal e esforço espiritual para desfrutar plenamente destes dons.

Eu o usei muitas vezes para cumprir com as designações do Senhor. Antes de sair, eu tirava um tempo para estudar tudo e sobre todos a quem eu iria ministrar, incluindo a sua história. Essa informação vinha a mim apenas pelo fato de eu pensar sobre aquele determinado assunto. Eu recebia aquela quantidade enorme de informação de forma visual e por sentimentos. Quando eu estava preparado, eu adentrava pelo portal e ele me levava imediatamente até lá. Eu podia então completar a minha missão e, para retornar, eu simplesmente expressava o meu desejo, dava um passo e me encontrava de volta dentro do meu escritório no templo.

A visão seguiu adiante , para frente, para um tempo em que eu estava sentado de costas para a mesa, virado para o portal com dois outros irmãos transladados, um à esquerda e outro à minha direita. Conhecia-os, mas não me lembro dos nomes deles.

Estávamos esperando por Jesus Cristo para que Ele entrasse e nos desse uma missão. Lembro-me vividamente aguardando com entusiasmo, sussurrando sobre quais seriam as nossas designações, porque geralmente as recebíamos sem uma aparição de nosso Salvador. Eu O tinha visto muitas vezes no templo, e cada experiência mudou-me, deixando-me mais alegre e admirado por Seu amor e glória.

Pouco depois a porta se abriu e Ele entrou no meu escritório. Nós nos levantamos. Nossos corações estavam na atitude de ajoelhar-se diante Dele, mas Ele pediu para não o fazermos, pois agora éramos Seus amigos e servos. Nós nos sentimos confortáveis e adoramos estar em Sua presença. Ele estava vestido com uma linda túnica branca sobre o ombro direito e presa à Sua esquerda por um fecho. Ele estava em Seu estado glorificado. Três homens transladados O acompanharam através da porta. Cristo não os apresentou, mas eu sabia exatamente quem eles eram na visão, mas como em muitas vezes, não posso lembrar agora.

Ele parou em frente do portal, a poucos metros de nós e pausou por um longo instante, enquanto sentimos Seu amor e glória. Ele nos disse que havia chegado a hora de começar a abençoar outras pessoas em Sião com o dom da transladação.

Inicialmente, além dos Apóstolos, Ele só tinha conferido esse dom a algumas pessoas naquela primeira grande conferência em Salt Lake City. Jesus Cristo, juntamente com os três que o acompanhavam, colocaram as mãos sobre nós, um por um, e nos ordenaram a esse novo privilégio do sacerdócio. Em cada caso, Cristo foi o porta-voz da benção. Esse foi um dia que tínhamos aguardado e esperado - embora não esperássemos que acontecesse tão cedo. Sabíamos que aquilo significava uma grande aceleração à coligação de Israel e na organização dos 144.000. Queríamos clamar em regozijo, mas não o fizemos. Cristo sabia de nossa alegria e sorriu-nos abertamente.

Depois de sermos ordenados para esse novo poder, eles pediram para que nos sentássemos. Eles ficaram entre nós e o portal. Cada um deles se adiantou e nos disse o porquê de havermos recebido essa benção bem cedo durante a primeira grande conferência há quatro anos. Eles nos mostraram as nossas futuras missões na visão. Vimos todos a quem iríamos ministrar. Não foi necessário escrever — isso era algo impossível de se esquecer.

Esse foi um momento de muitas lágrimas, de profunda humildade e de profunda alegria. Essa foi uma experiência que jamais esquecerei. Estávamos absortos em total admiração por aquele momento, naquele grande templo dos últimos dias, em Sião, falando com nosso Salvador e sendo ordenados aquele ofício.

Depois dos três terem falado, Cristo instruiu-nos para irmos a cada um desses homens e mulheres que tínhamos visto e ensinar-lhes o que ainda lhes faltava. Depois de eles estarem preparados, nós fomos autorizados a abençoá-los com o dom adicional da transladação. Esse foi um grande dia porque antes deste momento, cada pessoa transladada ao longo da história tinha sido pessoalmente ordenada por Jesus Cristo. Depois daquele dia o poder foi confiado aos mortais. Após cada pessoa ser transladada, elas passavam por um rápido processo de aprendizagem, para saber a extensão e o uso adequado de seus poderes, semelhante ao que tínhamos passado durante nossa longa jornada a Sião.

Jesus Cristo e seus três companheiros ficaram por um tempo, alegrando-se conosco. Eles não estavam com pressa de ir embora e queriam estar lá até que nossa alegria e nossa transformação fossem completas. Em toda a história deste mundo, tal reunião tinha ocorrido raramente, e juntos desfrutamos daquele momento. Fomos circundados por visões e anjos apareceram e nos ministraram. Nós estávamos totalmente envoltos em glória.

Quando chegou a hora de partir, Jesus e cada um dos seus companheiros nos abraçaram mais uma vez antes de retornar pela mesma porta. Nós nos sentamos à mesa por muito tempo, nos regozijando e discutindo o que havia acontecido. No momento certo, o Espírito nos informou que aquela experiência havia acabado. Oramos juntos e partimos para começar o nosso trabalho.

Rapidamente descobrimos que todos os nossos sentidos e emoções haviam sido ampliados mais uma vez. A partir desse momento, quando íamos aqueles a quem deveríamos abençoar, podíamos ver o o processo inteiro de suas vidas. Eu pude desfrutar desse dom algumas vezes enquanto me encontrava fora do corpo, mas nunca como um mortal. Agora esse dom estava continuamente conosco. Sabíamos como ministrar a essas pessoas justas e como isso afetaria às suas vidas. Essa foi uma bela visão, cheia de alegria e paz para eles, e nos alegramos por fazer parte dela.

Esse dom amplificado - de conhecer as pessoas de forma tão íntima - operava em todos aqueles a quem encontrávamos e não apenas nos que eram candidatos a serem transladados. Ser capaz de entender completamente às pessoas assim é um dom que faz parte de ser transladado, dom esse que é mais poderosamente amplificado com a experiência e outras bênçãos. Levamos muitos anos para compreender e implementar este novo dom.

Levamos muitos anos para compreender e implementar este novo dom.

Imediatamente começamos a cumprir nossa nova designação, buscando aqueles que deveríamos ministrar com este novo dom. As primeiras pessoas que foram abençoadas foram aquelas que haviam estado conosco na jornada de Utah para Cardston e depois para Sião. Estas pessoas estavam totalmente preparadas e só precisavam ser ordenado a esse chamado. Zachary é um bom exemplo daqueles que estavam preparados e que imediatamente começou seu novo ministério como um ser transladado. Havia muitos que ministramos que pertenciam a outras companhias e que agora estavam construindo cidades remotas de Sião. Ordenamos literalmente milhares de pessoas a este chamado. Não precisávamos de uma lista. Devido aquele dom, era impossível de esquecer quem eles eram. Após este chamado inicial, nos foi mostrado muitos outros que estavam menos preparados. Eles aprenderam rapidamente porque nós os ensinamos aquilo que havíamos aprendido por duras e prolongadas experiências. Nós e os outros comissionados a essa mesma tarefa continuamos esse trabalho por anos através dos portais. Nós não paramos até que nosso número alcançou e em seguida superou o de 144,000.

Todos tinham um trabalho específico na Nova Jerusalém. Havia aqueles responsáveis pela roupa, ou agricultura, ou engenharia e construção. Como o passar dos anos, a maioria dessas pessoas tornou-se seres transladados. O trabalho que eles realizaram foi acelerado, inspirado e belo. Havia grandes avanços científicos e tecnológicos que abençaram nossas vidas. Esses avanços eram espirituais em sua natureza e dependiam de manifestações de fé cada vez maiores para operá-los. Não havia nenhum avanço em eletrônica ou qualquer coisa que o mundo houvesse inventado antes nessa área.

A eletrônica e ciência em geral pareciam para nós como ferramentas primitivas do tempo da pedra. Nós estávamos grandemente interessados nos dons de Deus, nas mudanças em nossos corações e corpos e no poder do sacerdócio. Nossa antiga atitude de "ser autossuficientes" agora parecia algo primitivo. "Ego" era associado ao primitivo. Queríamos nos tornar um com Cristo. Queríamos entender as profundezas de nossas bênçãos e alegrar-nos com a abundância do nosso novo mundo espiritual. Aquelas coisas que nos eram reveladas nos deram dons muito maiores do que qualquer outra coisa, fosse ela eletrônica, mecânica ou científica poderia nos dar - o que você irá entender mais tarde. Meu trabalho no templo era o de manter a pureza e a consistência das ordenanças daquele lugar sagrado. Depois de termos dado o treinamento inicial, aquilo não ocupava muito do meu tempo porque os corações e as mentes do nosso povo eram perfeitos, então eu passava a maior parte do tempo reunindo as pessoas para Sião.

A coligação daquelas pessoas dependia completamente de inspiração. Eu recebia, por revelação, o nome de uma pessoa, família ou companhia que precisava de minha ajuda. Eu adquiria conhecimento sobre eles através do portal até que eu fosse inspirado, da maneira perfeita, sobre como ajudá-los. Então eu atravessava o portal e os auxiliava. Muitas vezes eu os curava, levantava-os dos mortos e atendia às suas necessidades. Às vezes eles me viam como um estranho maravilhoso que aparecia em suas vidas, e às vezes eles adivinhavam a minha verdadeira natureza. Não era até que estivessem preparados que eu revelava o porquê de eu estar lá e de onde eu era. Às vezes, eles nunca descobriram de onde eu tinha vinha ou qual era o meu nome.

Na maioria dos casos levava anos para essas pessoas evoluírem. Íamos até eles e os ensinávamos muitas vezes. Muitas delas, talvez até mesmo a maioria, não eram membros da Igreja, especialmente porque a maioria dos da igreja haviam sido reunidos pelas companhias iniciais de Salt Lake City logo após o inicio das tribulações.

Alguns daqueles a quem eu ministrava agora estavam unidos em grupos, alguns eram famílias e outros eram indivíduos. Quando eles estavam preparados, nós mostramos como começar sua jornada para Sião e lhes apontávamos a direção certa. Muitas vezes voltei a eles em momentos críticos para defendê-los e liberá-los pelo poder de Deus. Mas eles tinham que fazer a jornada andando, assim como nós.

CAPÍTULO NOVE

O DIA MILENAR

A Caverna

D epois de esta cena ter se encerrado, eu encontrei-me em pé na costa do Pacífico. Um barco lentamente se aproximava em minha direção, à medida que sol estava nascendo. Parecia um barco de pesca de porte modesto usado para mar, com redes e boias balançando nas suas laterais. Eu era o único na beira da praia. O resto da minha companhia estava no barco. Nosso grupo consistia de dezoito pessoas além de mim, principalmente irmãos do sacerdócio e algumas mulheres, todos tinham sido preparados para trazer nosso próximo grupo até Sião. Todos estavam conscientes de que eu era a única pessoa transladada naquele pequeno grupo.

Meus companheiros tinham feito todos os preparativos, incluindo o barco. Eu tinha recebido uma missão de encontrá-los naquele local e tinha vindo, através do portal, apenas alguns dias antes. A maioria dos membros da tripulação que nos acompanhavam não era de Sião; eles haviam sido trazidos de várias cidades de Sião a fim de fazerem os preparativos, me buscarem e me acompanharem nessa missão. Eu estava na proa do barco, conduzindo, porque eu tinha visto a rota durante meus preparativos no portal.

Nós viajamos para o norte por semanas, muito além dos Estados Unidos, além do Canadá, em torno do Alasca até para as regiões do Ártico acima de Canadá. Passamos por muitas grandes ilhas e por canais estreitos.

Estávamos tão ao norte que deveríamos agora estar no rigor do clima do Ártico, mas não havia nenhuma neve no chão; e o terreno pelo qual passamos estava coberto por pasto e arbustos que não estavam lá antes das tribulações. Como já mencionei, o clima em todo o mundo havia mudado. Os invernos eram mais amenos, e a calota de gelo no extremo norte havia derretido, expondo o solo que antes havia sido congelado por milênios abaixo do gelo.

Eu estava usando um terno cinza com camisa branca e gravata. No meu estado atual, eu não sentia frio ou calor. Qualquer clima era agradável para mim. Embora fosse inverno pelos cálculos do calendário, a sensação térmica era de mais ou menos quinze graus centígrados. Meus companheiros vieram de lugares muito mais quentes e, por não serem transladados como eu, eles usavam casacos e gorros e me esperaram na cabine do barco.

Depois de muitas semanas, chegamos a um lugar aonde o mar batia contra altos paredões quase verticais. Havia três picos rochosos de pedra cinza-azulada, que eu tinha visto através do portal. Aquilo foi um marco claro de que estávamos no lugar certo. Uma estrada tinha sido cortada na face do penhasco que subia a partir de uma praia rochosa no meio dos três picos. Estávamos bem atrás de algumas ilhas grandes, e o oceano estava calmo naquele local. O barco continuou passando pelos penhascos e atracou em uma estreita praia rochosa. Uma vez em terra, meus companheiros me levaram um pouco para o interior até onde uma estrada, há séculos, tinha sido formada na areia devido ao intenso tráfego de pessoas e veículos. Viramos à esquerda e continuamos naquela estrada que tínhamos visto na face do penhasco. Ela era bem larga e plana, embora obviamente de origem antiga.

Deveria ser inverno naquela região embora o ar fosse primaveril. Eu também sabia que a estrada, os três picos e o local aonde estávamos indo deveriam ter estado cobertos por trinta metros de gelo há vários milênios. Este lugar tornou-se acessível, novamente, somente após a temperatura da Terra ter aquecido e o gelo derretido.

Paramos quase no centro do pico do meio, que se elevava acima de nós. A estrada continuou subindo, porém era mais estreita a partir daquele ponto. Os homens que me acompanharam tinham trazido pás e picaretas. Eles tiraram os casacos e começaram a arrancar a pedra. O material que estavam retirando, que cobria a entrada para uma grande caverna, não era pedra natural, mas um tipo de concreto com o lado exterior da mesma cor que o precipício.

A abertura para a caverna, depois de descoberta, era do tamanho de uma rodovia de quatro pistas.

Entrei na caverna, e mesmo que tivesse visto estas coisas através do portal, elas eram bem maiores na vida real do que eu havia interpretado. Havia uma fileira de luzes amarelas à altura da minha cabeça que descia por ambos os lados do túnel. O túnel era arqueado, talhado na pedra natural com um piso plano e liso, aparentemente feito do mesmo material que havíamos retirado e que cobria a entrada. A entrada do túnel não tinha sido exposta ao mundo exterior por muitas gerações.

A caverna tinha um leve declínio que desaparecia em uma aparentemente interminável fileira de luzes. Meus acompanhantes largaram suas ferramentas, sacudiram o pó e me seguiram montanha adentro. Eu parei para observar uma das luzes do lado do túnel, que parecia como um pedaço de vidro fundido. Ela era do tamanho de uma bola de basquete e emitia uma luz constante sem calor. Peguei uma delas e fiquei surpreso por quão leve ela era. Eu pude observar que ela não estava ligada à caverna por fios ou qualquer fonte de alimentação, que eu pudesse ver. Descobri mais tarde que elas eram muito semelhantes às pedras que o irmão de Jared tinha pedido a Deus para iluminar. Elas não brilhavam devido à eletricidade, mas pelo poder de Deus.

Descemos por cerca de um quilômetro e meio. O túnel ficava cada vez mais claro à medida que nós nos aproximávamos de uma grande caverna na parte inferior. Minha primeira impressão a respeito dessa abertura foi de que ela tinha vários quilômetros de diâmetro. O teto estava repleto das mesmas pedras incandescentes mas, naquele local, elas eram quase tão brilhantes quanto o sol. O ar movia-se suavemente e tinha um agradável perfume de flores e plantas, como um campo ensolarado após uma tempestade.

Quando finalmente pude ver dentro da caverna, vi milhares de pessoas reunidas. Elas permaneciam de costas para mim, olhando para um homem que estava em cima de um parapeito esculpido na parede de pedras. Ele estava pregando a eles com uma voz que era amplificada naturalmente através da caverna. Ele estava falando em uma língua que eu nunca tinha ouvido falar antes, mas que chegava aos meus ouvidos como inglês, com um sotaque irlandês ou escocês.

Havia homens, mulheres e crianças diante de mim. Antes de entrarmos nesta caverna, ví que havia várias pedras grandes que tinham caído durante os terremotos. Eu fui para o lado de uma delas para ouvir e também orar por orientação.

O homem que estava falando tinha cabelos brancos e cumpridos e uma longa barba branca que gentilmente caía sobre o seu peito. Ele segurava no braço um grande livro, para o qual ele, de vez em quando, apontava.

Ele estava ensinando-os sobre as mudanças que a Terra tinha sofrido recentemente. Ele folheou as várias páginas e leu as profecias contidas nas suas escrituras sobre esses dias. Suas palavras eram poderosas e a sua língua era linda. Ele estava falando de coisas que nós, eu e meus companheiros, tínhamos acabado de presenciar. Ele falou com poder sobre a Nova Jerusalém, de onde acabávamos de ter vindo. Tudo o que ele disse era a pura verdade, e fui tocado pelo Espírito.

Ele estava lendo em um estilo formal, poético, algo semelhante ao Livro de Salmos, falando sobre o gelo que derreteria e de rodovias que seriam arremessadas nas profundezas do mar. Ele leu sobre as mudanças na Terra, o crescimento mais uma vez de grama e flores no norte desolado. Sua mensagem chegava aos os nossos ouvidos como a mais bela poesia. Sua voz parecia mais uma melodia do que palavras. Foi magnífico — e nós choramos. Chorei porque foi tão lindo e também porque era uma terceira ou quarta testemunha da própria razão de estarmos ali. Eu tinha tido visões dessas coisas há anos. Recentemente eu ouvi as palavras que Cristo havia pessoalmente me falado e tinha aprendido sobre essas pessoas através do portal. Finalmente eu estava ouvindo a um profeta a quem eu nunca tinha conhecido ao ler as escrituras, de quemeu nunca tinha ouvido falar, profetizando e falando de um trabalho que eu estava realizando naquele momento, tudo aquilo chegando aos meus ouvidos pelo poder de Deus com o mais poético e puro inglês.

Suas palavras estavam sendo lidas de escrituras muito antigas, com milhares de anos cujas palavras ninguém, exceto aqueles poucos, tinham ouvido. Ele estava profetizando sobre a razão de estarmos lá entre eles, embora eles ainda não tivessem notado nossa presença. Aquela experiência foi incrível.

As pessoas imediatamente prestaram atenção nele. Seus rostos eram puros e brilhantes. Reconheci imediatamente o brilho do Espírito Santo sobre eles. Ele passou para quase o final do livro e leu uma longa profecia nele contida que mencionava aqueles tempos, profetizando que alguém chegaria do mundo exterior, que os levaria para a Nova Jerusalém, que, ele acrescentou com grande ênfase, se encontra "Acima"! Ele quis dizer, sobre a face da Terra. As pessoas riam e derramavam lágrimas de alegria, algumas oravam em voz alta, agradecendo ao Senhor. Outros apenas inclinaram a cabeça e choraram. Sua atitude era de louvor a Deus, regozijando-se e chorando de alegria.

Todos ficaram em silêncio à medida que o seu profeta começou a ensinar-lhes as bênçãos que eles receberiam em Sião. Ele enfatizou as bênçãos do templo e o selamento das famílias para sempre.

Ele prometeu que tão logo chegassem a Sião, Jesus Cristo retornaria à Terra para limpá-la de toda maldade, possibilitando aquelas pessoas a viverem aonde o sol brilhava, aonde a chuva caía, e aonde as estrelas eram visíveis no céu.

Depois de toda aquela alegria e salvas de palmas, o profeta apontou diretamente para onde eu estava ao lado da grande pedra. Ele clamou, "e aqui está o mesmo mensageiro de Deus que às escrituras testemunharam que viria! Hoje, as escrituras se cumpriram!" ele chorou e lágrimas escorriam pelo rosto.

Milhares de olhos viraram-se para mim. Um suspiro de admiração surgiu e eu me afastei da pedra e lentamente dei um passo adiante, orando fervorosamente em silencio. Eu não estava com medo no meu coração, apenas profundamente apreensivo. Eu não tinha visto no portal o tempo suficiente para ver todas as coisas, e aquilo me surpreendeu.

As pessoas eram lindas, com maçãs do rosto bem salientes e olhos verdes ou castanhos com listras turquesa. Eu tinha visto olhos assim apenas uma vez antes, há muito tempo, quando o belo anjo veio me dizer que eu não morreria. Naquele instante, percebi porque ela tinha vindo — porque eram sua gente, seus descendentes.

Seus cabelos eram escuro, quase preto, com algumas pessoas de cabelo castanho, mas não loiros ou ruivos. Sua pele era bronzeada, um pouco como a dos atuais judeus. Os homens tinham ombros largos e geralmente eram um pouco mais baixos de que um metro e oitenta de altura. A maioria deles tinha cabelos compridos, puxados para trás em um rabo de cavalo ou em um nó.

As mulheres eram belas e tinham a mesma estatura que os homens. Elas usavam seu longo cabelo de várias formas, com muitos tipos de tranças e estilos intrincados. Sua pele era impecável devido a não estarem por gerações expostos a luz solar. Seus olhos resplandeciam de admiração e livres de qualquer julgamento. Senti meu coração crescer desejando envolvê-los em amor.

Todos usavam roupas da mesma cor, um cinza escuro esverdeado. A roupa parecia desconfortável, mas descobri que era bem macia. Eles tinham outras cores de roupas, mas este era seu traje formal que usavam no Dia do Senhor ou em ocasiões especiais. As mulheres usavam vestidos ou túnicas deste material na altura dos joelhos. Eles foram maravilhosamente bordados com desenhos que incluíam montanhas, pássaros e árvores — todas as coisas que nunca tinham visto em suas vidas.

Os homens usavam calças que eram apertadas na altura dos tornozelos. Todo mundo usava sandálias nos pés.

Quando eles viraram os rostos em minha direção, eu tive a impressão de que havia cerca de 20.000 pessoas me fitando. Foi como estar de pé no púlpito do Centro de Conferências, apesar de eu nunca ter tido essa experiência; aquela era a quantidade de faces que eu contemplei.

Eu tinha um pacote de livros pendurado no ombro que me havia sido dado pelo Apóstolo sênior em Sião. Ele continha todas as escrituras dos Santos dos Últimos Dias, um livro descrevendo templos e ordenanças do templo, um pacote com vários documentos e um outro livro antigo que, desde então, não consigo lembrar do seu conteúdo. Os livros estavam atados por todos os lados por uma cinta de couro e com uma alça de ombro para carregá-los. Era uma forma diferente de se encadernar livros. Mas quando eu finalmente recebi permissão para ver suas escrituras, notei que elas estavam encadernadas da mesma forma. Aquilo era um sinal aos seus olhos de que, o que eu lhes trouxera, eram de fato Escrituras.

As pessoas abriram um caminho e lentamente me dirigi à frente. Era uma distância considerável de onde eu estava até a plataforma onde o Profeta se encontrava talvez uns quatrocentos metros. As pessoas me observavam atentamente com lágrimas escorrendo em seus rostos. Eu passei por jardins exuberantes com vegetais, frutas e legumes, além de pequenos parques com bancos, áreas comuns com cadeiras de madeira muito bem trabalhadas e parquinhos cheios de brinquedos. As pessoas estavam nesses lugares, me observando enquanto eu me aproximava. Eu passei por eles e sorri, embora quisesse apenas correr para a plataforma.

Eu descobri que eles tinham preservado uma forma de doutrina do Velho Testamento. Eles não tinham o Novo Testamento nem o conhecimento dos eventos da vida de Cristo. Eles falavam de Jeová e O conheciam como Jesus Cristo; no entanto, eles não sabiam muitos dos seus ensinamentos. Eles adoraram-No como Seu criador e Salvador, mas não tinham a plenitude do Evangelho. Eles não possuíam as ordenanças do templo ou uma compreensão de muitas coisas sagradas.

Jesus Cristo os tinha visitado no seu mundo subterrâneo dias após sua ressurreição e os havia prometido que voltaria. Ele prometeu que antes que Ele voltasse para limpar o mundo externo, ele enviaria mensageiros para ensiná-los a plenitude do Evangelho e para livrá-los do seu exílio auto imposto.

Eles estavam certos de que esse momento tão esperado tinha acabado de chegar. Eles tinham sido abençoados com uma longa série de profetas que, há milhares de anos, tinham preservado sua história secular e sagrada e mantiveram a sua doutrina pura. Eles tinham o Sacerdócio Aarônico e suas ordenanças apropriadas, mas apenas seus profetas possuíam o sacerdócio maior. Eles conheciam, mas não executavam as ordenanças do templo. Eles haviam esperado durante muitas gerações pelo dia de hoje e por aquele momento. Para eles, era como quando Moisés chegou ao Egito para livrá-los do Faraó.

Vou dizer novamente: Eu estava intimidado pelo enorme desafio à minha frente. Cada uma daquelas pessoas tinha que aprender o Evangelho, ser batizada na Igreja dos Santos dos Últimos Dias, ser ordenada ao sacerdócio, ser preparada para o templo e, depois da sua longa viagem para a Nova Jerusalém, receber suas bênçãos no templo. Além disso, tinham que ser ensinadas sobre os princípios de Sião e ser integradas na obra referente aos últimos dias.

Enquanto caminhava para frente, eu estava orando profundamente para que eu pudesse dizer e fazer a coisa certa. Então me lembrei de quem eu era, quem me havia enviado e tudo o que eu tinha visto. O medo me deixou imediatamente, caminhei rapidamente para frente, subi a estreita escada de pedra e uni-me a seu profeta. Eu me aproximei dele e antes de falar, entreguei-lhe o pacote que me haviam dado. Ele pegou-o e segurou-o acima de sua cabeça e clamou, "Tenho aqui a plenitude do Evangelho!" Então ele se virou e me abraçou.

Depois que aquela alegria deu lugar ao silêncio, ele me pediu para que falasse ao seu povo; ele levantou a mão e deu lugar a mim. Não havia púlpito para me separar dessas pessoas. Ao me adiantar, meu coração se encheu de amor por eles, mesmo não tendo certeza do que deveria dizer.

Ao abrir minha boca, eu sabia que eles poderiam entender cada palavra minha. O Espírito Santo caiu sobre mim, e as palavras começaram a fluir por através daquela acústica perfeita daquela grandiosa caverna até a perfeita inocência de suas almas.

Comecei a ensinar-lhes o que tinha acabado de acontecer na Terra. Contei-lhes do colapso da sociedade, dos terremotos e inundações. Prestei um poderoso testemunho da veracidade daquilo que eles acabaram de ouvir de seu profeta, porque eu tinha visto tudo o que ele disse com meus próprios olhos.

Eu falei sobre Jesus Cristo, sobre sua vida e Expiação. Eles choraram e se alegraram. Sua forma de adoração era bastante calorosa em comparação à minha experiência, e eu tive que parar frequentemente para deixá-los clamar de alegria.

Notei que eu gostei de suas expressões espontâneas de adoração, pois elas vinham de acordo com a voz do Espírito.

Eu falei da Apostasia e depois da restauração da Igreja dos Últimos Dias através de Joseph Smith. Eu levantei a Bíblia e falei sobre ela. Eu falei longamente sobre o livro de Mórmon da mesma forma. Eu falei do tamanho atual da Igreja e sobre as centenas de templos e da grande coligação dos últimos dias já em andamento.

Finalmente falei sobre a edificação de Sião, e que ela não havia sido interrompida devido as recentes destruições, mas pelo contrário, que tinha sido acelerada por causa deles. Contei-lhes da grande conferência em Salt Lake City e de ver e ouvir a Jesus Cristo falar naquela reunião.

Mencionei que eu tinha sido enviado pessoalmente por Jesus Cristo e pela Igreja em Sião para prepará-los para o seu retorno. Então abri as escrituras que eu tinha trazido e li muitas passagens, pregando-lhes com o poder de Deus. Não sei quanto tempo eu falei, mas foram pelo menos várias horas.

Eles estavam entusiasmados ao ponto de lágrimas, chorando e louvando a Deus. Alguns caíram de joelhos, sua força havia sido consumida por sua alegria. Eles sabiam que suas promessas estavam prestes a serem cumpridas.

Eu abri um pequeno livro do topo do pacote que eu tinha trazido para eles. Ele continha mapas e instruções sobre o que ia acontecer a seguir e como encontrar o seu caminho a Sião. Também descrevia suas funções e a sua missão de preparar o mundo para o retorno de Cristo depois que chegassem. Eu mencionei sobre a parte do templo que só eles poderiam construir e mostrei o desenho do mesmo.

Aguardei que o silêncio retornasse a esta grande assembleia. Então chamei as outras dezoito pessoas que tinham me acompanhado. Apresentei cada um deles pelo nome e disse-lhes qual era o chamado de cada pessoa e como eles podiam ser úteis no seu retorno a Sião. Cada um dos 18 prestou ao grupo um breve testemunho.

Seu Profeta veio até a frente e me entregou uma cópia das suas escrituras e genealogia com grande solenidade, quase cerimonialmente. Ele disse, "Eu confio em suas mãos estas coisas sagradas. Cuide bem delas e leve-as de volta ao Profeta em Sião. Essas são nossas únicas cópias, escritas pelas mãos de nossos profetas.

Relate aos nossos novos profetas que somos filhos de Deus, e que aguardamos ansiosamente esse dia onde poderemos receber nossas bênçãos, em Sião e no templo. Estes são os registros de nossas gerações e a história do nosso povo. Desejamos que, assim que estejamos preparados, nós e nossos ancestrais possamos ter o nosso trabalho feito no templo. Diga-lhes que nós estamos chegando."

A próxima coisa de que me dei conta o de subir pelo grande túnel com eles. Eu estava me dirigindo com eles para fora daquela caverna que tinha sido seu lar. Eles caminharam com determinação em direção à luz do dia que não tinham visto por gerações, mas também havia olhares amorosos pelo lar que deixavam para traz, das doces memórias e muitas lágrimas foram derramadas. À frente deles estava seu profeta já bem envelhecido, seu rosto resplandecia pelo Espírito e pelo sol que ele contemplava pela primeira vez em sua vida. O último de seu povo tomou um dos vidros brilhantes das paredes da caverna e depois o envolveu em um pano e, cuidadosamente, colocou-o em um carrinho de mão, deixando a grande caverna na escuridão. Alguns trabalhadores permaneceram temporariamente para selar a caverna.

Os outros membros do meu grupo trabalharam com o povo para dividi-los em companhias. Eles tinham construído pequenos carrinhos de mão e carroças, mas não tinham nenhum animal para puxá-los. A essa altura eu já sabia o nome de alguns deles e tinha desenvolvido um grande amor por aquelas pessoas. Eles eram verdadeiramente um povo agradável, inocente e não-poluído pelo mundo. Eles eram como crianças em sua fé e em sua compreensão do mundo além de seu lar no interior da terra. Chorei ao pensar que teria de deixá-los, mas eu sabia que tinham que se submeter à sua própria jornada a Sião, para que, ao chegarem, estivessem preparados.

Eu não fui com eles. Abracei a muitos deles, e recebi seus beijos sobre minhas lágrimas, então me afastei a uma curta distância até estar fora de vista, e voltei a Sião, através do portal. Ao chegar eu entreguei os livros com sua genealogia e escrituras para a Primeira Presidência da Igreja que, a essa altura, havia se mudado para o que tinha sido anteriormente conhecida como Missouri - mas não mais. O mundo agora a chamava de Sião, a Nova Jerusalém.

Sua Chegada a Sião

Minha próxima visão trouxe-me ao dia em que meus amigos da caverna chegaram a Sião. Muitos anos se haviam passado. Retornei para eles várias vezes para encorajá-los e ministrá-los, mas o maior trabalho tinha sido realizado pelos dezoito que tinham permanecido e andado com eles para Sião.

Sabíamos que eles estavam chegando e eu subi e fiquei em cima de uma colina na periferia da cidade. Nós havíamos preparado um banquete de boas-vindas. Assim que eles nos viram, eles largaram seus pertences e carrinhos de mão e correram para os nossos braços. Chorei ao abraçar aqueles a quem eu tanto amava.

Eles estavam exaustos e em farrapos e tinham triunfado sobre muita tribulação. Seu número era menor. Eles haviam pago o preço da jornada dos justos. Seu idoso profeta tinha sobrevivido à jornada e estava andando a frente deles quando chegaram.

Joseph Smith uniu-se a nós ao recebê-los. Ele ensinou-lhes sobre seu papel na restauração do Evangelho. Ele disse-lhes qual tribo de Israel eles pertenciam e usou suas próprias escrituras para instruí-los. Eles estavam contentes por saber que estavam olhando para um ser ressurreto, Joseph Smith, mas não pareciam surpresos. Nosso profeta atual falou, bem como profetas que tinham ministrado em dispensações passadas. Esses foram profetas que eu nunca tinha ouvido falar antes, mas que eram bem conhecidos por aqueles que tinham chegado. Eles ficaram admirados e emocionados quando cada antigo e amado profeta foi apresentado.

Após eles serem alimentados e preparados espiritualmente, nós os trouxemos para a cidade. Havia outra longa mesa perto do templo com milhares de pequenos copos de água. Eles se reuniram e o profeta explicou que eles iriam beber a Água da Vida.

"A Água da Vida"

Durante a construção do templo na Nova Jerusalém, descobrimos uma nascente natural. Quando consultamos as plantas de construção, vimos que na verdade a vertente estava marcada nos desenhos, juntamente com projetos de encanar aquela água. Quando o templo foi terminado, havia uma vertente que vinha por debaixo do templo até chegar fora dele criando uma linda fonte a que chamamos de "A Fonte das Águas Vivas" e ela se encontrava nos arredores do templo. Perto da fonte, havia uma árvore grande e magnífica, a que chamamos de "A Árvore da Vida".

Ela não tinha crescido naquele local, mas tinha sido transplantada de um mundo terrestre totalmente adulta. Tal árvore nunca tinha antes crescido na Terra. Certo dia, ao chegarmos lá, nós nos deparamos com ela e, como todos os outros seres vivos em Sião, entendíamos sua história completa e todas as coisas relacionadas a ela. Até ser transplantada para Sião, ela fazia, há muito tempo, parte da cidade de Enoque.

A árvore produzia doze tipos de frutas, representando as doze tribos de Israel. Cada tipo de fruta tinha uma propriedade única de cura e santificação que era usada de uma maneira que eu não recordo. Lembro-me olhando para ela por muitas horas, imaginando e me maravilhando de que um ser tão perfeito poderia agora estar na Terra.

Até mesmo as folhas tinham poder de cura. Se uma folha ou uma fruta fosse retirada da árvore, outra voltava quase que imediatamente. Tirar uma única folha e colocá-la no solo, em outro lugar, fazia com que o chão fosse curado, que vegetação exuberante crescesse e que aquela área começasse a mudar para um estado milenar. Um dos grandes objetivos de suas folhas era curar a água da contaminação resultante da guerra e da radiação. Antes e depois da vinda do Senhor, nós levamos muitas de suas folhas para as cidades distantes de Sião para começar a sua transformação na era milenar e, eventualmente, nós as levamos para todo o mundo.

A pessoa que comêsse do fruto daquela árvore mudava instantaneamente para um estado terrestrial ou milenar. Não era necessário proteger a árvore porque nenhuma pessoa indigna poderia entrar Sião ou de alguma forma aproximar-se do templo e da Árvore da Vida. Aqueles cujos olhos foram abertos para que pudessem ver as coisas de Deus e dos anjos, podiam contemplar anjos poderosos guardando a Árvore da Vida, assim como o Pai tinha ordenado no jardim do Éden.

A árvore resplandecia dia e noite com a glória de Jesus Cristo, e era incrivelmente linda, muito mais perfeita do que qualquer outra árvore anteriormente plantada sobre a face da terra.

A água da fonte fluia em volta dela e, ao fazê-lo, obtinha as suas propriedades. A água era, portanto, "curada" de sua condição telestial e tornava-se terrestrial por natureza.

Nós construímos um aqueduto aberto para levar a água pelo centro de todas as ruas de Sião, para que cada pessoa pudesse tomar dela livremente. O canal foi ligeiramente elevado e construído de uma pedra maravilhosamente talhada e revestida com ouro.

Construímos pequenos córregos para levar a água até os jardins e os pomares que se encontravam no outro lado da cidade. Quando os riachos chegavam ao limite de Sião, a água era absorvida pela terra.

Nós canalizamos outro riacho desde a sua fonte até o novo rio que circundava a cidade de Sião. As margens daquele rio começaram a retornar à vida com uma vegetação exuberante, cheia de árvores em flores e plantas que cresciam espontaneamente. A paisagem destruída começou lentamente a se rejuvenescer. É importante lembrar que se haviam passados menos de dois anos desde que a onda do Golfo havia varrido essa área matando a quase tudo, inclusive enchendo a terra de sal e tornando-a muito difícil de alí manter vegetação.

A água era diferente da normal. Ela era mais clara e saborosa e tinha uma propriedade que a fazia refletir e cintilar a luz do sol. À noite, ela brilhava e reluzia. Nossos profetas liam para nós as profecias sobre essa vertente e um fragmento dessas profecias se encontra no último capítulo da Bíblia. Um riacho semelhante foi eventualmente encontrado na antiga Jerusalém. Deus tinha fornecido essas águas, pelo Seu poder, para o aperfeiçoamento de Sião durante o Milênio.

Descobrimos rapidamente que uma ferida curava em poucos minutos ao colocar um pouco daquela água sobre ela. Depois de beber dela uma vez, a pessoa ficava completamente curada de qualquer tipo de enfermidade que tivesse. Bebendo-a várias vezes, qualquer doença se curava e você começava a mudar. Tomar dela por cerca de uma semana transformava você permanentemente para o "estado milenar," uma condição semelhante à transladação, mas sem os dons espirituais. A partir daí, seu corpo nunca envelheceria. Você se tornava imune às doenças e enfermidades. As machucaduras curavam rapidamente. Com o tempo, as pessoas tornavam-se imunes às lesões e à dor. As pessoas de idade avançada gradualmente obtinham a aparência mais jovem e, por volta dos trinta anos, os jovens paravam de envelhecer. Essa descoberta foi algo extremamente emocionante e humilde. Nós observamos tudo isso livremente e nos regozijamos e demos toda a glória a Jesus Cristo.

Começamos a chama-la de "Água da Vida", porque ela nos dava vida. Também chamávamos pelo mesmo nome a fonte de onde ela veio; porque entendiamos plenamente que sua origem era Jesus Cristo, que é a fonte de Água Viva. Assim, o título de "Água da Vida" era um lembrete constante para nós de que ela vinha do nosso Salvador.

Uma vez que, por ter bebido da água, mudássemos completamente, nós literalmente nunca mais tínhamos sede. Nós parávamos de beber água normal.

Nós bebemos da água do riacho todos os dias, mas após a mudança ter tomado pleno efeito em nossos corpos, isso não era mais necessário.

Depois de termos bebido daquela água, nós não sentíamos mais fome. Comíamos quando queríamos. Aqueles que não eram transladados ainda precisavam se alimentar, mas em quantidades muito menores e muito menos frequentes.

Da mesma forma, era incrível que em todo o lugar em que a água caísse, a grama, as árvores e as flores começavam espontaneamente a crescer e a florescer em abundância. O solo se tornava fértil, e até mesmo as rochas e as pedras eram alteradas. Ao lavar-se o concreto ou as pedras com aquela água, elas se tornavam perfeitas, sem rachaduras ou marcas de terem sido gastas pelo tempo. Tudo ficava impecável, lindo e imune aos efeitos da mortalidade telestial.

Começamos a regar os jardins com ela e os frutos cresciam em tamanhos enormes. Numa certa ocasião, eu vi dois homens carregando um cacho de uvas anexado a uma vara entre eles. Cada uva era do tamanho de uma melancia. Aqueles homens também haviam sido mudados de forma que o peso da fruta não era um problema. Eles estavam levando aquele cacho somente para se alegrar e para mostrá-la às pessoas que estavam nas ruas; eles davam glória a Deus e se regozijavam em alta voz, convidando a todos para vir e provar do néctar divino da graça de Deus.

Logo descobrimos que deveríamos colher as frutas enquanto ainda eram pequenas e mais fáceis de serem ingeridas, em vez de permitir que ficassem tão grandes. Nós observamos que depois de apanhar uma fruta ou legume, outros logo cresciam em seu lugar, fazendo com que as árvores estivessem continuamente carregadas de frutos e as plantas cheias de legumes. Não era necessário plantar novos jardins. Eles produziam com tanta abundancia que pareciam estar explodindo de alegria.

Você poderia comer um pedaço pequeno de fruta, e ela iria satisfazer a fome e sede por dias. Aquele alimento era totalmente absorvido pelos nossos corpos e nada era desperdiçado. Ele fornecia aos nossos corpos tudo o necessário para viver sem a doença ou morte.

Descobrimos que o fruto tinha vida própria, e se você o deixasse em um armário ou mesa, ele permaneceria fresco e delicioso indefinidamente. A comida também tinha propriedades de cura. Depois de ter comido um pedaço de fruta, o corpo era curado de uma doença comum; e o fato de alimentar-se dela repetidamente mudava o corpo ainda mais. Mas somente beber da água já mudava a pessoa para o estado milenar.

Até mesmo a grama, as árvores e os animais tornaram-se "milenares". A água estava mudando tudo à nossa volta.

Tornando-se Imutável

As pessoas em Sião, a menos que fossem crianças, já não envelheciam. Elas amadureciam até cerca de trinta anos e depois não mudavam mais. Não havia nenhuma enfermidade, nenhuma doença, nenhum mal, nenhum ferimento sério e, praticamente, a dor já não mais existia.

Mas havia uma diferença notável entre os jovens e os idosos. Devido aos nossos olhos terem sidos abertos para as coisas espirituais e por causa da presença constante do Espírito Santo, as pessoas mais velhas possuíam um olhar de sabedoria, de conhecimento e experiência. Elas falavam de forma diferente e tinham um conhecimento maior sobre como usar o sacerdócio. Elas eram dotadas de maior experiência, fé e sabedoria. Com o passar do tempo, todos tinham a mesma aparência no que se refere à idade, mas havia uma diferença decorrente do tempo que era reverenciada, honrada e procurada.

As pessoas mais velhas também tinham a lembrança da mortalidade, velhice, doenças ou enfermidades. Os jovens não tinham passado por essas coisas. Não era incomum para esses cidadãos mais idosos de Sião serem convidados para ensinar aos jovens sobre a vida mortal que tinham tido para que a nova geração pudesse valorizar suas bênçãos milenares.

Aprendemos a comunicar-nos tanto pelo espírito como por nossas vozes, para que as gerações mais velhas fossem capazes de ensinar com muita clareza essas coisas, transferindo poderosa e claramente o conhecimento desses princípios de mortalidade a seus alunos.

A Bênção de Ser Simples

Depois de as águas vivas terem curado o solo e as pessoas, vieram os tempos a que me referi anteriormente, onde não havia nenhuma necessidade de empresas, lojas, infraestrutura, manufatura, comércio, indústria, dinheiro, bancos, pedir ou dar em empréstimo ou qualquer outra coisa convencional pertencente à mortalidade. O estado milenar nos libertou de todas essas armadilhas da Babilônia. Tudo o que precisávamos era fornecidos pelo poder de Deus que inicialmente estava apenas presente em Sião e mais tarde, nas cidades de Sião. Estávamos livres para trabalhar exclusivamente para Deus, e isso era exatamente o que fizemos — e era a melhor de todas as formas de vida.

Não havia nenhum sistema monetário e o ouro, a prata e as pedras preciosas só tinham valor para decoração de templos, igrejas, obras de arte e a pavimentação de ruas.

Todas as coisas eram em comum entre nós, porque tínhamos tudo que precisávamos. Éramos mais ricos do que qualquer rei poderia ter sido na mortalidade e nada disso importava para nós. Um caminhão cheio de diamantes seria usado como pedra para fazer concreto para adornar Sião antes que fosse usado num anel ou colar. O conceito de propriedade e acúmulo de "coisas" como parte da nossa identidade já não existia do nosso modelo social.

Colunas de Fogo

Tudo isso aconteceu antes da Segunda Vinda de Cristo. Enquanto a guerra e o caos reinavam em todas as demais partes, o Senhor ordenou para que começássemos a era milenar dentro de Sião e suas cidades. Estávamos cercados pela guerra em nossa própria vizinhança. As tropas estrangeiras haviam avançando para bem perto, mas nós as ignoramos. Eles não tinham nenhum poder sobre nós; e suas tentativas foram frustradas, embora buscassem repetidamente entrar em Sião e exercer autoridade sobre nós. Nós não tivemos que chamar fogo do céu contra eles ou proteger nossos portões com armas. Nós vivíamos dentro da segurança do poder de Deus. As mesmas colunas de fogo que nos acompanharam na jornada da terra desolada da América até Sião agora resplandeciam acima do templo e nas doze portas de entrada da cidade de Sião. As colunas de fogo podiam também ser vistas frequentemente acima de casas ou outros lugares onde as pessoas estavam prestando devoção a Deus, ensinando pelo poder do Espírito, ou aprendendo em humilde obediência.

Como as Águas da Vida haviam mudado todas as coisas pelo lado de dentro dos muros de Sião, a cidade começou a brilhar em glória. Os prédios brilhavam; as ruas brilhavam; as calçadas, os gramados e as flores brilhavam. A vista mais bela de todas era a do grandioso templo que lá existia. A iluminação de toda a cidade parecia ser atraída em direção ao templo, cuja luz era projetada dele em direção ao céu como uma poderosa coluna de fogo que se estendia além da visão humana. Para aqueles que não sabiam por que essas coisas estavam acontecendo ou que planejavam contra ela, Sião era realmente tão terrível como um grande "exército com estandartes", conforme previsto por Isaías. No entanto, ela também era tão tranquila quanto uma pomba.

Expandindo Sião

Toda a nossa sociedade envolveu-se na expansão de Sião, significando que as terras circunvizinhas tiveram que estar preparadas para fazer parte dela. Com o passar do tempo, a notícia espalhou-se nas Américas e em seguida ao redor do mundo, que em Sião havia paz, segurança e comida, e se você não quisesse estar envolvido em guerras, você teria que pagar o preço necessário para ir até Sião ou uma de suas cidades. Já não chamávamos este lugar de Missouri; o local foi se tornando mundialmente conhecido como "Sião", a "Nova Jerusalém", "A Cidade do Deus Vivo".

Como resultado, as pessoas chegavam diariamente às portas da cidade. Elas não podiam entrar até que estivessem preparadas. Na verdade, elas não podiam entrar devido às colunas de fogo que as protegiam. Nosso Salvador nos visitou no templo e seres ressuscitados e transladados andava pelas ruas de Sião. Os ilustres de gerações passadas eram vistos todos os dias, e só os puros poderiam estar lá sem serem consumidos pelas colunas de fogo.

Jesus Cristo não era visto fora do templo naquela época. Após a Segunda Vinda, o nosso Salvador realmente viveu na Nova Jerusalém e vê-Lo não era um acontecimento incomum dentro da cidade. Ele visitava as casas e famílias e abençoava-os com Sua presença, amor e glória. Com o aproximar-se daquele dia, os requisitos de dignidade necessários para se habitar lá se tornaram muito mais celestiais. Todos sabiam disso e nós aceitamos o padrão mínimo de dignidade atualmente imposto como requisito. Nós também aceitamos as mudanças que estavam acontecendo na nossa santidade coletiva a qual permitiria, finalmente, que Cristo andasse pelas nossas ruas, que nós carinhosamente pavimentamos com ouro, para que elas fossem um lugar apropriado para Seus santos pés.

Quando as pessoas chegavam à terra de Sião, nós tínhamos uma grande companhia que tinha a responsabilidade de recebê-los, alimentá-los e mostrar-lhes aonde eles poderiam acampar fora da cidade. Ninguém foi mandado embora, mesmo aqueles que sabíamos, somente pelo olhar, que tinham más intenções. Não havia necessidade de rejeitá-los. Eles não podiam nos prejudicar ou entrar em Sião. Nosso trabalho era amá-los e ensiná-los para que eles pudessem ter a oportunidade de ouvir o Evangelho de acordo com o seu nível de entendimento.

A única comida que tínhamos, conforme explicado anteriormente, era aquela que nós mesmos plantamos.

Até mesmo uma pequena porção daquela comida curaria qualquer tipo de doença. Uma dieta constante fazia com que a saúde fosse restaurada em poucos dias. Descobrimos que as novas alterações, de natureza "milenar" e seus efeitos, não ocorreram fora de Sião. Também ouvimos histórias de pessoas que levavam as frutas de Sião para lugares distantes para tentar vendê-las ou usá-las na cura de entes queridos que estivessem distantes. Quanto mais longe eles as levavam, menos efeito elas tinham, até o ponto que apodreciam como qualquer outra fruta tornando-se, assim, inútil para eles. O poder da fruta não estava nela — e sim em Sião.

Mesmo assim, quando viram que suas feridas foram curadas rapidamente e seus corpos rejuvenescidos, eles imediatamente perguntavam que tipo de tecnologia poderosa ou medicamento milagroso nós possuíamos. Uma das duas coisas acontecia: eles planejavam roubar qualquer tecnologia que eles imaginavam que tivéssemos, ou eles imediatamente sentiam o Espírito de Deus e faziam planos para se juntar a nós. Aqueles que desejassem unir-se a nós foram ensinados e batizados e começavam sua longa jornada para Sião mesmo que estivessem acampados fora da cidade.

A uma distância mais além desses acampamentos, que estavam à procura de ajuda e cura por estar na proximidade da cidade, havia outros grandes acampamentos que temiam Sião e, que no passado, haviam lutado contra nós e nos atacaram durante nossa jornada a Sião. Muitos dos habitantes desses acampamentos tinham vindo para a América como parte das tropas, mas tornaram-se desiludidos com os invasores e tinham desertado. Eles ainda tinham medo e pavor de nós porque as suas armas seriam inúteis contra nós se decidíssemos atacá-los. Nós nunca o faríamos, mas eles viviam num estado de desconfiança e medo. Eles também eram aterrorizados pelos seus antigos aliados e viviam numa condição de constante temor, cercados por todos os lados. Mesmo assim, eles ficaram e comeram dos frutos de Sião, não sabendo como deixar aquele local ou entrar na cidade.

O mundo foi inundado com os rumores de Sião, de nossa longa vida e força física, e eles não se atreviam a aproximar-se de nós. Mesmo assim, eles estabeleciam seus acampamentos e suas cidades feitas de tendas em nossas proximidades, porque aqui havia paz. Eles ainda tinham esperança de descobrir ou roubar aquilo que nos fazia poderosos e prósperos. Alguns não podiam acreditar que tinha alguma coisa a ver com o poder de Deus. Com o passar do tempo, eles enviaram seus embaixadores até Sião perguntando se poderíamos ensiná-los a viver em paz, com saúde e prosperidade, mas eles não queriam saber de nada sobre a nossa religião. Aquela situação criou algumas oportunidades interessantes para o ensino.

Aqueles momentos de ensino se tornaram como se fosse uma peneira para separar o trigo do joio. No mundo havia contínuas guerras e abominações que poderiam ser comparadas ao inferno ou perdição, onde o diabo reinava com sangue e horror. Havia ao nosso redor, um acampamento de pessoas que nos viam como poderosos e terríveis e que ainda viviam pela lei da espada, mas que devido à paz que oferecíamos, decidiram viver perto de Sião. Eles rejeitavam qualquer coisa espiritual que pudéssemos oferecer, mas valorizavam os benefícios de habitar perto de nós. Isso poderia ser comparado ao mundo telestial.

Havia também um círculo interno de pessoas nos acampamentos que tentavam, através dos nossos ensinamentos e arrependimento, entrar em Sião. Era como se fosse o reino Terrestrial, onde as pessoas se beneficiavam da cura e do poder espiritual de Sião.

E depois havia o centro celestial na cidade conhecido como Sião, onde os anjos andavam normalmente pelas ruas, seres ressuscitados ensinavam aulas e a glória de Deus iluminava as vias pavimentadas com ouro.

As pessoas progrediam à medida que desertavam os acampamentos e buscavam refúgio nas áreas mais achegadas a Sião. Esse foi um processo interessante. As pessoas eram cautelosas ao se aproximarem dos portões da cidade. Missionários eram enviados todos os dias para os acampamentos mais próximos e eles ensinaram com poder aqueles que queriam participar. Nós organizamos e realizamos, conforme as necessidades, reuniões sacramentais (Ceia do Senhor) nos acampamentos mais próximos da cidade. Foi a maior obra missionária que o mundo jamais experimentou. Todos os que foram chamados a servir como missionários amavam as suas designações o que produziu uma grande colheita entre essas pessoas.

Tinha levado uma vida inteira para aqueles de nós em Sião se qualificarem para estar lá e as leis que governavam a justiça e a dignidade estavam ainda em vigor. Ninguém era admitido em Sião até que seus corações fossem puros e dignos de ver e participar das coisas que aconteciam a cada hora em Sião. A grande vantagem deles era que estavam sendo ensinados com grande poder, podiam ver as colunas de fogo e experimentar a cura de seus corpos. Aqueles cujo amor à verdade e a Cristo brilhava lentamente em algum canto de suas almas tinham o seu progresso reduzido de décadas para anos ou meses, e sua conversão era profunda e permanente. Algumas pessoas chegavam totalmente arrependidas e cheias de fé e sua transição para Sião foi rápida.

À medida que essas pessoas se uniam a nós, o local aonde eles tinham acampado era utilizado para ampliar as fronteiras de Sião, mas desta vez, com eles dentro.

Aqueles que não podiam mudar eram obrigados a serem relocados além das nossas fronteiras. Para nosso total espanto, havia muitas delas que optaram por se oporem ao invés de se unirem a nós. Era doloroso saber que os tempos da purificação pelo fogo estavam chegando e, em breve, estas pessoas se auto definiram, pelas suas proprias escolhas, como aquelas que não poderiam sobreviver à glória de Sua vinda.

O Retorno das Dez Tribos

Eu vim a compreender, com o passar do tempo, que as dez tribos retornaram de quatro maneiras distintas.

Primeiro, há anos, as tribos de Efraim e Manasses haviam se coligado ao Evangelho nos últimos dias através de seu próprio processo de conversão. Pessoas de todo o mundo foram coligadas primeiramente se unindo ao cristianismo e, finalmente, a Igreja dos Últimos Dias. Esses era, os tempos de adoção espiritual onde todos os que se aliaram a Deus foram adotados adquirindo as bênçãos de Israel através da Igreja dos Últimos Dias.

Em segundo lugar, o trabalho de coligação foi dramaticamente ace-lerado através do uso dos portais após os primeiros dias de Sião. Eu fazia parte deste grupo e trabalhei, por muitos anos, juntamente com anjos invisíveis, pessoas transladadas e até mesmo algumas pessoas ressuscitadas, que tinham sido incumbidas para facilitar o retorno de uma tribo especí-fica. Esses foram coligados conforme previsto pelo profeta Jeremias: uma de uma família, dois de uma cidade em Sião. Durante essa fase de retorno, nós ensinamos e reunimos a todos os que tinham fé em Cristo, tanto de dentro como de fora da Igreja dos Últimos Dias. Nós os conduzimos a uma das muitas cidades de Sião, aonde elas prosperaram por meio das tribulações que ainda estavam por vir até que Cristo retornasse e liber-tasse a todos nós. Esse processo foi concluído apenas pouco tempo antes da Segunda Vinda.

Em terceiro lugar, grupos de pessoas eram conduzidos por Deus, ou melhor, por seus anjos – especificamente por nós que morávamos em Sião – para a Nova Jerusalém e outras cidades de Sião localizadas em todo o globo, após sua longa dispersão entre as nações. Essas pessoas, às vezes, tinham seus próprios profetas, suas próprias escrituras e tradições. Nós lhes ensinávamos durante sua longa jornada, os batizávamos e os ordená-vamos ao sacerdócio para que se tornassem dignos. Eu mencionei ante-riormente a respeito do tremendo esforço em Sião para ensinar e realizar as ordenanças de salvação para as multidões de pessoas que lá chegavam.

A maioria deles veio de lugares dispersos, como o norte da Europa, África, Ásia, Índia, Oriente Médio e regiões Eslavas, para onde haviam fugido há milhares de anos atrás. Mesmo depois de sua chegada, eles às vezes lutavam para identificar-se com Sião. Apesar de terem feito a viagem física até Missouri, eles tiveram dificuldades em fazer sua jornada espiritual até Sião.

Houve também um grande esforço de nossa parte para ensiná-los e tirá-los de suas tradições não inspiradas, de sua maneira de vestir, de suas joias e piercings e assim por diante. Eles eram como que espiritualmente recém-nascidos que tiveram de ser ensinados em cada detalhe. Os Santos dos Últimos Dias se esforçavam para ensiná-los, mas essa era uma transição difícil, e o tempo era curto.

Por exemplo, eles queriam se decorar para comemorar a sua conversão, e nós tínhamos que corrigi-los constantemente. Tudo aquilo criou um uma situação um pouco cômica porque eles chegavam com suas roupas tradicionais tentando representar Sião, e tivemos que ensiná-los sobre a nova realidade. Toda a nossa roupa era confeccionada pelos santos e elas eram de forma simples e humilde. O vestuário era lindo, sem etiquetas de marca, possuindo apenas a quantidade correta de modéstia. Quando essas pessoas que haviam vindo de outras áreas observavam nossas roupas, elas muitas vezes tentaram "enfeitar" seu novo vestuário com suas joias e estilos tradicionais.

Em quarto lugar, havia grandes grupos de pessoas que vagavam para Sião simplesmente para sobreviver. O reino de Satanás era tão horrível, tão terrivelmente destorcido que até mesmo alguns que tinham, no início, abraçado as guerras e intrigas políticas, e que por sua própria vontade haviam recebido a Marca da Besta e que, por sua astúcia, tinham sobrevivido às tribulações, estavam começando a se arrepender. Eles podiam ver que os poderes das trevas estavam sendo desafiados e desfeitos. Alguns deles fugiam para Sião como ratos abandonando um navio que naufragava. Eles foram ensinados, mas era difícil para eles e o tempo era limitado. A maioria deles não podiam fazer as necessárias mudanças de vida, abraçar o Evangelho, arrepender-se e tornar-se puro no tempo que ainda restava. Quando os tempos difíceis chegavam, ou foram provados de alguma forma, eles muitas vezes não sobreviviam os desafios e se afastavam. Era difícil para eles e a mortalidade espiritual era imensa entre eles.

Todos estes grupos foram reunidos antes da Segunda Vinda, mas todas essas pessoas constituíam apenas uma fração do restante da população mundial.

Havia milhões a quem não havíamos ministrado e que ainda eram dignos de escapar ao fogo da purificação durante a Sua vinda. Mas sem a proteção de Sião, eles sofreram tragicamente até a Sua chegada.

Depois que Cristo veio nossa atenção voltou-se para essas enormes multidões dos filhos perdidos de Deus. Levamos-lhes a mensagem do Evangelho de Cristo, a esperança e a cura. Seriam necessários mil anos antes da maioria deles aceitarem seus privilégios milenares e participarem completamente da bondade de Deus. Depois de quase toda a Terra ter recebido sua glória milenar, ainda assim, havia pequenos grupos de boas pessoas, cuja liberdade permitiu-lhes escolher não unir-se a Sião - mesmo quando o milênio havia quase chegado ao fim.

Portais Entre Nós

Estávamos ocupados com a expansão de Sião, reunindo através dos portais os eleitos de todo o globo. A essa altura, cada pessoa transladada tinha seu próprio portal, mas havia um processo de aprendizado para saber como usá-lo. Para uma pessoa inexperiente, ele só poderia viajar até certo ponto e depois teria que andar ou obter outro meio de transporte para ir além. Algumas pessoas recentemente transladadas saíam em suas missões e ficavam oprimidos pelo que viam, com medo ou tristeza em seus corações e não podiam retornar através dos portais e, dessa maneira, poluir Sião. Eles tiveram que começar suas jornadas de volta a Sião andando, aguardando o tempo para fortalecer a sua fé e superar seu temor para que seus portais pudessem trazê-los novamente para casa.

Todos nós começamos a servir ao Senhor dessa forma, com pouco entendimento do que estávamos fazendo. Saímos, ensinamos e abençoamos aqueles que nos foram designados e, então, os trouxemos para casa de barco, a pé, ou por qualquer outro meio disponível. Ao aprendermos quão poderosos eram nossos dons e pelo desenvolvimento maior da fé e experiência pela obediência, obtivemos o pleno uso do estado transladado e começamos a ser capazes de trazer os puros dentre eles através dos portais diretamente até Sião. Aqueles a quem reunimos dessa forma eram perfeitamente puros de coração antes da nossa chegada a eles. Qualquer interesse pessoal ou desejo impuro simplesmente faria com que o portal não funcionasse, e tivemos que deixá-los para traz a fim de que encontrassem seu próprio caminho a Sião.

Esta foi a jornada, mesmo para nós, os primeiros cidadãos de Sião, sistematicamente nos despojamos de tudo o que possuíamos, de tudo o que pensávamos que precisaríamos para sobreviver. Esse foi o processo que nos purificou e nos ensinou o quão magnífica é a vida com total confiança em nosso amoroso Deus. Essa era a única maneira de aprender esta forma elevada de pureza. Aqueles que encontramos e que estavam prontos a se unir a nós, os "eleitos" de Deus, tinham passado por este processo de purificação durante o decorrer de suas vidas, e nós os trouxemos para Sião cantando hinos de alegria eterna.

Estes, cujos corações eram puros, eram aqueles dos quais Isaías proclamou que traria de volta até Sião nos nossos ombros, cantando canções de eterna alegria. Estes não dormiriam, cochilariam, viriam com pressa ou tirariam seus sapatos. Trouxemo-los com alegria através dos portais até Sião, mas estes eram uma grande exceção à regra.

Aprendemos também que o livre arbítrio estava sempre em vigor, e o fato de ser transladado não eliminava a possibilidade de utilizarmos incorretamente a nossa liberdade. Não tenho conhecimento de qualquer pessoa transladada que tenha se voltado para o mal e, dessa forma, perdido seu status e sua salvação; mas eu ouvi sobre alguns que aprenderam por meio de duras experiências que eles tinham que se manter diligentes e à correta estatura de justiça ou os dons e o portal deixariam de funcionar.

Se a nossa missão requeresse que assumíssemos uma nova identidade, a nossa aparência mudava ao passarmos por através do portal. Quase nunca chegamos ao nosso destino em nossa real identidade de Sião. Eu não tinha a mesma forma ou falava como Spencer. Minhas roupas e aspecto eram alterados. Eu sabia como e quem era o meu novo personagem, incluindo sua história, memórias e linguagem. Eu podia, a fim de realizar o meu trabalho, ser qualquer pessoa que o Senhor precisasse que eu fosse.

Pode parecer estranho que nós fôssemos alterados, mas a história está repleta de anjos que apareceram em diferentes formas - às vezes como idosos, jovens ou mesmo como uma criança. No entanto, sabemos que os anjos são eternos e não tem aparência velha ou jovem, então, obviamente, eles vêm até nós na forma que mais nos abençoará. A única diferença era que, agora, nós éramos aqueles anjos. Anjos masculinos sempre aparecem como homens e femininos como mulheres, mas com qualquer aparência que sejamos inspirados a adotar.

Ao estudar cada missão de antemão, eu estava totalmente ciente de minha identidade e estava preparado para ministrar dessa maneira.

Ao voltar ao meu escritório no templo, eu retornava à minha própria identidade. Nunca precisei trocar de roupa, tomar banho ou descansar. Às vezes eu era enviado por através do portal para um tempo anterior aquele de Sião. Eu, assim, retornava para responder às orações, para cumprir promessas e manter convênios. Às vezes passei longos períodos de tempo em uma missão, até meses e anos, mas ao retornar haviam se passado apenas poucos minutos desde que havia partido de Sião. O que eu estou indicando é que, quando aprendemos a utilizar totalmente o portal, seu poder era ilimitado. Ele nos dava poderes Divinos porque agíamos em nome Dele, e Ele investiu-nos com Seu poder para cumprir Sua expressa vontade e comando. Conforme havia sido prometido em muitas escrituras, estávamos começando a receber todas as coisas que o Pai possuía, e uma delas foi o grande poder dos portais.

Outro resultado inesperado do uso do tempo como uma ferramenta foi que, quando minha visão dessas coisas acabou, minha mente mortal não podia conter a complexidade do que eu tinha visto, e esqueci-me de muitos detalhes. No entanto, enquanto na visão, tudo era simples de compreender e executar. A companhia constante do Espírito Santo fez com que fosse impossível esquecer qualquer detalhe, ou cometer um erro ou omitir qualquer coisa por causa do esquecimento. Devido ao portal nos ter dado um "novo" nome e identidade durante nosso ministério, quando aquelas pessoas finalmente chegavam a Sião, elas não me reconheciam. Muitas vezes eu me apeguei aqueles a quem tinha servido, até mesmo resgatado e ressuscitado dentre os mortos, e mesmo assim eles não sabiam, depois de terem chegado, quem eu era. Não me foi permitido correr até eles e abraçá-los e recebe-los em Sião.

Em alguns casos, as pessoas pensavam que eu tinha sido Elias, Moisés, ou algum outro profeta e essa era a história que eles relatavam ao chegarem a Sião. Eu não me importava por não ser reconhecido pelo serviço prestado, mas era difícil vê-los novamente e agir como se eu não os conhecesse. Era inapropriado para nós contarmos sobre o nosso serviço a menos que o Senhor o revelasse — o que Ele ocasionalmente fazia, apenas para acrescentar à nossa alegria. Com o passar do tempo, muito tempo depois da coligação, todas essas coisas foram desvendadas e sabíamos tudo sobre todas as pessoas e tivemos mil anos para nos alegrar com aqueles que havíamos reunido.

Havia três maneiras que eu poderia receber uma designação para usar o portal. A mais comum era recebê-la do próprio Jesus Cristo.

Meu escritório ficava no templo, e apenas uma porta nos separava. Se Ele precisasse de mim, Ele vinha por aquela porta. Eu sempre sabia quando Ele estava vindo. Eu nunca fui do meu escritório até o "Santo dos Santos". A segunda maneira era através do chamado do Profeta ou de um dos Apóstolos. Esses chamados eram mais para um serviço local, lidando com alguma necessidade dentro de sua mordomia. Eles poderiam ter vindo, e muitas vezes o fizeram, através de seus próprios portais, mas delegar é um verdadeiro princípio e muitas vezes outros eram enviados.

A terceira maneira que eu poderia usar o portal era através da inspiração do Espírito Santo. Isso geralmente acontecia quando eu, inicialmente, era enviado por Jesus Cristo para começar um trabalho. Depois de retornar a Sião, o Espírito Santo me inspirava sober quando eu precisaria voltar a eles para resgatá-los ou para ajudá-los a continuar a sua jornada a Sião.

À medida que minha maturidade espiritual cresceu, descobri que eu precisava cada vez menos "ver" ou "pré-visualizar" minha missão através do portal. Minha fé e minha habilidade para receber revelação e ser guiado no momento tornaram-se muito mais poderosas do que a visão ou conhecimento prévio em si. Comecei a amar esta nova e mais elevada forma de serviço. Eu tinha que andar pela fé, presenciando os milagres a minha frente à medida que eu ministrava a estas pessoas. Nunca me senti só, perdido ou sem o poder de fazer o que o Senhor me havia pedido. Isso foi realmente ter a mente de Deus, ser um com Ele e agir como se Ele estivesse lá. Isso foi emocionante para mim e muito mais poderoso do que ver de antemão e saber o que fazer.

Os Dois Profetas

Foi nessa época que os dois profetas foram chamados em Sião para ir e alterar o curso do povo Judeu. Eu sabia quem eles eram naquela época, mas eu não mantive uma lembrança daquela informação. Eu acredito que eles eram membros do Quórum dos Doze Apóstolos, que então estavam servindo em Sião. Eu sei que eles analisaram seu ministério através do portal do templo e que estavam preparados para a sua missão e sacrifício. Eles partiram com muita coragem, sabendo que sua tarefa era fundamental e que lhes custaria à vida.

Eles foram ordenados pelo próprio Jesus Cristo para esse grande chamado diante de uma grande assembleia no templo, e então eles partiram da nossa vista através do portal.

Lidando Com a Guerra

A essa altura, não havia nenhuma guerra nas proximidades de Sião ou nos acampamentos ao seu redor. Havia uma certa violência nos acampamentos mais afastados, mas nós não os policiávamos de nenhuma forma. A única vez que eu realmente experimentei guerra total foi quando fui, através do portal, para cumprir uma designação. Nós muitas vezes nos encontramos sob ataque ou sendo ameaçado por pessoas que não haviam sido redimidas. Nós tínhamos aprendido, ao longo dos anos, a como lidar com a guerra.

No início, o poder de Deus não estava em plena exibição, e nós fizemos verdadeiros milagres para ficar fora da vista e fora do conflito. Com o passar do tempo, fomos autorizados a lidar com as pessoas conformes guiados pelo Espírito e muitas vezes fazendo milagres onde todos pudessem presenciar. Eu podia mover pessoas para longe de mim só pelo pensamento. Eles se encontrariam em um lugar completamente diferente, sem saber como explicar esse fenômeno.

Poderíamos ser invisíveis se necessários. Não era uma forma de invisibilidade, onde a luz passava por através de nossos corpos, mas uma onde as pessoas que procurassem nos destruir simplesmente não perceberiam que estávamos lá. Uma foto provavelmente teria capturado nossa presença, mas suas mentes estavam cegas à nossa vista. Muitas vezes nós passamos ao lado daqueles que estavam nos procurando. Eles poderiam até chocar-se contra um de nós, e mesmo assim eles não nos detectariam. Às vezes os soldados passavam por mim como se eu fosse um poste — desviando-se pelo meu redor, mas sem me verem. Eu estava completamente protegido - da mesma forma como estavam aquelas pessoas que se encontravam comigo.

Às vezes nossos inimigos se aproximavam do nosso grupo. Eu poderia até falar com eles, mas eles não pareciam me ver porque eles nem respondiam ou sequer olhavam para mim. Às vezes eles viram o grupo que eu estava liderando, mas eles nunca me viram. Eu falava algo como "Não há ninguém aqui," ou qualquer coisa que o Senhor me inspirasse a dizer e eles simplesmente partiam dali. Nós nunca estivemos em perigo, mas aqueles que me acompanhavam tremiam de medo porque eles estavam ainda na sua "jornada para Sião", a qual envolvia uma longa experiência em aprender a completa e absolutamente confiar no Senhor.

Eu também poderia criar uma ilusão, se necessário. Se estivéssemos diante dos soldados, eu poderia fazer com que nos "vissem" voltar e de repente fugir em uma direção diferente.

Eles disparavam contra nós e pensavam que havíamos sido eliminados. Após tal ilusão, eles já não podiam nos ver e nós partíamos. Eles não podiam sequer ouvir nossas vozes ou ruídos decorrentes da nossa retirada, não importando qual fosse. Essas coisas eram continuamente incríveis para mim e eu sempre glorificava a Deus em meu coração, e contava claramente às pessoas o que tinha acontecido, a fim de que eles pudessem aumentar a sua fé na proteção e no amor de Cristo.

Havia uma lei que nós seguimos. Não era uma regra, mas uma lei. Quando um indivíduo ou grupo nos ameaçava, nós sabíamos as intenções de seus corações. Se houvesse alguma esperança, por menor que fosse de serem salvas, mesmo que no sentido telestial, nós não os prejudicaríamos. Quando nos confrontamos com pessoas que estavam totalmente maduras na iniquidade, e que nunca iriam se arrepender, então tínhamos permissão para livrá-las da mortalidade. Sua morte seria uma bênção para elas porque já não podiam adicionar mais iniquidade em cima daquela que já tinham.

No início do nosso trabalho de coligação, nós frequentemente nos escondíamos escudados pelo poder de Deus. No final, recebíamos permissão para demonstrar o Seu poder. Em vez de escondê-lo, nós o usávamos para dar início a sua jornada imortal. Quando fazíamos isso, o que acontecia não era um banho de sangue e raramente um consumo pelo fogo. Elas apenas caiam no chão e entravam para a eternidade. Quando isso aconteceu, nos sentimos felizes por terem sido liberadas do tormento de suas próprias ilusões. Na presença de Deus, elas eventualmente seriam capazes de enxergar com clareza mais uma vez e poderiam optar por cessar esse acúmulo de condenação sobre suas almas.

Ensinando Com Poder

No início do nosso trabalho de coligar, fomos enviados às pessoas que já tinham sido preparadas, muitas das quais eram Santos dos Últimos Dias, mas também havia muitas de outras fés cristãs que eram honestas no coração. Cada pessoa conduzida a Sião, não importando qual fossem o seus antecedentes, tinha que ser ensinada e preparada para entrar nos locais sagrados de Sião. Elas tiveram que ser mudadas. Sua "jornada para Sião" não acabou quando chegaram; havia ainda uma grande jornada espiritual para ser desenvolvida.

A fim de cumprir com esse propósito, nós montamos escolas em Sião onde todas podiam frequentar. Esses eram belos prédios com salas de aula especiais, salas de reuniões que se assemelhavam a capelas e outras salas, incluindo fontes batismais.

Mais da metade dos cidadãos de Sião trabalhava nessas escolas para ensinar aqueles que lá chegavam. Eu não era um professor. Minha responsabilidade era coligar e oficiar no templo.

Tal como em uma universidade atual, havia diferentes níveis de alunos. As novas pessoas estavam lá porque tinham sido trazidas a Sião através de milagres e preservadas por anjos que declaravam abertamente que Cristo os havia enviado. Essas pessoas queriam saber quem éramos, e como tínhamos realizado tudo aquilo. Elas podiam ver a glória de Sião e a perfeita saúde e beleza do nosso povo, e elas queriam saber como aquilo tinha acontecido e como fazer parte dela.

Nossos professores ensinavam com poder, abrindo as escrituras e falando na língua de Sião, a qual cada indivíduo entendia em seu próprio idioma. Havia alguns desafios para aceitarem o que estava sendo ensinado. Mas o espírito de Deus estava sobre todos nós, e havia colunas de fogo e a glória de Deus pairava sobre toda Sião. Essa era uma designação missionaria maravilhosa.

Havia todos os dias milhares de batismos e ordenanças. Reduzimos o tamanho das reuniões para centenas, ao invés de milhares, e as pessoas às vezes tinham que esperar para serem ensinadas e esperar novamente para serem batizadas. À medida que elas progrediam, suas experiências se tornavam cada vez maiores. Com o tempo, os anjos participavam das reuniões e pessoas transladadas ensinavam as classes. Seres ressuscitados mostravam-lhes visões sobre a verdadeira história da Terra e de suas próprias vidas.

Nenhuma ordenança era realizada antes do candidato estar preparado. As bênçãos eram dadas imediatamente. Quando alguém era batizado e, após terem recebido o dom do Espírito Santo, seus pecados eram imediatamente perdoados e o Espírito Santo tornava-se seu companheiro constante, levando-o a ser em seguida mudado pela expiação de Cristo. Brados de alegria, declarações proféticas, visões e milagres imediatamente tornaram-se parte de suas vidas. Quando alguém chegava a esse ponto, a Água da Viva começara a mudá-los para o formato milenar.

Todo este esforço de ensino era altamente organizado. Era realmente uma escola dos profetas, porque as pessoas emergiam desse processo totalmente dignas, tendo um excelente conhecimento sobre o futuro. Uma vez ensinadas e mudadas, nossas preocupações sobre elas cessava. Elas seriam fiéis e verdadeiras para o resto da eternidade.

Fomos capazes de confiar a eles as designações mais sagradas, e eles as cumpriam com inspiração e exatidão.

É importante notar aqui que houve um período de espera por essas coisas, e essas mudanças iniciais marcaram o principio de sua jornada. Havia um período requerido de espera para seu crescimento espiritual — não apenas como uma questão de regulamento, mas para conceder-lhes tempo de desenvolver seus dons. Após o batismo, havia um período antes de serem ordenados ao sacerdócio. Havia um período de espera também antes de estarem prontos para entrar no templo. Havia um longo período de espera antes de terem acesso às partes mais sagradas do templo e de serem investidos em sua plenitude. Depois, era necessário um novo período de crescimento e de preparação para entrar na presença de Deus.

Esses dons superiores e espiritualmente elevados de Deus eram obtidos a um grande custo antes da edificação de Sião, e o fato de estarem lá experimentando esses milagres não alterava o preço necessário para que pudessem estar em Sua presença.

A cerimonia do templo era similar a de hoje, mas com algumas modificações para trazê-la ao formato de Sião. Não havia nenhum filme porque cada pessoa podia ver a criação e os ensinamentos do Jardim do Éden conforme realmente aconteceram. Ao progredirmos de nível para nível, a sala mudava de telestial para terrestre e então para o celestial. O véu do templo não era feito de tecido, mas era um véu real dos céus.

A Cidade de Enoque

Não sei quantos anos a essa altura já se haviam passado. Sei que foi antes da Segunda Vinda. Nas minhas visões, não me foi mostrado o retorno da cidade de Enoque. Mas eu sabia que eles estavam entre nós trabalhando na mesma obra.

A cidade de Enoque agora ocupava alguma parte, ou a maior parte, da nova massa de terra no Golfo. Os detalhes de seu retorno e as particularidades da sua missão não me foram revelados. Havia pessoas de sua cidade entre nós e Enoque era um visitante frequente de Sião e estava totalmente envolvido no trabalho de preparar o mundo para a Segunda Vinda. As pessoas da Sião de Enoque estavam sempre conduzindo grupos distantes até Sião. Consideramos a cidade de Enoque como uma das grandes "cidades de Sião" dos últimos dias.

Devido ao alto grau de espiritualidade desfrutada por nós, após conhecer as pessoas, sabíamos imediatamente de onde eles tinham vindo e se eles eram transladados, ressuscitados ou mortais. Não precisávamos perguntar ou discutir o assunto. Ao encontrarmos com as pessoas da cidade de Enoque, compreendíamos suas vidas e sua inteira jornada até aquele momento no tempo. Sabíamos tudo sobre eles, e os recebíamos com reverência.

Da mesma forma, eles sabiam tudo sobre nós, em nos honravam por nossa obediência. Tudo aquilo criava uma sociedade adorável, um padrão social incrível, porque entendíamos, amávamos e honrávamos uns aos outros. Nós todos tínhamos histórias muito interessantes e havíamos pago um preço extraordinário por nossas bênçãos e nosso sacrifício era reconhecido e honrado por todos aqueles que encontrávamos.

Ao falarmos com os mortais sobre as nossas vidas e experiências, muitas vezes eles podiam ver os eventos que estávamos descrevendo. Ao nos comunicarmos com uma pessoa espiritualmente madura, tínhamos também a capacidade de trocar informações sem usar palavras, conversávamos de espírito-a-espírito, o que era incrivelmente mais eficiente e muito mais rico do que a palavra. Com o tempo, falávamos com os nossos lábios somente quando sabíamos que a outra pessoas ainda não tinha progredido além dessa limitação.

Tecnologia Espiritual

Quando meus amigos, que haviam estado escondidos há milhares de anos na caverna ao norte, chegaram, eles trouxeram consigo muitos artesãos. Por causa de seu longo confinamento sem a tecnologia - tal como a entendemos -, eles desenvolveram uma ciência mais espiritual. É difícil explicá-la sem o uso de visões e revelação. A tecnologia mortal forma objetos pelo corte, modelagem, aquecimento, derretimento e martelagem dessas coisas dando a elas uma nova forma. Essas pessoas tinham desenvolvido uma tecnologia que exercitava um justo domínio sobre a matéria que desejavam mudar. Eles formavam o objeto com as mãos, e não pela força; Tudo isso era feito por meio do amor e eram divinamente obedecidos. Eles sabiam que haviam obtido o domínio sobre a Terra, o quê seus profetas tinham lhes ensinado, incluindo o pedido a vários objetos para assumirem uma forma nova ou uma nova propriedade. Então a tecnologia deles era espiritual em natureza.

Se eles precisassem transformar uma árvore em uma cadeira eles, em espírito de oração, suavemente moldavam-na à forma desejada. Não havia lascas ou serragem. Não martelavam ou colavam. Eles criavam coisas incríveis, lindas e intrincadas, coisas gloriosas e inspiradas, simplesmente pedindo a madeira, pedra ou qualquer outro elemento que cedessem à sua vontade. Assim como os anjos que sempre me perguntavam antes de procederem para me conceder uma visão ou me dar alguma bênção, eles também aprenderam a pedir — e a receber — a cooperação de todas as coisas da Terra.

Essa era a maneira como eles fizeram com que as pedras se iluminassem. Quando chegaram a Sião, eles trouxeram toda essa tecnologia espiritual com eles. Eles começaram a nos ensinar, mas esse não era um princípio fácil de dominar. Esses artesãos tinham sido criados desde o seu nascimento com o conhecimento de que eles podiam trabalhar nesses ofícios espirituais e eles tinham ao seu redor exemplos dessas habilidades, tinham seus mestres artesões trabalhando dessa forma e, então, eles só faziam a mesma coisa. Mesmo como um ser transladado, era difícil convencer a minha mente a pedir a uma árvore que se tornasse numa cadeira ou mesa ou uma pedra que brilhasse. Eu nunca pude dominar essa arte. Além de ser um poder espiritual difícil de aperfeiçoar, ele também incluía habilidades artísticas, coisas que eu não tinha. Nem todo mundo pode moldar um pedaço de argila e transformá-la em uma bela escultura, e nem todo mundo pode moldar uma árvore e torná-la em uma graciosa cadeira.

Eles trouxeram suas poucas ferramentas e sua fé, juntamente com sua história de artesanato, e começaram a terminar o templo dedicado à sua tribo, bem como a adicionar beleza para o interior de todas as outras partes do templo. Se eles tivessem que esculpir uma bela cena em uma parede ou o arco do templo, eles estudavam o projeto movendo seus dedos sobre o papel, ingerindo espiritualmente a inspiração do artista. Então eles colocavam as mãos na parede, movendo-as lentamente em toda a superfície, aquecendo e comunicando-se com ela, em oração, pedindo-lhe que cedesse à sua súplica.

Em minhas experiências anteriores com a morte, eu tinha experimentado a comunicação com a madeira e a pedra, e alí eu compreendia plenamente o que estavam fazendo; e o que estavam fazendo também estava em harmonia com Deus. Elesbuscavam Sua permissão e a obediência da pedra para moldar a parede diante deles. Era um uso terrestre do poder criativo de Deus - o mesmo poder que Ele usou para formar a Terra e os céus. Eles estavam pedindo em fé para que Deus permitisse que assumissem esse papel criativo e mudasse algo que já existia.

Eu assistia com grande admiração, enquanto esses mestres espirituais trabalhavam e sempre sentia Espírito de Deus e notava um brilho de justo poder aonde suas mãos tocavam na obra de arte.

Quando tudo estava pronto, eles usavam as próprias mãos para esculpir a superfície. Se uma linha ou imagem fosse muito pequena ou delicada para os dedos, eles usavam suas ferramentas de madeira em forma de pontos e curvas e extremidades quadradas. Essas ferramentas eram muito antigas, escuras devido ao manuseio e muito belas. Um pequeno movimento, de poucos centímetros, era suficiente para se executar uma linha muito maior do que o movimento inicial — semelhante a se jogar a tinta ao longo de uma tela. Uma vez que estivessem preparados e prontos para começar, eles trabalhavam rapidamente, terminando ou detalhando uma cena em questão de minutos.

Eles também produziram as pedras que brilhavam — literalmente milhares delas. Elas eram colocadas em todas as dependências do templo e escritórios. Elas estavam em lindas arandelas, castiçais, ou em luminárias no teto. As pedras reagiam às pessoas na sala, tornando-se mais ou menos brilhante de acordo com seus desejos.

Essas pedras podiam ser convidadas a brilhar com calor suficiente para cozinhar, aquecer ou refrigerar um edifício, tudo isso sem cegá-lo ou mesmo aquecer a superfície sobre a qual elas descansavam. Com o tempo, cada prédio e casa em Sião usavam essas pedras não sendo mais necessários nem a eletricidade nem o fogo.

No início deste livro, falei sobre o meu quarto pré-mortal que era como um enorme Urim e Tumim. Também mencionei que era meu e que estava ligado a mim e que fazia parte de mim. Quando uma pessoa transladada obtinha uma dessas pedras, ela também começava a funcionar como um Urim e Tumim. Ela tinha o mesmo poder que um portal — para nos mostrar tudo e levar-nos até lá.

Na verdade, o poder dessas coisas não estava no objeto em si, mas em Cristo e em nossa fé. Ainda assim, esses objetos aumentaram nossa confiança e serviram para nos fortalecer. Mesmo sabendo a verdade dessas coisas, toda a gente, incluindo eu próprio, inicialmente sentiu-se mais capaz de trabalhar poderosamente com essas ferramentas espirituais.

Aprendemos que essas pedras poderiam funcionar para contactar a alguém que também tivesse uma pedra; então, não precisávamos de qualquer forma de dispositivos eletrônicos ou de sistemas de comunicação. Enquanto falávamos por através das pedras, tínhamos a mesma profunda visão da pessoa a quem nós estávamos contatando.

Caso isso estivesse em harmonia com o plano de Deus, nós podíamos dar-lhes coisas ou ir até lá num instante. Quanto maior fosse nossa dignidade e mais "unido" fosse nosso alinhamento com os céus, mais liberdade nós teríamos no uso desses dons. O propósito no início era trazer a nós um senso de obediência, confiança e pureza espiritual perfeitos. Uma vez feito isso, o objetivo de tudo o que recebíamos era para que pudéssemos servir a Deus e embelezar e enriquecer nossas vidas. Nunca houve um momento tão feliz para a humanidade, e nós ainda nem tínhamos entrado no verdadeiro milênio e mal tínhamos descoberto o total potencial de nossos dons. Mais uma vez encontrei-me pensando que minha fé agora era perfeita e que a vida não poderia ficar melhor — e novamente me enganei neste pensamento.

As pedras permitiam que víssemos o desenrolar de qualquer evento na terra e não apenas vê-lo, mas compreender as profundas verdades do que nós estávamos observando. Algumas pessoas entre nós estavam imensamente interessadas no que estava acontecendo no mundo. Elas tinham estudado esses eventos atentamente e, agora, estavam envolvidos na sua observação. Alguns foram designados para escrever o que viam, fazendo um relato histórico desses tempos. Para mim, eu estava tão ocupado com as tarefas que o Senhor me havia dado que havia pouco tempo para a curiosidade, e era um prazer manter as coisas nessa ordem.

Os seres transladados ensinavam aulas avançadas sobre essas pedras, mas o poder desse serviço dependia da fé do indivíduo e de seu aprendizado por meio do esforço pessoal. Havia algumas coisas que as pedras faziam que podiam ser ensinadas e outras que só podiam ser aprendidas por meio de revelação, experiência e dignidade. Havia também dons espirituais os quais pessoas ou tinham ou não tinham. Algumas apresentavam a habilidade em usá-los para ver o futuro, enquanto outras, pelo poder de Deus, eram boas em ir de um lugar para outro. Certas pessoas estavam contentes em usá-las para iluminar as suas casas e para cozinhar o seu alimento.

Essas ferramentas espirituais mais avançadas eram conhecidas entre nós como "pedra do vidente." Essas pedras eram personalizadas de acordo com quem quer que as possuísse, e não podiam ser usadas por qualquer outra pessoa. Homens e mulheres recebiam essas bênçãos igualmente. Chegar a esse ponto na escala do progresso, aonde nós possuíamos a nossa própria "pedra do vidente", era visto por todos como uma grande realização. Esse era um cumprimento de bênçãos prometidas as quais tínhamos recebido na vida pré-mortal. Quando alguém chegava a esse ponto, havia muitas vezes uma festa entre os membros da família para comemorar esse grande feito.

A pedra era vista como um santo chamado, porque ela dava a essa pessoa poderes além deste mundo mortal. Significava sua total evolução à estatura completa de Sião.

A "pedra do vidente" era muito mais poderosa do que as pedras que usávamos como fonte de luz, para aquecer ou esfriar nossas casas e o templo. As "pedras do vidente" funcionavam exatamente como um portal. Quando usada corretamente, poderíamos ver o passado, o presente e o futuro. Ela poderia ser usada como um auxílio à aprendizagem para assistir-se ou participar-se de eventos historicamente significativos. Ela comunicava a mente e vontade de Deus e, eventualmente, dava poder aos que eram chamados para ir a outros mundos, caso suas designações requeressem que fossem até lá.

Para aqueles que não conheciam tais coisas, aqueles a quem ministrávamos isso recebiam tudo isso como se fosse um milagre. Nós éramos vistos em muitos casos como anjos e em um sentido real, nós éramos.

Transladados vs. Milenares

Eu pudia entender a diferença entre aqueles que eram transladados e aqueles que, por terem bebido da Água da Vida, se tornaram "milenares", pois, a princípio, havia uma diferença. Mas como os passar dos anos e da evolução generalizada, a distinção tornou-se menos aparente. Isso se deu, especialmente, depois de Cristo haver retornado e, com o passar dos dias do milênio, essa diferença quase desapareceu. Todos se tornaram perfeitos em suas almas e na sua aplicação dos dons e poderes de Deus. A única diferença era que os seres "milenares" receberam designações referentes a esta Terra. Seu trabalho era aqui. Eles tiveram e criaram seus filhos aqui e tinham labutado com dificuldade para transformar o mundo inteiro em Sião. Esses eram o povo da promessa, aqueles que tinham "herdado a Terra," aqueles cujos filhos "cresceram sem pecado para a salvação."

Quando as pessoas atingiam a idade da árvore, o que era diferente para cada um, sendo na faixa de cem de anos para a maioria, elas simplesmente mudavam "em um piscar de olhos." Elas ressuscitavam independente de onde estivessem, pois seus trabalhos na Terra haviam chegado ao fim.

Ser ressuscitado dessa forma não era um acontecimento inesperado. Elas sabiam que estava chegando a hora e muitas vezes reuniam seus entes queridos para compartilhar a experiência.

Não havia nenhuma separação, perda ou luto, porque esses seres podiam retornar ao mundo milenar quando quisessem. Mas agora, seus trabalhos já não estavam limitados à Terra, mas estendiam-se à vastidão das criações de Deus. A Terra, naquele momento, deixava de ser a sua residência pois um lugar estava reservado para eles na presença de Deus. Esse era um acontecimento glorioso de se contemplar.

Pessoas transladadas não tinham filhos, e elas não estavam limitadas à Terra. Seus trabalhos tinham uma finalidade específica, a edificação de Sião e o estabelecimento do Reino de Deus. Às vezes suas responsabilidades incluíam outros lugares, até mesmo outros planetas e pessoas.

Quando seu ministério havia sido concluído, e seu tempo havia então acabado, elas oravam a Deus e terminavam o seu ministério como seres transladados. Elas eram ressuscitadas instantaneamente e uniam-se a todos os outros seres que estavam a serviço de Deus. A eterna diferença era que a pessoa transladada possuía o maior de todos os dons da mortalidade. Sua alegria era maior, e devido ao seu longo serviço a Deus, suas recompensas eram as maiores que um ser mortal poderia receber nessa condição.

O Dia Milenar

Essa época foi o ponto culminante de todas as promessas feitas desde o início dos tempos. Era incrível, maravilhoso, inspirador e glorioso ver como o Senhor pode trazer todas as coisas, todas as dispensações, seus líderes proféticos e escrituras num estado de união como que se fossem partes de um só corpo. Era fascinante assistir a essas coisas se desdobrarem durante a restauração de Sião no local antes conhecido como Missouri e ver o cumprimento das promessas que o Senhor havia prometido para aquele lugar. Mas era ainda mais glorioso ver a plenitude dos tempos se desdobrando diante dos meus olhos. Cada dom de Deus era manifestado e usado diariamente diante de nós. Devo dizer que aquele local nunca se tornou em algo monótono pois visualizávamos a tudo com constante admiração e encantamento.

Ver Sião se erguer em sua beleza — essa cidade linda e divina, sendo edificada numa terra desolada — era algo que profetas tinham ansiado e contemplado apenas em visões, e eu estava lá assistindo a tudo pessoalmente! Esse era o dia mais importante para este planeta, e eu praticamente podia sentir a Terra, regozijando-se por debaixo dos meus pés. As mudanças na Terra foram incríveis de se ver. Ela estava mudando à sua antiga forma, tal qual no Jardim do Éden. A Terra já não retia mais da sua abundância.

O que plantávamos crescia rapidamente em seu perfeito esplendor.

A terra produzia os frutos mais lindos que o homem jamais havia colhido. Desde o primeiro dia em que canalizamos a "Água da Vida" para as hortas, cada planta e árvore se tornaram exuberantes e carregadas de frutas. Perdemos completamente o desejo de matar ou de comer carne. Não me lembro de ter sido mandado parar de comer carne; Simplesmente perdi o desejo. Na verdade me sentia repugnado de comer carne. Os animais também estavam se tornando "milenares" e viviam em harmonia em Sião. Lá não tínhamos leões mas, verdadeiramente, se os tivéssemos, eles teriam se deitado com o cordeiro e comido capim como o boi.

Um tomate tinha mais nutrição e poder de cura para o corpo humano do que uma vida inteira de ingerirem-se os alimentos conforme presentemente constituídos; e tais alimentos saudáveis eram abundantes em toda a Sião. Havia pessoas que adoravam plantar e jardinar, mas agora a agricultura estava em harmonia com a terra e não era mais necessário lutar-se contra os elementos. Não era preciso irrigar as plantas e não mais havia ervas daninhas pragas ou doenças. As frutas que eram colhidas voltavam a crescer rapidamente. Depois de maduro, o fruto crescia cada vez maior e nunca estragava ou era esperdiçado. Com o tempo, aprendemos a trabalhar com as árvores e plantas da mesma forma como os talhadores de pedra trabalharam com as pedras do templo. Pedimos que produzissem de certa maneira, em uma determinada cor ou forma, e elas assim procediam de acordo com o nosso pedido.

Mas de todas as mudanças em Sião, as mais profundas e belas ocorreram na humanidade. O que eu vi nessa visão me levou a maravilhar-me de que temos mais capacidade do que qualquer mente humana pode imaginar. À medida que mudávamos para a forma milenar, nós nos tornávamos quase como seres divinos em nossas qualidades. Nossos corpos mudaram e aprendemos a exercer domínio sobre eles. Todos eram bonitos, naturais e gloriosos. Parecíamos com deuses e deusas. Até mesmo as crianças e adolescentes eram física e espiritualmente perfeitos. Todas as características não refinadas do homem natural desapareceram completamente e somente a pureza, poder, beleza e grandiosa sabedoria permaneceram.

Tudo havia mudado. As leis da "natureza" foram alteradas para que novamente tivéssemos um justo domínio sobre a Terra - e ela respondeu à nossa vontade. Nós embelezamos a sua face e edificamos prédios gloriosos a Deus. As construções já não estavam mais sujeitas as intempéries da natureza. As edificações duravam para sempre. As coisas que caíam não quebravam. Os materiais de construção mudaram de madeira e pedra para o ouro e pedras preciosas. Uma montanha ou uma pedra podiam ser movidos através de apenas um justo pedido.

Havia poucas ruas, pois não precisávamos delas. Íamos de um lugar a outro, pelo poder de Deus e dos portais. Se quiséssemos caminhar ou correr chegaríamos descansados e revigorados. A "lei da oposição" já não mais existia. As chamadas leis da física não mais resistiam a nada que fazíamos. A física já não requeria uma reação igual e oposta — as coisas simplesmente reagiam à nossa justa vontade. Tudo o que fazíamos era inspirado e, portanto, sempre bem sucedido.

Todos os poderes da Babilônia tinham sido silenciados. Notícias, televisão, pornografia, filmes, governo, intriga política, politicagem internacional, corrupção local e internacional, comprar, vender, status social, riqueza, pobreza, doença, morte — tudo desapareceu! Nada disso permaneceu em Sião, embora isso ainda estivesse infiltrado no restante do mundo. O povo de Sião ouvia apenas a voz do Senhor. Naquele lugar, em Sião, entre nós poucos, os abençoados e coligados, Ele verdadeiramente era o Senhor dos Senhores e Rei dos Reis muito antes que o milênio global realmente começasse e antes de seu retorno.

Nesse tempo eu pensei mais e mais — quão maravilhosa é a humanidade, linda no rosto e na forma; quão divina em suas qualidades! Nunca ouvíamos uma palavra rude ou que expressasse raiva. Não havia egoísmo ou preguiça, ganância ou autopromoção. Não havia nenhuma arrogância, falso orgulho ou superioridade. Todos eram foram refeitos à imagem do nosso Deus, iguais em nosso valor, beleza e refinamentos. De acordo com o padrão de riqueza da humanidade, antes dessa ápoca, nós éramos mais ricos do que qualquer rei porque tínhamos todas as coisas que desejássemos, fosse na terra ou no céu, e todas as coisas eram sujeitas ao nosso comando. Nós saboreávamos a vida. Todas as coisas que tinham poluído o nosso mundo mortal por tanto tempo tinham desaparecido — e sido extintas.

Como o avançar dos anos, saímos da existência telestial do homem e da Terra e entramos na fase terrestrial. Apesar da incomparável qualidade e glória dessa vida, nós sabíamos que, após o longo dia milenar, a Terra seria transformada em uma morada celestial, e nós a herdaríamos. Essa era uma época que vimos por meio de visões e que desejávamos em nossos corações.

Os 144.000

Os 144.000 consistia-se de todos aqueles que tinham sido chamados para coligar os eleitos de Deus pelo uso dos portais e "pedras do vidente".

Quanto mais pessoas eram transladadas e recebiam suas "pedras do vidente", elas tornavam-se membros dos 144.000. Esse não era um chamado da Igreja porque não envolvia nenhuma presidência ou mordomia. Esse era o resultado de uma vida inteira de evolução espiritual. No início, Cristo participava pessoalmente da transladação de pessoas. Eu registrei minha própria ordenação a fim de passar esse dom terrestre para outros bem como a minha designação de fazê-lo. Com o tempo, milhares receberam a autoridade de conceder esse dom às pessoas dignas, e eles o fizeram, até que todo o mundo foi mudado.

Enoque e seu povo tiveram um grande papel nessa obra e coligação. Eles contribuíram com 12.000 pessoas de seu povo para unirem-se a nós e, de fato, trabalharam no mundo com grande poder. Nós os observamos com admiração, seguimos o seu exemplo e aprendemos com o uso de seus dons. Eles eram poderosos em seu estado transladado e nós os honramos.

Havia homens e mulheres dentre os 144.000. Nossos poderes eram iguais. Não havia diferença. As mulheres eram sumo-sacerdotisas, os homens eram sumo-sacerdotes e trabalhávamos lado a lado. Havia sempre um portador do sacerdócio que presidia o que fazíamos mas, na realidade, Cristo era o nosso chefe, e todos nós O seguíamos.

Éramos enviados conforme o necessário - às vezes só um de nós, muitas vezes íamos em pares e, em algumas ocasiões, até mesmo dezenas de nós eram enviados. Todos tinham a "pedra do vidente", e entendíamos a ordem exata dos eventos necessários e o resultado da missão. Nem todos chegavam ao mesmo tempo ou no mesmo lugar, mas estávamos lá conforme o necessário. Nós nos reconhecíamos, mesmo quando estávamos em nossas novas identidades.

As mulheres de nosso grupo às vezes ficavam responsáveis pela comunicação, especialmente quando nossa missão envolvia famílias ou mulheres e crianças em dificuldades.

Às vezes os irmãos eram chamados quando a missão chegava à fase de apenas realizar as ordenanças. Ocasionalmente nos apresentávamos como companheiros de jornada, como marido e mulher ou em outros papéis-funções; mas nunca os mesmos.

De vez em quando, éramos enviados para reunir crianças, ocasião onde às irmãs desempenhavam um papel importante em oferecer consolo. Elas eram tão cheias de amor e graça que as crianças instantaneamente confiavam nelas e, facilmente, realizávamos o nosso trabalho.

Era comum para irmãs tanto como para os irmãos realizarem milagres.

Não havia diferença entre nós, quanto a esse respeito. A única diferença era que os irmãos tinham, conforme direcionado pelo Senhor, as chaves para realizar as ordenanças ou para presidirem.

Nosso estado como seres transladados grandemente enriqueceu nossos sentidos. Podíamos ver com grande clareza e enxergar a longas distâncias, tanto física como espiritualmente. Víamos a todos os espíritos ao nosso redor, bons e maus. Não só ouvíamos o que era dito, mas sabíamos de suas intenções, de seus corações e de seus planos. Sabíamos o que as pessoas iriam dizer ou perguntar antes mesmo deles nos inquirirem e, muitas vezes, tirávamos suas dúvidas que não haviam sido expressadas com o fito de abençoá-los e inspirá-los ainda mais. Sabíamos como cada palavra poderia ser interpretada, como cada ato afetaria o futuro próximo. Simplesmente sabíamos, pelo poder de Deus, de tudo o que precisávamos fazer.

Nossa inteligência também foi drasticamente aumentada. Como um grande mestre de xadrez, podíamos discernir soluções complexas para todos os problemas que encontrávamos — podíamos ver a cadeia de eventos resultantes de uma decisão muito tempo antes que ocorressem. Na verdade, isso era uma alegria para mim; depois de ter lutando tanto para receber uma educação, adorei a sensação de ter meu intelecto aperfeiçoado, absorvendo vastas verdades e resolvendo mistérios impenetráveis. Com tudo isso, nós também adorávamos receber revelação e confirmação de nosso Deus atestando que nossas conclusões eram verdadeiras e que tinham um propósito celestial. Certamente, esse intelecto super humano nada mais era do que revelação para nós — era um pequeno "levantar" do véu, assim, revelando quem nós realmente éramos.

Os grandes milagres que lemos nas escrituras, os quais, com razão, chamamos de milagres, foram duplicados em grau muito maior e com grande regularidade pelos cidadãos e ministros de Sião. Milagres muito superiores aos da divisão do Mar Vermelho eram rotineiramente executados. Nós sempre nos admirávamos, mas já não éramos mais surpreendidos por tais coisas. Estávamos experimentando a razão pela qual esse período era chamado de "a plenitude dos tempos" — nós não só tínhamos todos esses dons e poderes de Deus sendo manifestados a cada momento entre nós, mas eles eram também apresentados com um maior poder e nível - como jamais na história do mundo.

Alguns membros do nosso grupo de 144.000 foram enviados em missões que levaram anos devido ao fato de terem caminhado, verdadeiramente, passo-a-passo a caminho de Sião. Isso se tornour particularmente evidente no encontro de algumas das tribos "perdidas". Alguns dos meus queridos amigos serviram dessa forma, e seu trabalho foi glorioso. Minhas missões pareciam ter sido de curto prazo.

Eu trabalhava com as pessoas e, em seguida, retornava a Sião por um tempo; e quando o Espírito Santo me inspirava, eu voltava para guiá-las e incentivá-las.

O tempo para nós era variável. Não havia prazos. Podíamos ir a qualquer grupo, mesmo ao seu passado, para prepará-los e, em seguida, avançar no tempo e visitá-los novamente ou executar qualquer coisa que o Senhor nos dirigisse a fazer a fim de cumprirmos com nossa responsabilidade. Nem todos dentre nós aprenderam a manusear o tempo da maneira que acabei de descrever, mesmo aqueles dentre os 144.000. Como sempre foi e sempre será, tudo dependia do nosso livre arbítrio e diligência em aprender a usar os nossos dons. Nem todas as pessoas transladadas tinham os mesmos dons ou os mesmos interesses. Nós progredimos à medida que nossos desejos e inspirações nos guiaram e até que nós realmente alcançássemos "a medida e estatura da plenitude de Cristo".

Era verdade que todo o resto do mundo avançava normalmente no tempo e que continuou dessa forma durante todo o milênio. Mas para mim e para os outros 144.000, nós podíamos avançar por meses ou anos e, depois, voltar alguns minutos mais tarde. Pelo fato de que nós não nos cansávamos, nem precisávamos dormir nem comer, nós podíamos continuar indefinitivamente com esse padrão de serviço, o que nos trazia grande alegria. Não ficávamos cansados nem na mente, na alma ou no corpo. Cada dia era um Dia do Senhor para nós e comungávamos com Deus e renovávamos nossos convênios a cada fôlego que tomávamos. Muitas vezes, nos reuníamos com os anjos e com nosso Salvador, mas não me lembro de estar em uma Reunião Sacramental formal.

Foi somente pela capacidade de trabalhar com o tempo, ao invés de nos sujeitarmos a ele, que na verdade completamos a coligação antes da vinda, em glória, do Mestre.

Perto do final do nosso ministério de coligar aos "eleitos", havia um grande conjunto de pessoas que tinham as "pedras do vidente" e que haviam trabalhado conosco. Mas não acredito que havia exatamente 144.000 de nós. A quantidade aumentava diariamente e pode ter realmente ultrapassado esse número no final. Nossos números eram grandes.

A Segunda Vinda

Como já mencionei, a minha percepção do tempo não era tão linear como é agora. Um dia inteiro em Sião poderia equivaler a anos de serviço do outro lado do portal. Não me lembro de em nenhuma vez eu ter estado confuso quanto a que "tempo" se aplicava a mim eu me encontrava em qualquer dos lados do portal; mas é importante salientar que eu não estava realmente em Sião — mas estava em uma visão enquanto ainda deitado em minha cama, na minha casa.

Depois de a visão ter-se concluído e de eu ter retornado ao meu corpo mortal, a sequência e a época em que os eventos aconteceram tornaram-se muito mais difíceis de decifrar.

Por este motivo, o exato momento da Segunda Vinda não é distinguível para mim. Isso se deu um pouco depois de termos chegado a Sião, talvez não mais do que três anos e meio. Quando Cristo chegou em glória, o trabalho de coligação havia sido concluído. Havíamos trabalhado dia e noite por todos aqueles anos para terminar aquela obra. Havíamos reunido em Sião cada indivíduo do mundo inteiro que Cristo nos havia ordenado reunir. Não tínhamos perdido uma alma sequer. Estávamos entusiasticamente esperando pelo dia do Seu retorno.

Como mencionei anteriormente, havia milhões de pessoas terrestres, os bons e os honráveis da Terra, a quem não fomos enviados. Eles iriam suportar o dia de Sua vinda, mas não participariam da proteção e da glória de Sião antes da Sua vinda. Não fizemos nenhum trabalho entre aqueles do mal e os que combatiam contra nós. Nosso trabalho era o de reunir somente aos eleitos, aqueles a quem o Pai havia colocado no poder de Cristo, "aqueles que são de Cristo na Sua vinda."

Certa manhã, vimos espessas nuvens cruzando o céu do leste para oeste. Nós não dormíamos, e por isso nos reuníamos, muitas vezes, para ver o sol nascer. Naquele dia era diferente. Aquelas nuvens eram brancas, puras, onduladas, rolando em nossa direção, de cima para baixo como o abrir de um pergaminho. Não havia vento ou relâmpago e a parte inferior delas não era escura.

Nós havíamos esperado, ansiosamente, pelo dia de Sua vinda. Até minutos antes de virmos àquelas nuvens espessas, não sabíamos o dia nem a hora de Seu retorno, mas no instante em que nós as vimos, nossos corações se encheram de emoção, e clamamos em alta voz, com regozijo e alívio. "Ele está chegando! Ele está chegando!", nós clamamos com toda a energia das nossas almas! Cada alma em Sião e todas suas cidades sentiram nossa mesma alegria e correram para fora para ver este momento há muito aguardado. Todos os habitantes de Sião e de suas cidades estavam assistindo à Sua chegada.

Todos nós ouvimos uma voz que nos falava individualmente. Eu ouvi meu nome ser pronunciado com ternura. Como antes, tudo o que sou estava contido dentro daquele som, incluindo tudo o que Cristo amava com relação à minha pessoa. Aquilo me emocionou e causou uma alegria indescritível. Todas as pessoas ouviram seu próprio nome ao mesmo tempo. Eu, imediatamente, da mesma forma que todos os habitantes de Sião, reconheci como sendo a voz de Jesus Cristo.

Os bons e honráveis da Terra, aqueles a quem não havíamos coligado, sentiram a magnificência espiritual daquele momento e voltaram seus olhos para o alto. No mesmo instante eles começaram a regozijar-se, saltando em direção ao céu com seus braços levantados, como que tentando finalmente voar da terra para os Seus braços.

Os ignorantes do mundo perceberam o som como sendo um poderoso e penetrante rugido, semelhante ao som de um enorme vento, tão alto como um terremoto devastador em direção a eles. Instantaneamente, houve um terror esmagador em seus corações. Eles não sabiam que era Jesus Cristo retornando e não teriam acreditado se alguém os tivesse contado. Eles pensavam que era mais uma devastação que se aproximava. Outros achavam que era um míssil ou uma nova arma. Alguns dos inimigos de Sião, concluíram que tínhamos finalmente lançado uma poderosa arma contra eles. Quando a nuvem se aproximou, ficou evidente que havia um homem dentro dela. Todos os olhos podiam vê-lo chegando nas nuvens do céu, mesmo a uma distancia de milhares de quilômetros. Os pecadores caíram de joelhos e choraram. Alguns tiraram suas próprias vidas. Aqueles com o coração endurecido dentre eles apontaram suas armas em direção a Cristo e abriram fogo. Aquele seria seu último ato de rebeldia.

Os que estavam em Sião reconheceram Sua voz e ela era doce e reconfortante. A voz nos disse para irmos rapidamente para o templo. Nessa altura, havia muitos templos em todo o mundo. Alguns eram templos modernos que tinham sido atualizados para a forma milenar. A maioria desses templos era novo, construído durante esse período. Cada grupo reuniu-se em seu templo, alguns em edifícios da Igreja, mesmo nas casas que os habitantes haviam santificado e no Centro de Conferências em Salt Lake City. Havia espaço suficiente para todos os que ouviram a Sua voz.

Nós largamos tudo e corremos. Não precisamos voltar para reunir as crianças ou as famílias, todos ouviram Seu chamado e vieram naquele instante. Até mesmo as crianças ouviram e foram trazidas por mãos amorosas.

Entramos naquele local através do templo exterior que havia sido dedicado a nossa tribo de Israel. Para mim e minha família e a maioria dos meus amigos, era o templo exterior de Efraim, no lado leste do templo central.

Não houve tempo para trocarmos de roupa, mas cada um de nós começou a brilhar com tal pureza que excedia a qualquer brancura. Estávamos louvando, cantando, orando e nos regozijando. O dia finalmente chegou, finalmente, finalmente chegou!

Estávamos todos juntos na grande sala de reunião, aonde nossos profetas começaram a nos falar, ler as escrituras e a regozijar-se em alta voz com respeito ao que estava acontecendo. Estávamos todos preparados e cantamos hinos os quais nós nunca havíamos ouvido antes; e os cantamos com poderoso fervor. Aos os meus ouvidos, esse foi o som mais lindo jamais produzido pelo ser humano!

Fomos cercados de luz e glória que nos penetraram e nos purificaram ainda mais. Estávamos no templo, mas o teto e a parte das paredes se tornaram transparentes ao ponto de vermos o céu. Podíamos ouvir a anjos cantarem conosco e tocarem trombetas que estremeceram a terra. Finalmente vimos a Jesus Cristo vindo do leste, cercado por espessas nuvens e numerosos anjos - todos cantando e louvando ao Pai.

Mesmo que Ele ainda estivesse a centenas de quilômetros de distância, podíamos ver claramente Seu rosto. Ele estava vestido de um branco imaculado com uma faixa vermelha na cintura. As feições de Seu rosto não demonstravam que estivesse zangado, mas Ele não estava sorrindo. Ele vinha para limpar a Terra.

Ele aproximou-se rapidamente ficando logo acima de nós. O templo já não era mais visível aos nossos olhos. Nós estávamos sendo erguidos. Todos sentiram a força da gravidade começar a diminuir. Eu vi as nuvens ficando cada vez mais próximas, e minha alma se expandiu de uma maneira de tal maneira como o próprio universo — e em seguida a visão se encerrou.

Isto foi tudo o que vi. Eu poderia dizer que eu gostaria de ter visto mais, mas na verdade, isso foi tudo que eu pude suportar. Eu estava completamente encantado, cheio de júbilo e de alegria. Qualquer coisa, além disso, teria sido esmagador e incompreensível para o meu estado mortal, e eu não seria capaz de retê-lo na memória.

O Planeta Vermelho

Desse ponto em diante, minhas experiências tornaram-se pequenos vislumbres do futuro. Eu vi que Sião espalhou-se e encheu toda a Terra, e que os mil anos tinham quase se passado. Eu vi que havia pequenas "nações", por assim dizer, que não tinham abraçado o Evangelho, mas que tinham aceitado as bênçãos do milênio. Esses foram aqueles que pediram para ser ensinados a viver em paz, mas não queriam ter nada a ver com nossa religião ou nosso Deus. Eles simplesmente não acreditavam em Jesus Cristo. Não acreditavam que era Jesus Cristo que na verdade tinha retornado, mesmo após tê-Lo visto. Essas foram as pessoas que não tinham sido consumidas por Sua vinda, mas que não podiam abandonar suas crenças culturais e tradições.

Eles não acreditavam que os habitantes de Sião vivessem tanto quanto falavam os rumores; ou que nós não experimentávamos a doença e a morte. Eles pensavam que esse estado milenar era o resultado das mudanças na Terra, da alta tecnologia e do cumprimento das profecias inerentes à sua religião tradicional.

Por causa de seu arbítrio, eles eram livres para acreditar em qualquer coisa que desejassem. Eles eram pessoas honradas. Eles também foram enganados. Quando eles pediam ajuda ou conhecimento, demos-lhes tudo o quanto eles podiam absorver porque a maioria de nossa tecnologia era espiritual e não técnica. Sua experiência milenar foi prejudicada por sua falta de fé.

Eles nunca foram nossos inimigos e ainda não são, mas eles viveram separadamente de nós, em uma sociedade que dependia da fabricação primitiva e de uma ordem social baseada na economia. Caso a sociedade deles tivesse sido estabelecida antes do milênio, todo o mundo os teria visto como uma Utopia. . Para nós de Sião, eles pareciam ser atrasados e primitivos. Enviamos missionários dentre eles, mas seus corações eram imutáveis. No ponto de vista dessa visão, eles ainda existiam além de Sião.

Eu ainda deveria estar trabalhado em Sião, ou talvez eu tivesse retornado para testemunhar o acontecimento. Não tenho certeza.

Encontrei-me em pé, acompanhado de um grupo considerável, sobre uma colina nos arredores da Cidade Santa. Estávamos assistindo a um planeta que passava perto da terra. Os céus se escureceram à medida que o planeta se tornava visível.

Fomos capazes de ver, através da "pedra do vidente", a qual todos possuíamos, como reagiam as poucas pessoas fora de Sião. Não era preciso tirar essas pedras de nossos bolsos e olhar nelas, o conhecimento era transferido para a nossa consciência meramente pelo nosso pensamento ou desejo de saber. Houve um grande terror entre eles e eles reagiam como se aquele fosse do dia do juízo final. Eles fugiram e abandonaram tudo, preparando-se para uma extinção em massa. O que restou da sociedade pré-milenar desintegrou-se e nunca mais foi restaurada.

Eu vi muitas pessoas que literalmente morreram de medo e eu também vi muitos deles caírem de joelhos clamando por Cristo. E é claro, Ele os confortou. Os cidadãos de Sião reuniram esses últimos e os conduziram, finalmente, à sua segurança. Nós, sobre as colinas de Sião, estávamos em paz. Não havia nenhum temor, só uma profunda curiosidade. O planeta estava bem perto, sua cor era vermelho-laranja, com crateras em sua superfície. Ele passou tão perto que podemos notar montanhas e vales, antigos rios e detalhes sobre sua face.

Não havia vida sobre esse planeta, ele estava num estado de repouso e descanso.

Ele preencheu cerca de um terço de todo o espaço do céu. Comentamos entre nós como o novo céu era diferente. As constelações não eram as mesmas, e a velha lua não mais existia. O céu era claro, e por causa de nosso estado transladado, nós o víamos perfeitamente. Sabíamos tudo sobre esse planeta - aonde ele tinha estado, como tinha servido a Deus, aonde agora descansava e porque estávamos passando por ele, mas esse conhecimento não permaneceu comigo.

Ele não causou nenhum dano à Terra e não teve nenhum efeito sobre nós. Entendemos claro, que era a Terra que estava se movendo e não esse grande, velho e fiel planeta que aparecia em nosso céu. Ele moveu-se lentamente passando por nós até que não nos era mais visível.

Um Novo Céu e Uma Nova Terra

A próxima pequena visão levou-me a um tempo após o milênio. Eu estava vendo a Terra abaixo de mim, do "espaço". A Terra tinha sido movida para um novo local muito além da galáxia conhecida como Via Láctea. Isso tinha ocorrido pelo mesmo processo de "dobra" que a tinha colocado em sua rotação mortal em torno do nosso sol.

Havia um novo céu aqui. Todas as estrelas eram diferentes. Elas eram mais brilhantes e glorificadas. Havia um enorme sol no céu, que eu entendi ser a maior de todas as criações de Deus, e aonde o Pai e nosso Salvador habitavam. Eu estava olhando para a nova Terra abaixo de mim. Era quase tão brilhante quanto o sol. A Terra tinha sido celestializada e atualmente não havia ninguém sobre ela e nada feito pelo homem lá existia. Tudo aquilo que o homem havia construído tinha desaparecido, bem como árvores, grama e flores. A terra era perfeitamente lisa e transparente como vidro. Ela era um gigantesco Urim e Tumim. A Terra tinha morrido no final do milênio e agora havia sido "ressuscitada" por Deus. Finalmente ela estava preparada para receber aqueles que uma vez tinham vivido como mortais sobre sua face e que foram, finalmente, qualificados para habitar em sua ardente glória.

O dia do juízo tinha ocorrido, e todos os antigos habitantes da terra moravam agora em seus novos reinos, exceto no Reino Celestial.

A terra estava pronta para se tornar a morada celestial, mas faltava um detalhe de acabamento. Eu estava com um grande grupo de pessoas que retornavam à terra com uma grande cidade. Nós não estávamos sobre ela ou dentro dela, mas ao lado dela, trazendo-a conosco. Estávamos viajando pelo espaço a uma alta velocidade, carregando conosco a primeira das muitas cidades da Terra. Nós éramos uma vasta companhia, aqueles que tinham "acabado a carreira", que haviam "combatido o bom combate" e terminado a jornada. Qualquer um de nós poderia ter "trazido" essa cidade por si mesmo, mas nós estávamos lá para participar nesse evento eternamente histórico porque esse seria o "nosso" lar celestial daquele momento em diante e pelo restante da eternidade.

A cidade ao meu lado era a estrutura mais linda jamais criada. O próprio Deus a tinha projetado, e tínhamos sido enviados para construí-la. Ela não era apenas incomparavelmente linda, mas era gloriosa além de qualquer capacidade mortal para descrevê-la. Pensei na ocasião, e também agora, ao tentar descrevê-la, que tal beleza só poderia ter vindo da mente de Deus. Era uma construção única, gloriosa, do tamanho de uma cidade, de um brilho branco, que resplendecia com diferentes cores. Nós a trouxemos da presença do Pai, para ser a primeira e maior estrutura na Terra. Ela tinha mais do que três quilômetros quadrados, e um quilometro e meio de altura, com suas muitas torres, arcos e maravilhas arquitetônicas, sua forma era aproximadamente como a de uma pirâmide. Essa seria a residência de nosso Salvador, que viveria conosco para sempre.

Ao diminuirmos a velocidade para colocar a cidade exatamente no polo norte da nova Terra, eu sabia que poderíamos rearranjar a forma da

Terra da maneira que desejássemos. Poderíamos comandar e os jardins, rios ou montanhas, numa variedade e maravilha infinitas, apareceriam — mas a era da "grama verde" pertencia agora ao passado, porque essas coisas faziam parte de reinos da ordem telestial e terrestrial, e a terra era, agora, celestial. As coisas que antes nós reputávamos como sendo belas e lindas, eventualmente, nem mais passariam em nossa mente, pois a maravilha e glória diante de nós superavam em muito a todas as outras possíveis ordens de viver.

Lembro-me de sentir uma alegria total e absoluta. A alegria não era só por nós mesmos, mas também pela Terra, que tinha esperado fielmente por tanto tempo para que o mal fosse apagado da sua face. Ela agora estava glorificada e aperfeiçoada — e finalmente em repouso — e nós estávamos, por fim, em casa. A jornada havia finalmente acabado.

Um milhão de anos de preparação, de vida mortal, de provações e de sofrimentos, mil anos de trabalho durante o Milênio e o juízo final, tudo isso agora havia terminado, e nossas vidas estavam prestes a começar.

De repente encontrei-me em meu corpo espiritual, de pé, ao lado da minha cama, olhando para meu corpo morto. Meu guia estava ao meu lado, me olhando. Eu olhei de relance para o relógio digital no criado mudo e vi que a terceira hora tinha se passado.

Esse é o fim da visão, mas ao voltar ao meu corpo frio e doente, eu também percebi, com grande solenidade, que esse era apenas o começo de minha jornada.

POSFÁCIO

Tendo escrito quase 100.000 palavras em nome de Spencer, de sua vasta experiência, senti que valeria a pena dizer algumas coisas por conta própria.

Foi uma experiência completamente incrível escrever *Visões de Glória*. Em minha mente é como se fosse a biografia autorizada de jornada visionária de Spencer a Sião.

Caso você me perguntasse se eu acredito que suas visões são "verdadeiras", eu responderia que eu senti a influencia do Espírito Santo à medida que eu transcrevia suas palavras nas minhas. Cada experiência que acabaram de ler e todos os detalhes importantes vieram dos lábios de Spencer.

Também confesso que fiquei intrigado pelo fato de que nada do que Spencer me relatou entra em conflito com meu próprio ponto de vista sobre os últimos dias. O que ele descreveu-me era congruente com a minha compreensão espiritual e intelectual daqueles tempos. Para mim, era como ler um livro e adorando sua leitura e depois ir e ver o filme. Suas experiências adicionaram a profundidade visual que faltava na minha prévia "leitura".

Eu acredito que Spencer viu o que ele viu. Mas não acredito que deve ser interpretado literalmente, ou até mesmo profético, para ninguém, mas Spencer. Qualquer pessoa que ler este livro deve interpretá-lo e ver como ou mesmo se ele se aplica a sua vida. Acho que o livro deve ser estudado em espírito de oração, comparado com as escrituras, seu próprio entendimento, sua fé e permitir que Jesus Cristo revele a sua própria jornada para Sião.

Qualquer pessoa que tenha estudado sobre os últimos dias, a Segunda Vinda ou a edificação de Sião de acordo com as escrituras, rapidamente admitirá o quão difícil é sua interpretação e que a maior parte é dada como uma metáfora ou tipo das coisas ainda estão por vir, em vez de eventos específicos e reais. Eu não esperaria que as visões de Spencer fossem diferentes.

Minha resposta inclui que eu também não sei o seu significado para você ou para qualquer outra pessoa que ler este livro. Spencer, prontamente admitirá que até ele não sabe o significado de cada parte do livro. Algumas coisas que há anos ele interpretou como sendo literal, recentemente revelaram-se como metafóricas e vice-versa. Tudo o que ele sabe é que, seja qual for o motivo, ele viu o que ele viu, e o Senhor deu-lhe permissão após todos estes anos para compartilhá-lo conosco.

Se você olhar para o tema geral das experiências aqui contidas, você encontrará elementos da jornada de cada pessoa a Sião, seja para a Sião que iremos edificar em Missouri, ou a Sião espiritual que cada um deve construir em seus corações. Em último caso, ambos os pontos de vista podem ser precisos no sentido de que ao realizar a jornada espiritual, a jornada física pode também ser revelada diante de nós.

—John M. Pontius

APÊNDICE

As seguintes visões e sonhos apócrifos foram incluídos com o fim de mostrar que muitas outras pessoas assim como o Spencer, têm visto e registrado visões similares sobre os últimos dias. Também é interessante observar que algumas delas não eram SUD (Santos dos Últimos Dias – Mórmons), e ainda assim tiveram visões paralelas sobre estes tempos. Além destes poucos exemplos, tenho certeza de que existem muitos outros guardados em corações tímidos demais, para serem reveladas. Assim foi com Spencer até recentemente.

Depois que Spencer ditou este livro, lembrei-me de alguns desses e mostrei-os para ele. Ele ficou surpreso com sua existência e leu-os com interesse.

Eu também devo salientar que algumas dessas descrições são um tanto gráficas e devem ser lidas com alguma discrição para as crianças e almas sensíveis.

Sonho de John Taylor (1877)

Fui para a cama como de costume por volta das 19:30h. Estava lendo uma revelação na língua francesa. Minha mente estava calma, mais até do que o normal, então tentei relaxar para dormir, mas não conseguia. Tive uma sensação estranha que aparentemente tornou-se parcialmente inconsciente. Eu ainda não estava dormindo, nem exatamente acordado, tive um sentimento sombrio. A primeira coisa que reconheci foi que eu estava no Tabernáculo de Ogden, Utah. Eu estava sentado na parte de trás do tabernáculo com medo que eles me chamassem para pregar, o que no entanto eles fizeram, e depois de cantar pela segunda vez, chamaram-me ao púlpito.

Levantei-me para falar e disse que eu não sabia se tinha algo em especial a dizer, a não ser prestar meu testemunho do trabalho dos Últimos dias, quando de repente, parecia que eu havia sido elevado fora de mim e eu disse: "Sim, tenho algo a dizer e é isto: Alguns de meus irmãos têm perguntado: "O que estamos nos tornando? O que está no ar?" Vou responder-lhes aqui mesmo o que está por vir muito em breve."

Eu estava então em um sonho, próximo à cidade de Salt Lake, e vagando pelas ruas e em todas as partes da cidade, e nas portas das casas eu achei insígnias de luto e eu não conseguia encontrar uma casa que não estivesse em luto. Eu passei por minha própria casa e encontrei o mesmo sinal lá, e eu perguntei: "Será que sou eu que estou morto?" Alguém me deu a resposta: "Não, você superará tudo isso."

Era estranho para mim porque eu não via nenhuma pessoa nas ruas enquanto vagava pela área. Eu parecia estar em suas casas com os doentes, mas não via nenhum cortejo fúnebre, nem nada do tipo, exceto a cidade ainda calma e como se as pessoas estivessem orando. Pareciam ter controlado a doença, mas não descobri qual era a doença; não me foi dado a conhecer. Eu, então, olhei para o país, norte, sul, leste e oeste, e o mesmo luto estava em todas as regiões e em todos os lugares.

Quando percebi, eu já estava do outro lado de Omaha. Parecia que eu estava acima da terra, e olhando para baixo. Ao continuar meu caminho para o leste, vi a estrada cheia de pessoas, a maioria delas mulheres, com apenas o que podiam carregar em trouxas em suas costas, viajando para as montanhas a pé. Eu me preocupava como elas iriam conseguir atravessar as montanhas com tão poucas provisões. Foi marcante para nós haverem tão poucos homens entre eles. Parecia que os carros não estavam funcionando, os trilhos pareciam enferrujados e as estradas abandonadas; e eu não tenho idéia de como eu havia viajado enquanto observava essas pessoas.

Continuei seguindo leste pelo caminho de Omaha e Council Bluffs, os quais estavam cheios de doenças. Haviam mulheres em toda parte. Os estados de Illinois e Missouri estavam em tumulto, os homens matando uns aos outros, as mulheres unindo-se à luta, famílias contra famílias, da maneira mais horrível.

Imaginei em seguida, que eu estava em Washington e encontrei desolação lá.

A Casa Branca estava vazia e os salões do Congresso também, e tudo em ruínas.

As pessoas pareciam ter deixado a cidade para cuidar de si mesmas.

Eu estava em Baltimore. Na praça onde fica o monumento de 1812, na frente do Hotel Charles. Vi mortos empilhados, de modo a preencher o quarteirão. Vi mães cortando as gargantas de seus próprios filhos por causa do seu sangue. Eu as vi sugando o sangue de suas gargantas para saciar sua própria sede e, em seguida, deitar-se e morrer. A água da Baía de Chesapeake estava estagnada, e o cheiro que exalava dela devido aos corpos nela jogados, era tão terrível, que o próprio cheiro carregava a morte com ele. Eu não vi homem algum, exceto os que estavam mortos ou morrendo nas ruas, e poucas mulheres. Aqueles que eu vi estavam loucos e em uma condição horrível. Onde quer que eu fosse eu via os mesmos sinais por toda a cidade; era terrível, além de qualquer descrição;

Eu imaginei que este fosse o fim; mas não, de repente eu estava na cidade de Filadélfia. Lá tudo estava calmo. Nenhuma alma viva estava lá para me cumprimentar. Parecia que toda a cidade estava sem habitantes. Ao sul da Rua Chestnut e na verdade em todos os lugares que eu fui, a putrefação dos mortos causava tal fedor que era impossível para qualquer ser vivo respirar, também não vi qualquer coisa viva na cidade.

Em seguida eu me encontrei na Broadway, na cidade de Nova York, e lá parecia que as pessoas tinham feito o melhor que podiam para superar a doença, mas vagando pela Broadway vi os corpos de lindas mulheres no chão, algumas mortas e outras prestes a morrer, nas calçadas. Vi homens saírem dos porões das casas e violentar algumas pessoas que ainda estavam vivas e, em seguida, matá-las e roubar todos os objetos de valor de seus corpos. Então, antes que eles pudessem voltar para o porão rolavam uma ou duas vezes e morriam em agonia. Em algumas das ruas eu os vi matar alguns dos seus próprios filhos e comer sua carne crua, e em poucos minutos, morrerem. Onde quer que fosse eu via a mesma cena de horror, destruição, morte e rapina.

Não havia carruagens, charretes ou carros circulando; mas a morte e destruição estavam por toda parte. Então eu vi o início de um incêndio e naquele momento, um forte vento surgiu do leste e levou as chamas para a cidade e queimou até não deixar um único edifício de pé, até mesmo à beira da água. Todos os ancoradouros e navios pareciam queimar e continuar a destruição, de onde outrora estava a "grande cidade".

O mau cheiro dos corpos que estavam queimando era tão forte que se espalhava por uma longa distância até a Baía de Hudson e levava morte e destruição por onde chegasse. Eu não posso descrever em palavras o horror que parecia me cercar; está além da descrição do homem.

Eu imaginava ser esse o fim; mas não era. Vim a compreender que o mesmo horror estava sendo promulgado em todo o país, leste, oeste, norte e sul. Poucos sobreviveram, mas ainda assim havia alguns.

Eu parecia estar em pé, na margem esquerda do rio Missouri, do lado oposto à cidade de Independência, mas não havia nenhuma cidade. Eu vi todo o estado de Missouri e Illinois e Iowa, era um deserto completo sem nenhum ser vivo. No entanto, a uma pequena distância do rio, vi doze homens vestidos com roupas do templo, todos em pé formando um quadrado (e ao meu entender, representam as doze portas da Nova Jerusalém). Suas mãos estavam erguidas em consagração ao solo e colocação da pedra angular do templo. Vi miríades de anjos pairando sobre eles, e viu também uma imensa coluna de nuvens sobre eles e ouvi os anjos cantando a música mais celestial. A letra dizia "Agora é estabelecido o Reino de Deus e seu Cristo, o qual nunca mais será derrubado."

Vi pessoas vindo de longe, do rio e do deserto, para ajudar a construir o templo e parecia que hostes de anjos ajudavam a obter material para a construção e vi alguns deles, que usavam roupas do templo, vir e construir o templo e a cidade, e nesse tempo todo eu via o grande pilar de nuvens pairando sobre o lugar.

No mesmo instante, porém, encontrei-me novamente no tabernáculo em Ogden. E mesmo assim, eu ainda podia ver o prédio sendo construído, e com muito animo, convidei as pessoas que estavam no tabernáculo para ouvir a bela música, pois os anjos cantavam a mesma música que eu havia ouvido antes. "Agora é estabelecido o Reino de Deus e seu Cristo, o qual nunca mais será derrubado."

Neste momento eu quase cai atrás do púlpito e o irmão Francis D. Richards e alguns outros me seguraram pelo braço impedindo-me de cair. Assim terminou abruptamente. Contudo, eu não havia desmaiado, mas estava simplesmente exausto. Então me virei na cama e acordei exatamente quando o relógio da cidade marcava meia noite.

(Wilford Woodruff Journals, June 15, 1878, Church Historian's Office; also manuscript copy of the same copied by Joseph F. Smith; Unpublished Revelations 78, p. 119–123; see also *Visions of the Latter Days*, p. 103–106.)

A Profecia de Cardston (1923)
por Sols Caurdisto

A Profecia de Cardston, reproduzida aqui por mim, encontra-se no "Arquivo de família de Edward J. Wood," e foi incluído no livro "A Vida de Edward J. Wood", por Melvin Tagg, Páginas 148-153. A seguir é uma carta de Edward. J. Wood, então presidente da Estaca Cardston Alberta, em relação ao autor desta visão.

Querido irmão Smith:

Tenho o prazer de responder primeiro a sua carta de 01 de dezembro, referente à carta de um não- membro que escreveu sobre suas "impressões" ao passar pelo templo antes de ser dedicado, me pedindo para verificar a veracidade disso e tenho o prazer de assim o fazer. Era uma senhora Quaker, escritora de uma revista, do leste do Canadá. Ela tem alguns parentes em Lethbridge, cerca de 60 milhas de Cardston; e ficando profundamente impressionada em sua primeira visita, pediu para trazerem-na uma segunda vez - desta vez eu estava ajudando como guia. Ela sentava-se em cada sala e não dizia uma palavra às pessoas a sua volta, mas parecia estar em profunda meditação o tempo todo.

Quando chegou em sua casa algumas semanas depois, ela escreveu esta carta que tem causado muitos comentário em toda a Igreja. Nós nunca pudemos entender como ela sabia tanto sobre a nossa fé e nossa crença na vida futura e nas obras após a morte. Eu nunca soube o seu nome verdadeiro. Ela nos visitou ao longo de 1921. Eu nunca mais ouvi falar dela desde aquela época, mas a carta é genuína, e com suas próprias "impressões!" enquanto no templo durante as duas visitas que ela menciona.

Atenciosamente seu irmão,

0/S Elder J. Wood, Pres. da estaca Alberta

Esta é sua carta e visão em suas próprias palavras:

Estivemos no templo erguido por sua igreja no qual devem ser realizados os ritos sagrados de acordo com sua fé. Após minha primeira visita fui fortemente impelida a descrever para vocês as minhas impressões. Assim o fiz, mas antes de concluir a carta, recebi uma notícia que me afetou de tal modo que no impulso do momento, destrui o documento completamente.

O contínuo sentimento de insatisfação dentro de mim, como se algo ainda estivesse faltando, juntamente com o desejo de alguns membros de minha família que não haviam visitado o templo, nos levou a nossa segunda visita a Cardston, onde você tão gentilmente nos acompanhou, apesar do mau tempo e inconveniência que a viagem implicava. Devido a isso e muitas outras evidências de sua amizade tive a presunção de incomodá-lo com algo que pode parecer serem tolas fantasias de uma mentalidade impressionada. Para mim, isso é o que parece, pois nunca antes na minha vida tais impressões poderosas haviam infringido minha consciência interior, como durante a minha visita ao templo. E isso verdadeiramente aconteceu em nossa segunda visita. As impressões da nossa primeira visita se repetiram com intensidade avassaladora e uma variedade de detalhes que me instigaram a informá-lo sobre a minha experiência.

Senti como se isso fosse um dever sagrado a ser cumprido. Embora eu saiba que seus amigos vão levemente ridicularizar o que para mim é uma questão pessoal, vou contar-lhe em detalhes a minha experiência com a esperança de que, se assim for, talvez seja algo mais do que imaginação, que você e outros de sua fé analisarão com sabedoria e usarão adequadamente tudo o que puder ser adquirido desta carta.

Uma fortaleza em tempo de tempestade, foi o primeiro pensamento que se formou em minha mente na minha primeira visão deste templo antigo, porém moderno; amadurecido com o uso espiritual da civilização antiga e costumes, porém alerta, viril, e vigilante.

Uma casa grande, solene, forte, bela, utilizada para o progresso espiritual que parecia ser a personificação arquitetônica de expressão da civilização antiga e glórias de repente reencarnados e para uma civilização futura e maior do que a nossa. Força e beleza exageraram as casas mais frágeis e edifícios da cidade e deu um exemplo doloroso e óbvio de como a alma se expressa através do corpo material, seja no indivíduo ou nação, ou raça, seja no homem ou em sua arquitetura. Eu não conseguia ficar longe do sentimento de que a cidade era inferior ao ultimo edifício, tão novo e ao mesmo tempo tão antigo. Mesmo as luzes elétricas não conseguiram mudar esse pensamento, de que o templo e a cidade representavam duas épocas diferentes de desenvolvimento espiritual da humanidade, expresso em arquitetura. A cidade incorporava a época atual, a ciência, a arte, a invenção aproveitada exclusivamente para a intercâmbio ou comércio, independentemente do desenvolvimento passado ou futuro. O templo incorporava o conhecimento acumulado do mundo antigo junto com as invenções modernas da ciência e da inspiração como um caminho para um futuro mais desenvolvido ao alcance de nossa mão. Deixe-me explicar, mesmo de outra maneira.

Há um lugar chamado Cardston. Um templo que liga o passado com o presente foi construído em Cardston e a cidade tornou-se um conjunto de cabanas frágeis aninhadas no pé do templo que vai continuar a funcionar para os fins espirituais para o qual é levantado.

Assim como as impressões exteriores se comparam com as épocas presente e futuro, o interior também reflete comparação. Dos efeitos belos e artísticos não preciso mencionar; canetas podem descrever o interior a partir deste ponto de vista. É Suficiente dizer que a forma do templo é uma cruz, que cada apartamento é simbólico em efeitos artísticos e estruturais de algum estágio do progresso da humanidade. Na verdade, a parte física é um passo para o progresso espiritual, como simbolizado nessas cerimonias. Tudo isso foi nos explicado pelo Sr. Duce de uma maneira muito gentil e inteligente em uma ocasião e pelo Sr. Wood na segunda visita; mas acho que fui muito indiferente e desatenta em ambas as ocasiões, no qual ofereço minhas sinceras desculpas. Eu não tive a intenção de ser rude ou indelicada, mas desde o momento em que entrei no templo, até sair, fui colocada em uma posição para ter, ou melhor dizendo, para ouvir e compreender uma dupla narrativa o tempo todo, às vezes eu estava tão envolvida que tenho medo de ter ficado muito distraída, parecendo estar desatenta ou até positivamente néscia.

Afirmei que a minha impressão do exterior do edifício era a de um lugar que espera por uma civilização mais elevada do que a nossa no presente. Isto sugere uma condição de vazio, mas não é isso que quero dizer. Um prédio comum recentemente erigido não tem atmosfera alguma até que tenha sido habitado por algum tempo, obtendo por assim dizer, uma atmosfera de vida. Esse tipo de atmosfera é em grande parte determinado pelo desenvolvimento espiritual e pensamento das pessoas que utilizam e que habitam o prédio. Isso se aplica especialmente aos locais de adoração ou consagração, e é muito perceptível para uma pessoa sensível. Às vezes, tal atmosfera é agradável, intensa, e assim por diante; às vezes, muito pelo contrário, dependendo da harmonia espiritual ou não das pessoas sob esta regra atmosférica; mas não foi assim tão forte enquanto estava do lado de fora do templo.

Eu não conseguia entender o extraordinário cenário de uma antiga atmosfere onde o prédio na realidade possuía blocos de granito, apesar de eu saber que estas pedras tinham sido colocadas há alguns meses atrás, o sentimento de época predominava. Eu evitei o sentimento o máximo possível, afirmando em pensamento que o local da estrutura era resresponsável pela sugestão de época, mas quando entrei no templo, descobri rapidamente que não havia nada para sugerir a atmosfera do presente da qual falei, estava vazia?

Absolutamente, não! Novamente enquanto ouvia o orador explicando sobre alguma parte do edifício ou seu significado, eu via além do que ele descrevia, uma ilustração de natureza caleidoscópica, retratando o que ele estava descrevendo, só que mais completa e vividamente. Os personagens eram tão nítidos para mim que eu precisava ter auto-controle para me manter em silêncio ao passar de uma sala para outra. Isso continuou e só parou quando estávamos no gelo e na neve mais uma vez.

Não havia uma sequencia certa para apresentar essas imagens para mim. Parecia que quando eu pensava em algo, uma imagem se apresentava instantaneamente para explicar alguma palavra do condutor, o que teria o mesmo efeito. Eu não estava com medo, só impressionada com a maravilha de tudo e com um sentimento amedrontador ao sentir encaixar cada pequena cena detalhada em meu cérebro, o qual ele registrará e sempre se lembrará; e vívido como tudo isso foi, estes incidentes aqui relatados são os únicos sobre os quais eu recebi instruções.

As cenas que observei de um personagem histórico pareciam principalmente comprovar e ampliar o esboço do orador da história do passado, e assim eu não me sinto instigada a gravá-las, exceto para declarar que os mesmos personagens patriarcais que eu observei dirigindo e influenciando os movimentos iniciais da Igreja, eram os mesmos através de todas as eras e épocas, e conforme as cenas avançavam para uma época mais moderna, vi entre esses personagens e conselheiros espirituais, pessoas cujas características eu já havia observado como seres em corpos materiais em outras ocasiões históricas. Parecia que mesmo o templo estando cheio de corpos espirituais reais desses líderes anteriores de sua igreja, cada um parecia ter o trabalho que a pessoa ainda na carne estava envolvida. Nesse templo, vi pessoas que eram líderes de sua igreja, durante a sua marcha através do deserto americano, agora engajados em ajudar estes patriarcas superiores sob cujas ordens pareciam agir. Foram esses últimos líderes espirituais, se é que posso usar esse termo, que pareciam ser instruídos a me mostrar as cenas aqui gravadas.

Eu não posso dizer a época desse acontecimento, exceto que as impressões que eu recebi eram do presente ou futuro imediato. Vi primeiramente um breve, mas abrangente esboço do estado atual do mundo, ou como vocês diriam, os reinos gentios. Me foi mostrado cada país com sua anarquia, fome, ambições, desconfiança, atividades bélicas, e assim por diante, e em minha mente foi formada a partir de alguma fonte as palavras: "Como é hoje, com os gentios."

Vi uma guerra internacional novamente se iniciar com seu centro sobre o Oceano Pacífico, mas varrendo e circundando todo o globo. Vi que as forças opostas foram divididas pelo chamado cristianismo de um lado, e pelos chamados seguidores de Maomé e Buda do outro. Vi que o grande poder de condução dentro destas chamadas nações cristãs, foi a grande apostasia de Roma, em todos os seus aspectos políticos, sociais e religiosos. Eu vi o deslocamento mundial, devastação de produção e chacina de pessoas ocorrendo mais rapidamente e em uma escala nunca antes vista. Eu vi um antagonismo começar a expressar-se a partir dessas chamadas nações cristãs contra o seu povo. Vi aqueles com uma fé semelhante a sua no extremo leste começarem a olhar para a Palestina em busca de segurança.

Eu vi a guerra internacional mundial automaticamente iniciar, e uma revolução nacional ocorrer em todos os países, e completar o trabalho de caos e desolação. Vi distúrbios geológicos ocorrerem, os quais ajudaram neste trabalho como se fosse essa a intenção. Eu vi o Templo de Cardston preservado de toda esta agitação geológica. Eu vi a linha de fronteira internacional desaparecer devido ao caótico rompimento e dissolução desses dois governos. Vi no continente americano tumultos raciais em grande escala.

Eu vi muita fome no mundo. Vi doenças causadas pela fome, conflitos e caos completarem o final desta ordem presente ou época. Quanto tempo levou para esses eventos serem consumados eu não sei, mas a minha impressão foi que a partir da eclosão da guerra internacional essas coisas foram acontecendo de modo contínuo, e quase simultaneo, como acontece com uma doença, na qual os vários sintomas se apresentam ao mesmo tempo, mas em diferentes fases de desenvolvimento. Meu pensamento predominante era "O que é da Igreja, deve se tornar em reinos da terra?" [A minha pergunta] foi imediatamente respondida por uma declaração subconsciente. "É como na igreja hoje", e eu vi esses seres espirituais mais elevados em todo o comprimento e largura do ar, reunindo suas forças espirituais, e concentrando-as nos grandes líderes da sua igreja sobre a terra.

Eu vi as forças espirituais fortalecendo esses lideres, inspirando, movendo, influenciando e alertando-os. Eu vi as forças espirituais começarem a revelar estas coisas nas mentes de seus anciãos e outros grandes líderes, especialmente durante suas devoções espirituais e funções, e também em atividades que exaltam a mente do individuo ou de grupos. Eu vi as impressões tocando e inspirando os homens mais receptivos e espirituais, até que foi tudo claramente revelado a eles da maneira como o patriarca espiritual desejava.

Mais uma vez eu parecia ouvir as palavras: "Como será." Eu vi os grandes líderes em conselho, e sob instrução inspirada publicarem orientações para que seus membros reconsagrassem suas vidas e sua energia à sua fé, para disciplinarem-se voluntariamente, abstendo-se de toda forma de indulgência que enfraquece o corpo e a mente, e amortece o espírito, ou perde o rendimento.

Eu vi mais à frente, instruções dadas sobre locais de refúgio que foram preparados em silêncio, mas de forma eficiente pelos anciãos inspirados.

Vi Cardston e os montes ao redor, especialmente ao norte e oeste, por quilômetros, sendo preparados silenciosamente, mas com rapidez, como local de refúgio para o seu povo.

Vi anciãos ainda sob orientação divina, aconselhando e encorajando o plantio de cada hectare de terra disponível neste distrito, de modo que os suprimentos estariam perto do refúgio. Eu vi a propriedade da igreja sob cultivo de caráter intensificado, não para venda ou lucro, mas para o uso das pessoas. Vi poços artesianos e outros poços escavados em todo esse território, para que as pessoas da igreja e seu gado tenham água quando as águas abertas forem poluídas e envenenadas.

Vi os recursos de combustíveis do distrito se desenvolver em muitos lugares e grandes pilhas de carvão e madeira armazenados para o uso e construção futura. Vi o território cuidadosamente pesquisado e mapeado, para o acampamento de uma grande massa de pessoas da igreja. Vi o aprovisionamento também feito para um grande fluxo de pessoas que não vão de início pertencer à igreja, mas que se juntarão em tempos de tribulação.

Vi grandes quantidades de aparelhos cirúrgicos, medicamentos, desinfetantes e assim por diante, armazenados no subsolo do templo. Eu vi instruções sendo transmitidas aos anciãos com relação a quantidade, qualidade e tipo de coisas a serem armazenadas, baseando-se no que pode não ser possível conseguir neste território em épocas de caos.

Eu vi planos de defesa serem feitos através da organização dos campos e de estudos dos mapas. Eu vi os corredores de mineração sendo utilizados como locais de armazenamento subterrâneo. Eu vi as colinas inspecionadas e currais construídos em silêncio e rapidamente em lugares isolados para bovinos, ovinos, e assim por diante. Eu vi os planos para a organização dos homens solteiros e suas funções, os escoteiros, os guardas, os enfermeiros, os cozinheiros, os mensageiros, as crianças, os pastores, os guardas do templo, e assim por diante. Eu vi essas coisas acontecendo de modo praticamente desconhecido para o mundo gentio, exceto para a Grande Apostasia, cujo conhecimento e ódio é de grande alcance, neste dia de seu poder temporário. Isso estava acontecendo, pouco a pouco, conforme os anciãos eram instruídos a fazer.

Eu vi os outros lideres obedecendo às instruções inspiradas, levando sua mensagem e exortando o povo a realizar, ao longo do tempo a revelação dada a eles, enquanto em todo o mundo gentio o caos se desenvolvia em seus estágios diferentes, facção contra facção, nação contra nação, mas expressando em aberto ou secretamente hostilidade paracom o seu povo e sua fé.

Eu vi o seu povo se unindo mais uns aos outros, conforme isto se tornava mais tenso e conforme as forças espirituais os advertiam pela boca de seus anciãos e seus outros oficiais. Eu vi as forças espirituais influenciarem aqueles membros que haviam se afastado, para voltarem ao redil. Eu vi um dízimo maior do que jamais visto. Vi grandes quantidades de suprimentos necessários serem fornecidos por membros cujos olhos espirituais haviam sido abertos. Eu vi vendas de propriedades e bens serem realizadas rápida e sigilosamente pelos membros da igreja, conforme guiados por inspiração.

Eu vi a inspirada conclamação feita para toda a igreja, para reunirem-se nos refúgios de Sião. Eu vi seu povo se movendo silenciosamente em correntes em direção ao seu refúgio. Eu vi o seu povo se mover mais rapidamente e em maior número até que todos os atrasados foram alojados. Eu vi a mensagem sem fio ser enviada de um refúgio de Sião para outro refúgio de Sião em seus vários lugares assegurando que tudo estava bem com eles, e, em seguida, a escuridão do caos fechados em torno dos limites de seu povo, e os últimos dias de tribulações haviam começado.

—Sols Caurdisto

Advertência para a América (1880) pelo Presidente Wilford Woodruff

Advirto os futuros historiadores para dar credibilidade a minha história; pois o meu testemunho é verdadeiro, e a veracidade de seu registro será manifestada no mundo por vir. Todas as palavras do Senhor escritas neste livro sobre as nações, serão cumpridas. A nação americana será quebrada em pedaços como um vaso de oleiro, e será lançada no inferno se não se arrependerem, e isto, por causa de homicídios, prostituição, maldade e toda sorte de abominações, porque o Senhor o disse.

(M. Cowley, Wilford Woodruff, *History of His Life and Labors*, Bookcraft, 500.)

Destruição dos Anjos está Ativa (1931) pelo Presidente Wilford Woodruff

Refiro-me a essas coisas porque não sei quanto tempo eu terei o privilégio de prestar meu testemunho do Evangelho de Cristo aqui na terra.

As revelações constantes na Bíblia, as previsões dos patriarcas e profetas que através de visão e revelação viram a última dispensação e plenitude dos tempos, nos dizem claramente o que está por acontecer. O capítulo 49 de Isaías está sendo cumprido. Eu tenho falado muitas vezes em meus ensinamentos, que se o mundo quer saber o que está por vir, que leia as revelações de João. Leia os juízos de Deus que vão derrubar o mundo na última dispensação.

Leia os jornais e veja o que está acontecendo em nossa própria nação e nas nações da terra, e o que significa tudo isso? Isso significa o início do cumprimento das previsões feitas pelos profetas de Deus. Doutrina e Convênios contém muitas revelações dadas pela boca do profeta de Deus; assim como vive o Senhor, todas essas revelações serão cumpridas, e nenhum poder impedirá seu cumprimento. Em uma das revelações o Senhor disse a Joseph Smith: "Eis que em verdade vos digo: Os anjos estão clamando ao Senhor dia e noite, pois estão prontos e esperando para serem enviados para ceifar os campos."

Quero prestar testemunho para esta congregação, e para os céus e a terra, que chegado é o dia em que esses anjos privilegiados poderão seguir em frente e começar o seu trabalho. Eles estão trabalhando nos Estados Unidos da América; eles estão trabalhando entre as nações [43] da terra; e eles continuarão. Não precisamos nos espantar ou nos preocupar com as coisas que estão ocorrendo na Terra. O mundo não compreende as revelações de Deus. Tão pouco as compreendeu nos dias dos judeus; mesmo com o cumprimento de tudo o que os profetas haviam falado a respeito deles. Assim também em nossos dias essas coisas vão acontecer. Eu ouvi o Profeta Joseph dar o seu testemunho sobre estes eventos que transpirarão na terra.

Não podemos baixar um véu sobre os eventos que estão reservados para esta geração. Nenhum homem inspirado pelo Espírito e poder de Deus pode fechar seus ouvidos, seus olhos ou os lábios para estas coisas. (Wilfred Woodruff, *Millennial Star* 58:738–9.)

Um Grande Teste por Vir (1930)
por Heber C. Kimball

As fronteiras ocidentais do Estado de Missouri serão tão bem varridas de seus habitantes que, como o Presidente Young diz-nos, quando voltarmos a esse lugar não haverá nem sequer um cão amarelo a abanar o rabo.

Antes desse dia chegar, no entanto, os Santos serão colocados à prova, até mesmo os melhores. A pressão será tão grande que os justos entre nós clamarão ao Senhor dia e noite até a libertação chegar. Então chegará a hora de ter cuidado com a grande peneira, pois haverá um grande momento de peneiração e muitos cairão. Esta Igreja tem diante de si muitos lugares próximos pelos quais terá que passar antes que a obra de Deus seja coroada com glória. Vocês não poderão viver com luz emprestada. Cada um terá que ser guiado pela sua própria luz. Se você não tem um conhecimento de que Jesus é o Cristo, como poderá aguentar? Você acredita nisso? (General Conference Report, October 3–5, 1930, page 59.)

Um Exército de Anciãos (1931)
por Heber C. Kimball

Um exército de Anciãos será enviado aos quatro cantos da terra em busca dos justos e para alertar os ímpios do que está por vir. Todos os tipos de religiões serão formadas e através de milagres realizados enganarão até os escolhidos, fosse isso possível. Nossos filhos e filhas devem viver uma vida pura, de modo a estarem preparados para o que está por vir.

Depois de um tempo os gentios se reunirão neste lugar, milhares deles, e a cidade de Salt Lake estará entre as cidades ímpias do mundo. Um espírito de especulação e extravagância tomará posse dos Santos, e o resultado será escravidão financeira.

Perseguição é o que vem depois e todos os verdadeiros Santos dos Últimos Dias serão testados ao limite. Muitos vão apostatar e outros vão permanecer inertes, sem saber o que fazer. A escuridão cobrirá a terra e a mente das pessoas. Os juízos de Deus serão derramados sobre os ímpios, à medida que os nossos anciãos de longe e de perto forem chamados de volta para casa, ou em outras palavras, o evangelho será tirado dos gentios e mais tarde levado aos judeus.

As fronteiras ocidentais do Estado de Missouri serão tão bem varridas de seus habitantes que, como o Presidente Young nos diz, quando voltarmos a esse lugar não haverá nem sequer um cão amarelo a abanar o rabo.

Antes de chegar esse dia, no entanto, os Santos serão colocados à prova, e testada será a sua integridade. A pressão será tão grande que os mais justos dentre eles clamarão ao Senhor dia e noite até a libertação chegar.

Então, o Profeta Joseph e outros aparecerão e aqueles que permaneceram fiéis serão selecionados para retornar ao Condado de Jackson, Missouri e participar na construção daquela bela, a Nova Jerusalém.

(Heber C. Kimball, *Deseret News*, May 23, 1931.)

Um Sonho (1894)
Charles D. Evans

Em agosto de 1894, um artigo foi publicado no The Contributor, (Vol. 15, No 20, p. 638-647). The Contributor foi o precursor do The Improvement Era. O artigo foi intitulado "Um Sonho" e contém o relato de uma visão ou sonho de Charles D. Evans, um Patriarca que na época vivia em Springville, Utah, sobre os últimos dias, o qual é reproduzido abaixo:

Enquanto eu ponderava em profunda solidão, sobre os acontecimentos do meu presente, minha mente foi arrastada para um devaneio, como eu nunca havia experimentado antes. Uma forte preocupação sobre o meu país em perigo excluiu qualquer outro pensamento e aumentou meus sentimentos a um nível tal de intensidade que eu não achava possível suportar. Enquanto neste solene, profundo e doloroso devaneio mental, para minha infinita surpresa, uma luz apareceu no meu quarto a qual parecia ser suave e prateada como a difundida estrela do norte. Naquele momento de sua aparição a sensação aguda que eu havia experimentado instantaneamente deu vez a um sentimento de tranquilidade.

Embora o ocorrido possa ter sido à meia-noite e do lado do globo que estava excluído da luz solar, tudo era claro, brilhante e quente como uma paisagem italiana ao meio-dia; mas o calor era mais suave e mais subjugado. Enquanto eu olhava para cima, vi descendo pelo telhado do meu quarto, em um movimento suave, um personagem vestido de branco, cujo rosto era perfeitamente sereno, suas feições regulares, e do brilho de seus olhos pareciam brotar cintilações, para usar uma comparação terrena, fortemente semelhante ao reflexo de um diamante sob uma luz elétrica intensamente iluminada, a qual deslumbrou, porem não atrapalhou.

Aqueles olhos grandes, profundos e inescrutáveis foram fixados sobre os meus. Ao colocar suas mãos sobre minha testa seu toque produziu instantaneamente uma serenidade e calma indescritíveis, uma calma não originária desta terra, muito tranquila, agradável, e celestial. Todo o meu ser foi imbuído de uma alegria sem par. Todos os sentimentos de tristeza imediatamente desapareceram. As linhas e sombras que os cuidados e tristezas nos causam foram dissipadas como uma névoa profunda antes de um sol escaldante. Aos olhos de meu visitante celestial, pois tal me pareceu ser, havia uma espécie de piedade sublime e ternura infinitamente mais forte do que qualquer sentimento que eu já vi manifestado em mortais comuns. Sua tranquilidade me pareceu como a quietude de um vasto oceano, ao mesmo tempo avassalador para cada emoção agitada.

Por alguma intuição ou instinto, eu senti que ele tinha algo a transmitir para aliviar minhas dores e acalmar minhas apreensões. Dirigindo-se a mim, ele disse:

"Filho, eu percebo tuas solenes ansiedades sobre o perigoso estado de seu país, pois tua alma tem sentido uma profunda tristeza sobre o seu futuro. Portanto, eu vim trazer-te alívio e para te dizer sobre as causas que levaram a este perigo. Ouça-me atentamente.

Setenta e um anos atrás, depois de uma horrível apostasia de séculos, na qual todas as nações foram cobertas por trevas espirituais, quando os próprios anjos se retiraram, e a voz dos profetas foi abafada e a luz do Urim e Tumim não mais brilhou, e a visão dos videntes foi fechada, enquanto o próprio céu não lançava um raio de alegria para iluminar um mundo escuro, quando Babel governava e Satanás ria, e a igreja e o sacerdócio haviam sido retirados, e a voz das nações, possuindo os livros dos profetas judeus [a Bíblia] havia governado contra visões e contra o Urim, contra outras visitas de anjos, e contra a doutrina de uma igreja de apóstolos e profetas, tu sabes que, em seguida, apareceu um anjo poderoso, com o anúncio solene da hora do julgamento, o fardo daqueles cujas instruções apontavam para calamidades terríveis sobre a geração do presente. Esta, por conseguinte, é a causa do que vês e o fim acelerado dos ímpios.

Minha visão agora se tornou mais ampla de uma maneira maravilhosa, e o significado dos últimos trabalhos dos Anciãos ficou claro para mim. Vi multidões fugindo para o lugar de segurança em nossas altas montanhas. A igreja foi fundada no deserto.

Simultaneamente, o país havia chegado a uma incomparável prosperidade, riqueza abundava, um novo território foi adquirido, o comércio ampliado, ampliado, as finanças reforçadas, a confiança foi mantida, e os povos no exterior apontavam para ela como uma nação modelo, o ideal do passado realizado e aperfeiçoado, a personificação da liberdade cantada por poetas, e solicitada por sábios.

Mas, continuou o mensageiro, tu vês uma mudança. A confiança foi perdida. A riqueza está contra o trabalho, o trabalho contra a riqueza, ainda assim a terra está repleta com abundância de alimento e vestuário, prata e ouro. Tu vês também que cartas escritas por um judeu causaram uma grande confusão nas finanças da nação que, em conjunto com a política de muitos países ricos, tem produzido sofrimento e pressagiam mais tristeza".

Facções agora surgem como mágica. O capital havia se entrincheirado contra o trabalho em toda a terra; o trabalho(Mao de obra) foi organizado contra o capital. A voz do sábio procurou tranquilizar esses dois fatores poderosos em vão. Multidões em tumulto corriam freneticamente; greves aumentaram; a ilegalidade desafiava o governo regular. Neste momento eu vi uma bandeira flutuando no ar na qual estavam escritas as palavras: "Falência, fome, enchentes, incêndios, ciclones, Sangue, Praga".

Haviam homens e mulheres enfurecidos uns com os outros. Sangue corria pelas ruas das cidades como água. O demônio do ódio sangrento entroniza na cidadela da razão; a sede de sangue era mais intensa do que a língua seca por água. Milhares de corpos jazem sepultados nas ruas. Homens e mulheres caíam mortos de terror inspirado pelo medo. O descanso era apenas o precursor do trabalho de sangue do dia seguinte. Tudo era a profunda lamentação de um passado em ruínas. Monumentos erguidos para perpetuar os nomes dos nobres e valentes foram impiedosamente destruídos por combustíveis. A voz agora soava altamente estas palavras: "No entanto, mais uma vez eu não agito somente a terra, mas também o céu. E essa palavra ainda mais uma vez significa a remoção das coisas móveis, como coisas que são feitas; pois essas coisas que não podem ser abaladas permanecerão."

Terremotos rachavam a terra em grandes abismos, engolindo multidões; gemidos terríveis e lamentações enchiam o ar; os gritos de sofrimento eram indescritivelmente horríveis. Águas descontroladamente corriam do oceano tumultuado cujo próprio rugido sob a fúria raivosa do ciclone feroz, era insuportável de ouvir.

Cidades foram varridas em instantes, mísseis foram lançados na atmosfera a uma velocidade terrível e as pessoas foram levadas somente para caírem como uma massa não reconhecida. Ilhas apareceram onde as ondas do oceano certa vez sacudiram o navio gigantesco. Em outras partes chamas volumosas, emanadas de grandes incêndios, rolam a uma velocidade temerosa destruindo vidas e propriedades no seu curso destrutivo. O selo da terrível ameaça do desespero estava estampado em cada rosto humano; homens caiam exaustos, horrorizados e trêmulos. Cada elemento da natureza era um demônio de fúria irado. Nuvens densas, mais escuras que a escuridão da meia-noite, cujos trovões reverberavam com entonações que abalavam a terra, obscurecendo a luz solar. A escuridão reinava, de uma maneira incomparável e suprema.

Novamente a luz brilhou, revelando uma atmosfera tingida com uma tonalidade de chumbo, que era a precursora de uma praga incomparável cujos sintomas eram primeiro reconhecidos por uma mancha de cor púrpura que aparecia na bochecha, ou na parte de trás da mão, e que invariavelmente se espalhava por toda a superfície do corpo, causando morte certa. As mães ao verem isso isolavam seus filhos como se fossem répteis venenosos. A praga, em pessoas adultas, apodrecia os olhos nas órbitas e consumia a língua como um ácido forte ou um calor intenso. Os homens iníquos, sofrendo com suas agonias, se punham de pé e amaldiçoavam a Deus e morriam, e as aves de rapina atacavam suas carcaças.

Eu vi em meu sonho o mensageiro aparecer novamente com um frasco na mão direita, e ao falar comigo, disse: "Tu conheces um pouco da química ensinada nas escolas de aprendizagem humana, eis agora uma química suficientemente poderosa para mudar as águas do mar".

Em seguida, ele derramou sua taça no mar, tornando-o pútrido como o sangue de um morto, e todo ser vivente ali morreu. Sobre outras pragas eu prefiro não relatar.

Uma potência estrangeira invadiu a nação, e tudo indicava que ela poderia derrubar o governo e suplantá-lo com a monarquia. Eu estava tremendo ao pensar nesta possibilidade, quando, eis que um poder surgiu no oeste que se declarou a favor da Constituição em sua forma original; a este poder ascendente, cada amante dos direitos constitucionais e da liberdade da nação deu apoio sincero.

A luta foi fortemente contestada, mas a bandeira com as faixas e estrelas flamulava na brisa, e desafiava toda a oposição, acenando com orgulho sobre a terra. Entre as muitas bandeiras que eu vi, uma dizia o seguinte: "Um governo com base na Constituição, agora e para sempre;" em outro "Liberdade de Consciência, social, religiosa e política."

A luta foi fortemente contestada, mas a bandeira com as faixas e estrelas flamulava na brisa, e desafiava toda a oposição, acenando com orgulho sobre a terra. Entre as muitas bandeiras que eu vi, uma dizia o seguinte: "Um governo com base na Constituição, agora e para sempre;" em outro "Liberdade de Consciência, social, religiosa e política."

A luz do evangelho que existia, mas fracamente brilhava por causa da abominação, agora irrompeu com um brilho que encheu a terra. Cidades apareceram em todas as direções, uma no centro do continente era uma encarnação da ciência arquitetônica de acordo com o padrão de perfeição eterna, cujas torres reluziam com o brilho que emanava de esmeraldas, rubis, diamantes e outras pedras preciosas definidas em um dossel de ouro e tão elaboradas e habilmente organizadas para lançar um brilho que deslumbrava e encantava os olhos, provocava admiração e desenvolvia um gosto pela beleza além de qualquer coisa que o homem já havia concebido.

Fontes de água cristalina atiravam seus jatos transparentes na qual a luz do sol brilhante, formava dez mil matizes do arco-íris de uma só vez, muito agradável aos olhos. Os jardins eram compostos de arranjos perfeitos que desafiavam qualquer tentativa de descrição. Eram decorados com flores de coloração variada para desenvolver e refinar o gosto e fortalecer o amor por estes mais puros adornos da natureza.

Escolas e universidades foram erguidas para que todos tivessem acesso; por último, Urims foram colocados para o estudo do passado, presente e futuro, e para a obtenção de conhecimento dos corpos celestes e da construção de mundos e universos. As propriedades inerentes da matéria, sua harmonia, leis, [e] relações mútuas foram reveladas, ensinadas e esclarecidas como uma lição da cartilha de uma criança. As teorias contraditórias dos geólogos sobre a formação e idade da terra foram estabelecidas de vez. Todo aprendizado era baseado na certeza eterna. Anjos trouxeram os tesouros do céu que estavam escondidos no ventre do passado mudo e distante.

Os aparelhos para tornar a aprendizagem mais fácil superaram toda a conjectura. A química foi proferida de uma maneira extremamente simples pelo poder que os Urims conferiram ao homem de ver por dentro e através dos elementos de toda espécie; uma pedra decorada não era mais um obstáculo para a visão humana, era como o próprio ar. Não só foram os elementos e todas as suas mudanças e transformações claramente compreendidos, mas também a construção, o funcionamento e as leis da mente, foram igualmente esclarecidas àqueles que governaram os elementos mais rudimentares.

Enquanto olhava através do Urim e Tumim, fiquei maravilhado com a transformação que até hoje é para mim maravilhosa e muito além de descrição, mostrando claramente a maneira pela qual as partículas que compõem o reino inorgânico da natureza são conduzidas para se tornar uma parte de formas orgânicas; outra revelação surpreendente foi a forma muito clara com que me foi mostrada toda a circulação do sangue, tanto no homem quanto nos animais. Depois de ver essas coisas e olhando mais uma vez a bela cidade, a seguinte passagem de escritura soou em meus ouvidos: "Desde Sião, perfeita em beleza, Deus resplandece."

Então acordei e vi que tudo foi um sonho.

(As recorded in: Larson, *The Moon Shall Turn to Blood*, Crown Summit Books, p. 147–153.)

O Sonho das Pragas (1884)

Os tempos atuais parecem ser mais do que prolíficos de sonhos proféticos entre os santos dos últimos dias. Em quase todos os estabelecimentos, as pessoas foram avisadas de eventos a ocorrer em breve; e visões da futura glória do Reino de Deus sobre esta terra passaram como um panorama para muitos daqueles que amam a Deus e obedecem aos Seus mandamentos. Cerca de dois ou três anos atrás, eu havia me deitado à noite, quando de repente um mensageiro glorioso apareceu na cabeceira de minha cama e me acordou do meu sono. A luz de sua presença encheu o quarto, tornando todos os objetos ao redor tão visíveis quanto à luz do meio-dia.

Ele me entregou um livro, dizendo: "Olha, e veja o que está por acontecer." Eu peguei o livro em minhas mãos e, sentei-me na cama, examinando-o com cuidado e lendo seu conteúdo. O tamanho deste livro era de cerca de sete por dez polegadas (18x25cm), abrindo como um caderno e encadernado com belas capas, tendo na frente estampado em letras de ouro o seu título, que era o "Livro das Pragas". As páginas foram impressas apenas na parte da frente e eram, em vez de papel, de um linho branco puro, da melhor qualidade. A tipografia era do melhor estilo de arte existente. Cada página era composta de uma imagem impressa com cores tão naturais como a natureza, a qual ocupava a metade superior do espaço, e abaixo estava a descrição impressa da cena representada.

Na primeira página havia uma foto de uma festa em andamento, com as mesas sobre um belo gramado, no qual foram intercalados tufos de arbustos finos e árvores altas. No fundo através da folhagem, podia ser distinguida uma vila suburbana imponente, adornada com todos os ornamentos da arquitetura moderna. A paisagem apresentava a aparência de verão. O céu, e na realidade toda a atmosfera, surgia de um tom peculiar vibrante, semelhante ao que pode ser observado quando o sol está totalmente eclipsado, e o disco está e o disco está apenas começando a dar sua luz. Ao longo da atmosfera pequenas manchas brancas foram representadas, semelhante a uma queda dispersa de flocos de neve no inverno.

Com relação a mesa, havia um grupo de senhoras e senhores ricamente vestidos sentados no ato de participação da rica refeição. As partículas vindas de cima estavam caindo na comida e aparentemente estavam sendo ignoradas por todos, pois uma repentina destruição havia caído sobre eles. Muitos estavam caindo em agonia com medo da morte; outros caindo sobre a mesa, e outros parando, tendo ainda em suas mãos a comida intocada, seus semblantes mostravam espanto e medo ao observar a peculiar e inesperada condição de seus companheiros. A morte estava na ar; o juízo de Deus caiu sobre eles de forma muito silenciosa e rápida, como com o orgulhoso Sennaeharib e seu exército assírio.

Em um canto da imagem havia uma pequena vinheta circular, mostrando a frente da loja de um vendedor de carne de porco. A ampla calçada estava coberta por um toldo apoiado em postes na borda externa, e nesta caminhada foram mostrados barris de carne de porco, longas cadeias de salsichas, porco fresco, pilhas de bacon defumado e queijo de porco; e ao longo do passeio, ao lado da loja, debaixo das janelas da frente, havia uma grande quantidade de presunto e pedaços de carne, cobrindo toda a frente, exceto uma pequena área na entrada. Haviam doze dessas peças, e em cada peça foi pintada uma letra grande, a fim de formar a palavra abominações. (em inglês são 12 letras mas em português apenas 11)

Abaixo desta cena estava a descrição: "Uma festa entre os gentios, início da Praga" E com letras menores abaixo, uma nota dizendo que as partículas de veneno, embora representadas na foto, são tão pequenas a ponto de serem invisíveis ao olho nu.

Na página seguinte, havia outra foto. Era a cena de uma rua em uma cidade grande.

A cena retratava as residências de ricos comerciantes da cidade. As características dos edifícios foram mudando gradualmente; ao longo da vista e da distância foram mostrados os grandes edifícios de comércio e negócios no coração de uma grande metrópole. Ao longo das calçadas, a multidão ocupada, latejante, e com pressa, estava caída como a grama após ter sido cortadas pelo cortador.

Novamente era uma cena de verão. Os mesmos átomos de veneno estavam no ar, mas o seu trabalho foi feito; a mesma atmosfera doentia, que parecia espessa e com mau cheiro, pairava sobre a terra, onde nenhuma brisa agitava uma folha sequer. Nas varandas das residências ricamente decoradas, através dos limiares das portas abertas, ao longo das calçadas e sobre os cruzamentos, jaziam homens, mulheres e crianças, que poucos dias antes desfrutavam de todos os prazeres da vida.

Mais adiante, os mortos estavam por toda parte. Casas de comércio que ficavam aglomeradas com clientes permaneceram com as portas abertas, franzindo a testa para as ruas cobertas pelos mortos. Na entrada dos bancos jaziam os guardiões da riqueza, mas não havia nenhum ladrão lá para levar os tesouros desprotegidos. A mercadoria cara de milhares de proprietários permanecia intocável nas vitrines e prateleiras. Ao brilho do meio-dia de um sol doentio, nenhuma alma se encontrava viva; não havia sobrado uma pessoa sequer para enterrar os mortos, todos tinham sido atingidos ou tinham fugido da praga mortífera e da cidade condenada. Nas ruas, um rebanho faminto desses feios e horríveis porcos de matadouro, (que podem ser vistos nas canetas presas aos imundos lugares de abate nos arredores de muitas cidades), estavam rasgando e devorando os mortos e se banqueteando com os corpos dos ricos e pobres, sem ninguém para molestá-los.

Abaixo desta imagem estava a descrição: "O progresso da Praga entre os gentios. A cena de uma rua em uma grande cidade". Eu observei cuidadosamente quase cinquenta dessas fotos, onde os efeitos terríveis desta e de outras pragas foram tão vividamente retratados como se eu tivesse realmente visto tudo pessoalmente.

A última cena do livro descreveu a mesma praga do início. Um belo parque, o gramado cercado por árvores frondosas (elm e cottonwood), sendo a área abrangida de cerca de oitenta varas de diâmetro. No centro deste recinto havia uma grande tenda em forma de cone de uma cor roxa brilhante, com cerca de nove metros de altura por seis metros de diâmetro na base.

Nesta tenda de altura mediana, havia um piso dividindo o interior em duas partes. Próximo a essa tenda havia outra, uma redonda, de cerca de nove metros de diâmetro, e quase tão alta quanto a primeira. Era limpa e branca. Há cerca de cem metros destas tendas centrais haviam centenas de pequenas barracas retangulares enfileiradas, alcançando as árvores ao redor, cada barraca era limpa e branca, aparentemente um tamanho adequado para as necessidades de uma família. Não havia nenhum ser humano, animal, pássaro ou veículo à vista. Nenhuma lufada de ar fresco. A mesma atmosfera das fotos anteriores, com os átomos de veneno representados, e a mesma época e estação do ano.

Abaixo desta imagem estava a descrição: "Um acampamento dos santos que se reuniram e estão vivendo sob as revelações diárias de Deus, e são, portanto, preservados da praga." A partir disso, compreendi que cada família permanecia em sua tenda nas horas do dia quando o veneno era derramado e assim foram preservados de respirar as partículas mortais.

Após entregar o livro para o mensageiro, que durante todo esse tempo permaneceu ao meu lado, ele desapareceu de minha vista tão repentinamente como havia aparecido. Acordei minha esposa, que dormia profundamente, e comecei a relatar a ela o que eu havia acabado de ver.

Depois de contar a ela a descrição das duas imagens no início do livro, e começando a relatar a terceira, a terceira imagem e até a última me foram subitamente tiradas de minha memória, e nunca mais consegui me lembrar delas; mas ainda me lembro de que eram cenas sobre pragas e julgamentos.

Nas revelações dadas ao Profeta Joseph, entre as muitas pragas e julgamentos retratados, dadas em Doutrina e Convênios sessão 29:17-20, sempre me pareceu coincidir plenamente com o que tem sido relatado nesse sonho . Mas quer pestes ou outras coisas aconteçam, não importa. Pragas virão e os ímpios devem sofrer; mas os santos serão preservados pelo mesmo princípio de quando foram perseguidos pelos ímpios, uma revelação atual do Todo-Poderoso.

(Author Unknown, Published in *Contributor,* Volume 5, 1884, No. 112.[2])

Profecia de Orson Pratt (1866)

Se for perguntado, por que a América sofre? A resposta é, porque eles rejeitaram o reino de Deus e uma das maiores mensagens divinas já enviadas ao homem; porque eles aprovaram o assassinato dos Santos, e o martírio dos profetas do Senhor, e expulsaram seu povo de seu meio, e tiraram-nos de suas casas, lares e terras, e milhões em propriedades, e recusaram-se a corrigir os seus erros . Por esses grandes males, eles devem sofrer; o decreto de Jeová é contra eles; a espada do Senhor foi desembainhada, e cairá dolorosamente sobre suas cabeças. Suas grandes e magníficas cidades serão aniquiladas. Nova York, Boston, Albany, e inúmeras outras cidades ficarão desoladas. Partidos combaterão uns com os outros; Estado contra Estado; e a nação inteira será dividida; as armas sanguinárias da terrível revolução devorarão a terra. Então seus habitantes fugirão de uma cidade para outra, de um estado a outro, de uma parte do continente para outro, em busca de refúgio das devastações de bandidos e exércitos; e seus mortos serão deixados sem sepultura, e as aves do céu os vigiarão, e as feras da terra invernarão sobre eles .

Além disso, o Senhor irá visitá-los com a peste perniciosa que varrerá muitos milhões por causa de sua devassidão; seus olhos cairão das órbitas, sua carne cairá de seus ossos, e sua língua será refreada para que não possam blasfemar contra o seu Criador. E acontecerá que os céus reterão suas chuvas e seus campos férteis não mais produzirão, e

---

2 The *Contributor* was published by the Church as a monthly periodical from 1879 to 1896.

as águas de seus rios secarão, e serão deixados como poças, e os peixes ali morrerão; e o Senhor enviará uma praga dolorosa para destruir os cavalos e o gado da terra. Assim, pela espada e pela peste, pela fome e pelo braço forte do Todo-Poderoso, os habitantes daquela nação iníqua serão destruídos.

(Orson Pratt, *Millennial Star*, Vol. 28, 633–34 October 6, 1866.)

SOBRE O AUTOR JOHN PONTIUS

Para mim, a parte mais difícil do livro foi escrever "sobreo autor". Não é fácil explanar a razão disso, por nunca ter tido a intenção de escrever livros SUD (Santos dos Últimos Dias – Mórmons) ou um blog ou um site doutrinário. Talvez a melhor maneira de ilustrar seja que, há muito tempo atrás, eu decidi obedecer à vontade do Senhor assim que a discernisse em minha vida. O perigo em conhecer a dar ouvidos à Sua voz é que você pode acabar em uma jornada bem mais difícil e a um lugar muito melhor do que o previsto. Esta é a razão pela qual eu me dedico a isso, pelas coisas muito melhores.

Depois de ter vivido no Alasca por trinta e três anos e lá ter criado uma família e desenvolvido várias carreiras, o Senhor há alguns anos nos enviou, de repente, para Utah. Ambos, Terri e eu, nos criamos em Utah, mas passamos a maioria de nossas vidas no "campo missionário." Voltar para Utah foi como "retornando ao lar" o que nos trouxe mais perto da família, dos filhos e netos.

Desde que cheguei em Utah, conheci muitas pessoas que grandemente têm me abençoado e ensinado. Uma dessas pessoas foi Spencer, cujas palavras você leu neste livro, e a quem eu considero, agora, como um amigo querido.

Mudando para Utah também me deu a oportunidade de falar em muitas ocasiões, escrever vários livros, começar e manter o meu blog, "UnBlogmySoul" e realizar muitas coisas inesperadas e abençoadas que não teriam acontecido sem a mão do Senhor.

Eu não poderia ter escrito este livro ou qualquer outra coisa eternamente profunda sem a mão do Senhor. Sua mão tem me conduzido a lugares que eu não gostaria de ter ido, mas que ao lá me encontrar, reconheci como minha "terra prometida". Terri é o amor da minha vida, minha melhor amiga e o ser mortal mais gentil que eu já conheci. Juntos tivemos oito filhos e vinte e um netos.

CPSIA information can be obtained
at www.ICGtesting.com
Printed in the USA
LVHW041529151220
674244LV00015B/1706